세계 종교와 문명

World religions and civilizations

정중호, 황재범, 박민수, 정희원

계명대학교 출판부

머리말

종교학자로서 종교간 대화와 화합을 역설해 온 한스큉은 종교간 대화없이 종교간 평화가 없으며, 종교간 평화 없이 국가간 평화가 없다는 점을 역설하였다. 이러한 필요성을 염두에 두면서 본 저서의 저자들은 먼저 각 종교에 대한 이해를 위해 흥미롭고 쉽게 독자들을 안내하려고 하였다. 특히 멀티미디어 자료를 최대한 이용할 수 있도록 관련 자료에 대해 안내하였다.

세계 종교 가운데 중동지역의 종교이며 구약성서를 경전으로 인정하는 유대교, 기독교, 이슬람교를 먼저 파악하게 하고 그 다음 힌두교, 불교, 유교 등을 살피도록 하였다. 중동지역의 종교 가운데 구약성서의 비중이 높기 때문에 경전 자체에 대한 소개를 자세히 하여 기본적인 이해를 도왔다. 그리고 심오한 종교 사상을 짧은 지면을 통해 모두 소개한다는 것은 어려운 일임을 절감하면서 가능한 한 피부에 와 닿는 사항들을 통해, 특히 문명과의 관계를 통해 종교 사상을 전달하려고 노력하였다.

세계 종교이지만 이미 우리와 친밀해진 여러 종교에 대해서는 한국에 전래된 정황과 종교 현황에 대해서도 언급하여 우리의 경우 어떻게 해야 하는지에 대해 생각할 수 있는 자료를 제공하였다.

본 저서의 저자들을 소개하면, 정중호 교수는 주저자로서 제1장 종교란 무엇인가?, 제2장 유대교와 구약성서, 제4장 이슬람교, 그리고 서론과 결론 부분을 저술하였으며 본 저서의 편집을 담당하였다. 황재범 교수는 제5장 힌두교 부분을 저술하였고, 박민수 교수는 제3장 기독교와 서구문명을, 정희원 교수는 제6장 불교 부분과 제7장 유교 부분을 저술하였다.

본 저서가 출간 될 수 있도록 지원해 준 계명대학교에 감사드리며 신선한 디자인으로 출판해 주신 계명대 출판부 여러분께 깊이 감사드린다.

아쉬움이 남아 있지만 다종교적인 한국의 상황에서 본 저서가 종교 이해를 증진시키기를 원하며, 다양한 종교인들이 대화를 통해 서로 상생하며 화합하는 사회를 만들어 가기를 희망한다.

2010년 6월

저자대표 정중호

차례

저자 소개

정중호 (홈페이지 http://bible.kmu.ac.kr)

계명대학교 기독교학과 구약학 교수이며 한국구약학회 수석 부회장으로 활동하고 있다. 에모리(Emory) 대학교 대학원에서 박사학위(Ph.D)를 취득했으며 38권의 저서(단독, 공동)와 57편의 논문을 발표하였다.

황재범

계명대학교 기독교학과 조직신학 교수이며 유니온(Union Theological Seminary) 에서 박사학위(Ph.D)를 취득했다

박민수

계명대학교 기독교학과 기독교상담학 교수이며 계명대학교에서 박사학위(Ph.D)를 취득했다. '상담으로 풀어본 신학', '1325함께 하는 수련회: 집단상담 프로그램', '이야기 상담의 과정과 실제', '성경 이야기 상담', '8가지 커뮤니케이션' 등의 저서와 논문을 발표하였는데, '8가지 커뮤니케이션'은 2008년 문화관광부의 사회과학분야 우수교양도서로 선정되었다.

정희원

계명대학교 기독교학과 강사이며 듀크(Duke)대학교 신학부와 에모리(Emory)대학교 대학원 종교학부에서 히브리 문학을 전공하였고 콜롬비아(Columbia Theological Seminary)에서 박사학위(D.Min)를 취득하였다. 미국 조지아 주 머서(Mercer) 대학교의 겸임교수를 거쳐 조지아 크리스천 대학교 신학부 조교수를 역임했다.

서론

신라 시대 유물 발굴 현장에서 다량의 유리제품들이 발견되면서 신라가 로마와 연결되어 문명을 교류했다는 사실을 눈으로 확인할 수 있게 되었다. 세계를 향해 열려있는 우리의 문명교류사를 바라보면서 신라의 고승 혜초를 떠올린다. 그는 723년부터 4년간 중국을 거쳐 인도를 향했으며 아랍지역까지 여행하고 돌아왔다. 그는 왕오천축국전을 기록하여 그의 여정을 상세히 기록으로 남겼으며 순례의 여정 중에 쓸쓸한 마음을 시 한 수로 달래기도 하였다.

달 밝은 밤에 고향길을 바라보니
뜬 구름은 너울너울 돌아가네
그 편에 감히 편지 한 장 부쳐보지만
바람이 거세어 화답이 안 들리는구나.
내 나라는 하늘가 북쪽에 있고
남의 나라는 땅끝 서쪽에 있네.
일남에는 기러기마저 없으니
누가 소식 전하러 계림으로 날아가리.

문명의 교류 한 가운데는 종교가 자리잡고 있다. 신앙심이 없었다면 혜초가 어떻게 아랍지역까지 여행할 엄두를 냈겠는가? 이처럼 종교와 문명은 함께 어우러지면서 끊임없이 교류하고 서로 영향을 주고 받아 왔다.

때로는 실크로드를 통해 때로는 전쟁을 통해 때로는 유학승들을 통해 문명은 한 곳에 머무르지 않고 물흐르듯 흐르고 있었으며 종교도 함께 흐르고 있었다.

본 저서는 유대교, 기독교, 이슬람교, 힌두교, 불교, 유교 등 세계종교를 둘러보면서 세계 문명의 흐름을 함께 짚어 보고자 하였다. 우선 종교에 대한 일반적인 이해부터 시작해서, 각 종교의 핵심적 사상과 종교의 현황에 대해서 살펴볼 것이고 종교와 문명 간의 관련성에 대해서 살펴볼 것이다.

또한 각 종교를 이해하면서 종교 간의 대화를 할 수 있는 여지를 탐색하고자 한다. 공통점도 발견할 수 있을 것이고 개별 종교의 특수성도 발견할 수 있을 것이다. 그리고 역사를 통해서 서로 교류하면서 영향을 주고 받은 흔적도 추적할 것이다.

한국은 다종교 사회를 이루고 있으면서도 큰 갈등을 겪지 않고 지내오고 있다. 이러한 현상에 대해 세계는 주목하면서 연구의 대상이 되기도 한다. 한국이 외국에서부터 들어 온 세계종교를 어떻게 받아들이고 소화해 왔는지 그 비결을 찾는 것은 이 책의 범위를 넘어서는 것이지만, 이러한 주제를 염두에 두면서 저술한 것도 사실이다. 한국의 문명발전과 종교 간의 대화와 이해는 참으로 밀접히 연관되어 있기 때문에 다양한 종교를 이해하는 것은 무엇보다 중요하다.

경제위기를 겪으면서 한국이 2010년에 G20 의장국이 되었다. 일본의 식민지 통치와 6.25전쟁을 겪고 난 후 불과 60년 만에 세계 정상회의에서 그 리더쉽을 인정받고 있는 것이다. 한국의 발전과 종교는 무슨 관계가 있지 않을까?

또한 역사상 마지막 분단국가로서 통일의 숙제를 안고 있다. 세계인들이 종교라고 인정하고 있는 주체사상으로 무장하고 있는 북한과 대치하는 상황에서 통일 문제를 해결하려 할 때 종교에 관한 사항을 도외시 할 수 있을 까?

종교에 관한 사항은 종교인 만의 화두가 아니다. 사회 구성원 모두에게 영향을 미치는 사항이기에 세계 종교를 살피면서 세계와 우리의 상황을 짚어보는 것이다.

세계 종교를 살펴 볼 때 한 가지 염두에 둘 것은 유대교와 기독교와 이슬람교는 동일하게 구약성서를 경전으로 인정하고 있다는 사실이다. 따라서 이 세 종교는 개별적으로 파악할 수도 있지만 서로 관련시켜 파악하는 것이 필요하다. 그리고 그 바탕을 이루는 구약성서에 대해서 자세히 살펴 볼 필요가 있으며 구약성서를 어떻게 해석하고 적용하고 있는지를 눈여겨 보아야 한다.

예를 들어 '이자를 받지 말라'는 구약성서의 내용을 유대교나 기독교보다 이슬람교인들에 의해 더 엄격하게 지켜지고 있다. 이슬람 사회에서는 이자를 받지 않고 운영하는 은행이 있으며, 이러한 은행이 자본주의 사회에서도 운영 가능하다는 점을 보여주고 있다.

그동안 서구 중심의 학문이 주도하고 있다면 21세기에는 단연 동양으로 관심의 방향이 바뀌고 있다는 점도 주목할 필요가 있다. 특히 종교의 세계를 살펴보면 세계 종교는 모두 동양에서 일어났다는 사실을 눈여겨 보아야 한다. 유대교와 기독교와 이슬람교도 근동(Near Eastern) 혹은 중동(Middle East)에서 일어난 종교들이다. 새로운 시대에 동양을 중심으로 하는 새로운 정신세계를 일구어 가려면 먼저 동양에서 일어 난 세계 종교부터 살펴 보아야 할 것이다.

한 권의 책 안에 여러 종교를 담는다는 것은 무리한 일이지만 최소한 다양한 종교를 이해하고 종교의 문턱으로 인도하는 역할은 할 수 있을 것으로 기대한다. 각 종교를 이해하려고 할 때 종교인을 보기보다 종교의 태어남과 종교의 경전을 주목해야 한다. 본 저서의 저자들은 이러한 점을 염두에 두면서 가능한 한 쉬운 말로 종교의 핵심 사상을 소개하려 하였으며 다양한 멀키미디어 보조교재를 동원하여 흥미롭게 종교에 세계에 초대하려 하였다.

또한 각 종교에 대한 것을 논의하면서 말미에 〈생각 나누기〉를 첨부하였다. 이 부분에서 제기되는 질문과 토의 주제를 통해 다시 한번 내용을 정리하면서 창의적인 사고를 키워 나가기를 희망한다.

특정한 종교를 신앙할 경우 타 종교에 대해서는 비판적인 시각을 먼저 가지기 쉽지만, 이 책의 독자로서는 이러한 선입관을 내려놓고 시야를 보다 더 넓게 확대하여 둘러보기를 희망한다. 이러한 여정과 발걸음을 통해 분명 새로운 경험을 할 수 있을 것이며 새로운 깨달음도 덤으로 얻을 수 있을 것이다.

제1장
종교란
무엇인가?

정중호

World religions and civilizations

1. 왜 종교에 관심을 가질까?

2010년 현재 세계 인구는 68억 4천만 명이며 그 가운데 종교인은 84%이고 비종교인은 16%에 불과하다.[1]

왜 이렇게 많은 사람들이 종교에 관심을 기울이고 종교를 숭상할까? 대답은 간단하다. 많은 사람들이 종교의 필요성을 느끼고 있기 때문이다. 사람을 '종교적 인간(homo religiosus)'이라고 말할 만큼 사람은 본능적으로 종교를 필요로 하고 있다.

종교에 무관심한 사람이라도 가족이나 가까운 사람들의 죽음을 목격하면 충격을 느끼며 죽음 이후의 세계에 대해 한번쯤 생각하게 된다. 그리고 사람은 태어나서 결국 죽을 수밖에 없다는 사실을 알 때, 나 자신이 언젠가 죽을 수밖에 없다는 생각이 들 때 우리는 종교적이 된다. 인간의 한계와 유한함을 발견할 때 인간은 영원이라는 것에 눈길을 돌리게 되는 것이다.

어떤 철학자는 "살아 있는 모든 생물 가운데 죽음을 아는 존재는 인간뿐이다"라고 했는데 과연 그럴까? 소도 도살장으로 가기 전에는 무엇인가 느끼는 것이

1 http://www.worldometers.info

있을터인데... 집에서 기르는 개도 늙고 병약해지면 소리가 달라진다. 살아있는 생물이라면 아마도 죽음이라는 것을 느끼고 살 것이라 짐작해본다.

석가가 생노병사(生老病死)를 보고 느끼는 심정이나, 구약성경에 "살아있는 개가 죽은 사자보다 낫다"(전도서 9:4)라든가 "빛은 실로 아름다운 것이라. 눈으로 해는 보는 것이 즐거운 일이로다"(전도서 11:7)라고 토로하는 것은 모두 인간의 한계와 유한성을 느끼는 마음인 것이다.

그러나 문제는 인간의 한계와 죽음을 인간 스스로 극복할 수 있는 방안이 없다는 점이다. 진시황도 불사약을 구할 수 없었고 과학기술의 발전도 죽음의 문제를 해결할 방도는 없다. 죽음의 순서에는 나이가 기준이 아닌데... 내가 죽는 때를 나는 알 수가 없는데... 내가 지금 죽는다면... 이러한 의문에 대해 대답해 줄 수 있는 것은 종교 뿐이다.

그러나 쉽게 종교의 문을 두드릴 수도 없다. 왜냐하면 종교에 대한 막연한 두려움도 있기 때문이다. 경우에 따라서는 사이비 종교도 있기 때문에 선뜻 마음이 내키지 않은 경우도 있다. 이러한 상황이기 때문에 더더욱 종교에 대해 알아볼 필요가 있으며 기본적인 이해가 필요하다.

종교를 알아야 할 또 다른 이유가 있다. 모든 문명의 핵심에는 종교가 자리잡고 있다. 서로 다른 문명을 이해하려면 그 문명의 핵심에 있는 종교를 이해하는 것이 가장 빠른 방법이다. 베드로 성당의 미술품을 이해하려는 사람이 기독교를 전혀 모른다면 어떻게 그 심오한 깊이를 얻을 수 있겠는가? 사막 한 가운데 있는 거대한 피라미드를 건축가의 눈으로만 이해한다면 그것은 피상적인 이해일 뿐이다. 예술과 문학과 과학과 사고방식에 미치는 종교의 영향이 지대하다. 역사와 문명을 이해하기 위해서도 종교를 살펴보는 것은 필수사항임이 분명하다.

국제선에 탑승하면 종교에 따라 식사가 다르게 배식되고 있는 것을 쉽게 볼 수 있다. 그리고 KAIST에서는 이슬람교 학생들을 위한 기도실이 마련되었다. 한국에도 무교, 유교, 불교, 기독교 이외에 이제는 이슬람교 혹은 힌두교에 대한 배려가 필요한 상황이 된 것이다. 지금 한국의 기업과 한국인들이 세계 곳곳을 누비고 있다. 그 지역의 종교를 이해하지 못한다면 심각한 손해를 감수해야만 하는 상황이고 때로는 더 이상 국제적 활동을 할 수 없게 될 수도 있는 것이 현실이다. 더구나 세계는 나날이 좁아지고 있고 교류가 활발해지고 있다. 따라서 세계종교를 이해하는 것은 이제 선택이 아니라 필수사항이 되어 버렸다.

2. 세계 종교 분류와 현황

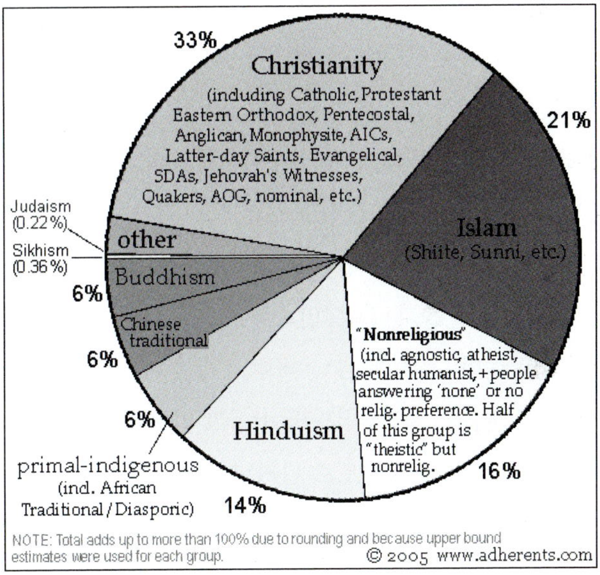

2

2 http://www.adherents.com/Religions_By_Adherents.html 2010. 5. 28 검색

종교는 신을 믿는 종교(유신론적 종교)와 신을 믿지 않는 종교(비유신론적 종교)로 구분할 수 있다.[3] 유신론적 종교는 다시 유일신 종교(monotheistic religion)와 다신론 종교(polytheistic religion)로 구분될 수 있는데, 유일신 종교로는 기독교, 이슬람교, 유대교를 들 수 있으며, 다신론 종교로는 힌두교를 들 수 있다. 한편 비유신론적 종교는 불교, 유교, 도교 등을 들 수 있다.

한편 지리적 환경이 종교의 성격에 영향을 미쳤다고 보아 세계종교를 분류한다면 다음과 같이 분류할 수 있다.[4] 유대교, 기독교, 이슬람교는 서남아시아의 건조한 땅에서 생겨난 종교가족이다. 힌두교, 불교는 덥고 습한 인도 대륙에서 생겨난 종교가족이다. 유교와 도교는 극동에서 생겨난 종교가족이다. 건조 지역의 종교들은 목적적이고 투쟁적이며 세계변화 지향적이다. 인도 종교들은 사색적이고 묵종적이다. 극동 종교들은 자연과 우주 안에서, 행동과 태도에 있어서 조화에 관심을 가진다.

또한 보편종교(universal religion)와 민족종교(ethnic religion)로 구분할 수 있다.[5] 보편종교는 기독교, 이슬람교, 불교처럼 특정 지역이나 특정 민족의 범위를 넘어서는 종교를 말한다. 따라서 선교의 의지가 높은 종교들이다. 그러나 유대교, 힌두교, 유교, 도교 등과 같은 민족종교들은 다른 사람들을 개종시키는데 힘을 기울이지 않는다.

2010년 현재 세계인구는 68억 4천만명이며 그 가운데 기독교는 33%, 이슬람교 21%, 힌두교 14%, 불교 6% 등으로 나타난다.[6] 토플러는 제1의 물결을 생산자가 소비하는 농업중심사회, 제2의 물결을 생산자와 소비자가 분리된 산업 사

---

3 A. Bullock and O. Stallybras eds. The Fontana Dictionary of Modern Thought. (London: Fontana. 1981) 631.

4 Harold Fallding, The Sociology of Religion. (New York: McGraw Hill, 1974) 167-169
Chris Park, Sacred World: An Introduction to Geography and Religion (London: Routledge, 1994) 95-96

5 D. E. Sopher, Geography of Religion. (New York: Prentice-Hall, 1967)

6 http://www.adherents.com/Religions_By_Adherents.html 2010. 5. 28 검색
http://www.worldometers.info

회, 제3의 물결을 소비자의 요구에 따라 생산하는 후기산업화 사회이며 정보화 사회로 구분하였다. 개인적인 체험을 강조하는 종교의 속성을 감안한다면 종교는 제3의 물결에서 더 힘차게 헤엄칠 수 있게 될 것이다.

종교의 미래를 전망할 때 고려할 사항은 종교 선택의 개인화이다. 고대 종교인들은 씨족이나 부족 단위로 동일한 종교를 숭상하였다. 그러나 현대 종교인들은 보다 더 개인주의적이다. 집안에서 특정 종교를 숭상한다고 해도 자신은 다른 종교를 선택할 수 있다고 생각하는 사람들이 현대인들이다. 그리고 특정 종교는 다양한 이데올로기와 더불어 많은 가치 체계 가운데 하나의 가치일 뿐이라고 생각하는 경향이 있다. 따라서 현대인들은 점점 더 개인적으로 종교를 선택하게 될 것이며 이 때 개인적인 종교 이해와 개인적인 체험이 선택의 중요 변수로 등장하게 될 것이다.[7]

3. 종교의 정의와 특징

사전에서 '종교'를 찾으면, 종교는 "특정한 믿음을 공유하는 이들로 이루어진 신앙공동체와 그들이 가진 신앙 체계를 말한다"고 기록되어 있다. 언뜻 이해될 것 같기도 하지만 좀 더 구체적으로 살펴볼 필요가 있다.

루돌프 오토는 종교를 "엄청나고 매혹적인 신비"라고 하였다. 폴틸리히는 종교를 '궁극 관심'이라 정의했다. 내가 누구인가 하는 진정한 진리에 대한 관심, 우주적인 범위에 대한 관심, 영적인 세계에 대한 관심이 종교를 주목하게 한다. 그리고 종교적인 체험을 하는 사람들의 삶이 변화되는 모습을 보면서 많은 사람들이 종교를 알고 싶어 하고 종교적인 체험을 원하고 있다.

7 이은봉, **종교입문 / 종교세계의 초대** (서울: 지학사, 1985) 58-67

요아힘 바흐는 종교적인 체험의 특징을 다음과 같이 요약하고 있다.[8]

(1) 종교 체험은 '궁극 실재'로 여겨지는 것에 대한 반응이다.

(2) 종교 체험은 온 몸으로 인간 전 존재로 대응하는 전폭적 반응이다. 단순히 이해하는 차원이 아니다. 머리와 가슴과 삶과 영혼을 통틀어 총체적으로 경험하는 것이다.

(3) 체험 가운데 가장 강렬하고, 포괄적이며, 전율적이고 심오한 체험이 바로 종교 체험이다.

(4) 진정한 종교 체험은 행동을 수반한다. 생각이 변화되고 삶이 변화된다.

이러한 체험을 한 후 표현할 때는 그야말로 그 모두를 필설로 표현할 길이 없다. 따라서 상징적, 은유적, 유추적인 표현을 하게 된다. 그리고 종교 체험을 하게 되면 교리와 같은 이론적인 생각으로, 예배와 헌신같은 행동으로, 신앙공동체를 형성하는 사회적 활동으로 나아가게 된다.

4. 종교를 아는 방법

그런데 종교를 어떻게 알 수 있을까? 종교를 알기 위해서는 감성과 이성 모두를 동원해야 한다.[9]

감성적인 면은 신을 경외하는 명상을 통해서, 혹은 신비주의가 추구하는 것과 같이 직관적이며 황홀한 경험을 통해서 알 수 있다고 한다. 그리고 지적인 면은 경전을 들 수 있다. 종교적 이야기들이 입으로 전해 내려오던 때가 있었다. 그다음 그 이야기들이 문자로 기록되면서 점점 합리적이고 체계적인 모습을 갖추게 된다. 문자로 기록된 문서는 경전으로 인정되면서 커다란 권위를 부

8 오강남, **세계종교 둘러보기**(서울: 현암사, 2003) 30-31

9 이은봉, **종교입문/ 종교세계의 초대**, 70-71

여받게 된다. 이렇게 완성된 경전이나 교리는 살아있는 신앙을 지적으로 설명하려는 것이었다. 이러한 긍정적인 면이 있지만 경전이나 교리가 때로는 생명력있는 종교를 화석화 시키고 종교를 틀 속에 가두어 두려는 힘을 행사하기도 한다. 그래서 경전을 절대시 하는 종교는 살아있어 움직이는 종교가 되지 못하고 보수적인 태도를 취하게 되는 것이다. 다만 경전을 새로운 시대에 새롭게 해석하는 노력을 기울인다면 경전의 화석화를 방지할 수 있을 것이다.

구약성경 잠언에는 "여호와(神)를 경외하는 것이 지식의 근본(시작)이다"(잠언 1:7)라고 기록되어 있다. 신을 경외하는 것과 지적인 면이 함께 할 때 비로소 종교적 앎이 열매를 맺게 되는 것이다.

유신론적 종교의 경우이겠지만 종교를 알기 위해서는 신(神)에 대해 알아야 한다.[10] 그런데 단순히 개념 만으로는 신을 알 수 없다. 신을 체험할 때만 신을 알 수 있다. 산에서 흘러내리는 시원한 계곡물을 바라 볼 때 그것은 감상의 대상이 되지만 계곡물을 체험하는 것은 아니다. 목마를 때 손으로 물을 떠서 마셔보기도 하고, 신발을 벗고 발을 담가서 얼음같이 차가운 그 온도를 느낄 때 우리는 물을 체험한다고 할 수 있다. 마찬가지로 신을 안다고 할 때는 이성적인 분석만으로는 충분하지 않다. 머리와 가슴과 인간 전체가 신과 만날 때 비로소 신을 어렴풋이나마 알 수 있다. 즉 신에게 기도를 드린다든지 신의 말씀을 가슴 깊이 받아드릴 때 신을 느낄 수 있게 되는 것이다.

그런데 신 관념의 폭이 상당히 넓다. 병을 고치는 신이라든가 재물을 많이 모을 수 있게 하는 신, 혹은 출세할 수 있게 인도하는 신이라는 신 관념이 있다. 마치 사람과 같이 다가오는 신의 모습을 보여주는 것이다. 동시에 알 수 없는 절대자로서 상징적으로 표현할 수밖에 없는 신 관념도 있다. 이 양극단을 모두 느낄 수 있고 이해되어질 때 비로소 신을 체험할 수 있게 되는 것이다. 기독교

10 이은봉, **종교입문/ 종교세계의 초대**, 51-56

의 경우, 절대자인 하나님이 있고 하나님을 지상에서 눈으로 볼 수 있는 예수가 있어서 양 극단의 신 관념을 모두 체험할 수 있는 종교라 말할 수 있는 것이다.

또한 종교를 아는 방식은 통일적인 인식이며 직관으로 아는 것이고 영감(inspiration)을 통해서 알게 된다.[11] 점진적일 수도 있지만 때로는 어느 순간 모든 것이 확연하게 깨달아지고 전체적인 모습을 선명하게 파악할 수 있는 경우도 있다. 이것을 득도(得道)한다고 하기도 하고 계시를 받았다고 하기도 한다.

그리고 이러한 종교적 인식은 실천과 밀접히 연관되어 있다. 마치 동전의 양면과 같이 붙어 있다. 알게 되면 자연스럽게 행동하게 되어 있는 것이다. 그리고 그러한 실천을 통해서 종교적 인식도 새로워지는 선순환의 구조가 형성되는 것이다. 이렇게 해서 종교를 가진 사람은 생각과 행동의 의미를 발견하게 되고, 삶의 의미를 발견하면서 삶이 변화될 수밖에 없는 것이다.

---

11 이은봉, **종교입문/ 종교세계의 초대**, 72

5. 종교적 체험

〈2005년 1월 이집트 백사막 가는길〉[12]

끝없이 펼쳐진 사막을 바라볼 때, 수평선 너머로 끝도 없이 계속되는 바다를 보면서 우리는 시작도 없고 끝도 없이 시공간을 초월하는 영원이라는 것을 느끼고 생각하게 된다. 죽음을 극복하려 고 할 때 생각할 수 있는 유일한 것은 절대자인 신(神)이다. 모든 존재의 근원이며 창조자인 신에게 눈을 향하게 된다.

그런데 신과 마주하게 되면 경외감을 느끼게 된다. 두려움과 거룩함이 느껴지게 되는 것이다. 루돌프 오토(R. Otto)는 외경의 감정은 다음과 같은 세 가지 감정으로 혼합되어 있다고 하였다. 첫째, 피조물이 창조자를 만나는 감정이요,

12 http://kr.blog.yahoo.com/yeaeu/16 2010.6.2 검색

둘째, 전율하는 신비감이고, 끝으로 끌리는 감정이라고 하였다. 피조물이 창조자를 만날 때는 보잘것없는 유한한 자신의 모습과 죄인의 심정을 느끼게 된다. 신비감이란 단순한 두려움이 아니라 상상을 초월하는 세계와 마주할 때 느끼는 느낌이다. 동시에 영원을 사모하고 신을 사모하는 마음이 일어날 때, 절대자 앞에 무릎을 꿇고 싶은 마음이 일어날 때 우리는 경외의 감정을 느낀다고 할 수 있다.[13] 종교는 체험이다라는 말을 많이 듣는다. 그러면 신비한 체험이 없으면 종교인이 아니라는 말인가? 그렇지 않다. 정도의 차이가 있지만 종교인이면 모두 다양한 체험을 하게 된다. 직관적으로 확신하게 되는 경우도 있고 신비한 체험을 하는 경우도 있다. 모두가 주관적이며 내적인 체험들이다. 살아가면서 수 많은 경험을 하게 되지만 대부분 무심하게 스쳐 지나간다. 그러나 어떤 경험들은 내 가슴에 충격을 주며 또 어떤 경험들에 의해서 내 영혼이 떨리는 것같은 전율을 느낄 때도 있다. 남들은 무심하게 지나칠지 모르지만 나는 그 경험으로 인해 내 생각이 바뀌고 깨달음을 얻고 삶이 변화되는 것을 느낄 때 우리는 종교의 세계에 한 발자국 다가간다고 할 수 있다.

13 이은봉, **종교입문 종교세계의 초대**, 19-21

기도하는 손[14]

6. 종교의 기원

종교는 체험의 영역이 있기 때문에 학문적으로 규명하기가 쉽지 않다. 그러나 다른 모든 영역도 마찬가지다. 의사가 병을 모두 앓아보아야 병을 고치는 것은 아니듯이 종교학자가 종교적인 체험없이도 무엇인가 할 수 있는 부분이 있다. 그것이 바로 종교학(Religious Studies)이다.

14 2010. 6. 2 검색
http://blog.joins.com/media/index.asp?page=7&uid=andiok&folder=0&page_size=5&viewType=&day=200811

그러면 종교학에서는 종교의 기원을 어떻게 설명하는가?[15]

(1) 영국의 인류학자 타일러(1832-1917)는 종교는 모든 물체에 영(靈)이 있다고 믿는 애니미즘(animism)에서 나온 것으로 보았다. 즉 죽은 사람이나 산이나 나무나 돌에도 영이 있다고 믿었으며 그 영들이 인간에게 도움을 주기도 하고 해를 주기도 한다는 것이다. 따라서 이 영들을 달래기 위해 제사도 드리고 기도도 한다는 것이다.

(2) 영국의 인류학자 마레트(1866-1943)는 물체 내에 존재하는 비인격적 '힘'같은 것을 믿는 것이 바로 종교의 기원이라 주장하였다.

(3) 종교학의 창시자로 알려진 막스 뮐러(1823-1900)는 자연숭배가 종교의 기원이라 보았다. 즉 해나 달을 의인화하고 신격화하며 해나 달의 자연현상을 신들의 이야기로 만들기 시작했는데 그것이 바로 신화(神話)라는 것이다.

(4) 오스트리아의 빌헬름 슈미트(1868-1954)는 최고신(High God)을 섬겼는데 이것이 변질되어 다신론이 되었다는 것이다. 그리고 세계종교라 부르는 고등종교는 이러한 최고신 개념을 다시 회복시킨 것으로 보았다.

(5) 영국의 프레이저(1854-1941)는 종교의 기원을 마술(magic)이라 보았다. 즉 변덕스럽고 제어하기 힘든 자연을 제어하기 위해 마술을 사용했는데 더 좋은 방법으로 종교라는 것을 계발했다는 것이다. 그는 고전이 된 **황금가지**(*The Golden Bough*)를 저술한 저자이다.

(6) 포이어바흐(1804-1872)는 인간이 원하지만 가지고 있지 못하는 이상(理想)들의 투사가 바로 종교라고 하였다. 예를 들면 우리에게는 지고한 사랑, 지혜, 용기, 도덕성, 능력 등이 필요한데 이러한 사랑을 모두 갖춘 존재를 신(神)이라 부른다는 것이다. 그래서 그는 신학은 인간학이라고 하였다.

15 오강남, **세계 종교 둘러보기**, 355-360

이상과 같이 종교학자들의 이론을 살펴보면 인간이 신을 만들고 인간이 종교를 만들었다는 학자들도 있고(막스 뮐러, 프레이저, 포이어바흐), 이미 있는 신을 인간이 찾아내어 섬겼다는 학자들도 있다(타일러, 마레트, 빌헬름 슈미트). 그러나 그 누구도 초자연적 현상인 신의 계시를 강조하는 학자는 없다. 초자연적인 현상인 신의 계시를 학문적으로 규명할 수가 없기 때문이다. 그런데 각 종교를 신앙하는 종교인들은 대부분 신의 계시를 믿고 있다. 이것이 학문의 영역에서 종교를 볼 수 있는 한계라 할 수 있다.

7. 종교간 대화

종교학의 창시자 막스 뮐러(1823-1900)는 "하나의 종교만 아는 사람은 아무 종교도 모른다"는 말을 했다. 고급 지식은 모두 비교에서 얻어지는데 비교하지 않고 어떻게 알 수 있겠는가 하는 말이다.

외국에서 한국을 연구대상으로 삼는다고 한다. 여러 종교가 병존하는 다종교 사회에서 어떻게 종교 간의 심각한 갈등 없이 함께 살아가고 있는지 연구 한다는 것이다. 다행한 일이다. 그러나 아무 문제가 없는 것은 아니다. 수많은 순교자의 피가 흐른 역사가 있다. 그리고 지금도 여전히 갈등의 요소는 잠복해 있다. 슬기롭게 이러한 갈등의 요소를 해결해 나갈 수 있도록 서로 다른 종교를 이해하려는 노력이 필요한 땅이 바로 한국이다.

뉴욕의 월드 트레이드 센터(World Trade Center)의 쌍둥이 빌딩이 비행기 자폭테러로 화염에 싸이고 무너질 때 세계의 많은 사람들이 이슬람에 대해 비난하며 마치 이슬람교가 테러 종교단체인 것처럼 목소리를 높였다. 그러나 세계의 종교를 살펴보면 그 안에는 모두가 평화와 정의를 추구하는 것을 발견할 수 있다. 문제는 종교가 아니라 정치 · 경제 · 사회적인 갈등 요인이 이러한 참담한 사태를 불러왔다. 따라서 종교를 올바르게 이해할 때 이러한 오해를 제거할 수 있을 것이다.

심지어 이라크 전쟁을 이슬람교와 기독교의 대결이라는 말까지 하고 있다. 그러나 이슬람교와 기독교는 동일하게 성경을 경전으로 인정하고 있고 예루살렘을 동일하게 성지로 인정하고 있다. 지금도 예루살렘 성전 터에는 이슬람 사원이 자리잡고 있다. 경전과 종교의 핵심을 살펴보면 서로 가족과 같은 관계임을 알 수 있고 종교로 인해 전쟁이 일어날 이유가 없다. 따라서 이라크 전쟁을 비롯하여 각지에서 일어나는 갈등은 이슬람교와 기독교 간의 종교적 갈등이라기보다 다른 이유로 발발된 전쟁과 갈등임을 알 수 있다.

이 뿐만 아니라 역사를 살펴보면 소외 종교전쟁이라는 것이 자주 발생하는 것을 볼 수 있다. 그러나 그것은 명분을 내세우기 위해 종교를 이용한 것일 뿐 사실은 다른 이유 때문에 전쟁이 일어나는 것이 대부분이다. 종교의 궁극적인 관심은 이기주의가 아니라 평화롭게 함께 살아가는 것이기에 전쟁과는 거리가 멀다. 따라서 여러 종교에 대해서 깊이 이해하려는 태도는 전쟁을 예방할 수 있는 방책이기도 하다. 한스 큉은 말하기를 "종교 간의 대화 없이 종교간의 평화가 있을 수 없고, 종교 간의 평화 없이 세계 평화가 있을 수 없다"라고 하였다.[16]

일반적으로 각 종교의 신앙인들은 혼합종교 현상을 종교적 타락으로 규정하면서 자기가 신봉하는 종교의 순수성을 지키려 한다. 자기가 신봉하는 종교의 배타적인 우월성을 유지하려는 것이다.

그러나 역사적으로 살펴보면 다른 종교와 대화나 접촉이 없이 독주하고 있을 때 그 종교는 부패하거나 힘을 잃어버린 경우를 발견할 수 있다. 중세의 기독교가 한 예이고 수피들이 힌두교와 접촉하기 직전의 이슬람이 그 좋은 예가 된다.

16 한스 큉, Global Responsibility in Search of a New World Ethic (New York: Crossroad, 1991) xv

인도에서 불교가 태어날 때 영향을 받은 것들은 브라만 전통, 자이나교, 유물론자들, 불가지론자 등이다.[17] 이슬람이 태어날 때도 유대교, 기독교, 조로아스터교 등이 영향을 주었다. 유대교의 경우도 메소포타미아와 이집트 그리고 팔레스틴 지역의 다양한 종교적 전통을 배경으로 하면서 나타났다.

특정 종교가 여러 다른 종교와 접촉을 할 때는 위기감도 느끼지만 동시에 새로운 도전을 경험하면서 창의적인 종교의 발전을 경험할 수도 있다.

유일신이며 절대신을 신봉하는 경우에도 타종교를 포용할 수 있는 여지가 있다. 유일신을 신봉하는 유대교와 기독교와 이슬람교의 경전인 구약성경은 하나님이 온 우주의 창조자이고 모든 역사를 이끌어간다고 기록되어 있다. 그리고 하나님의 손 안에서 모든 것이 이루어지고 있으며 하나님의 영역 밖에 있는 것은 아무것도 없다고 한다. 선과 악도 모두 하나님의 손 안에 있다는 것이다. 따라서 종교에 있어서도 모든 종교가 하나님의 손 안에서 이루어지고 있다고 볼 수 있다. 세계 종교든 지역 종교든, 고전적인 종교든 사이비 종교든, 기독교 불교 유교 이슬람교 등 모든 종교는 하나님의 손 안에 있을 수밖에 없다.

구약성경 히브리어 쿰란사본에는 신명기 32장 8절이 다음과 같이 기록되어 있다.

> 지극히 높으신 분이 열국에 기업을 주실 때에
> 그 분이 인류를 나누실 때에
> 그 분은 하나님의 아들들의 수효에 따라
> 민족들의 경계를 정하셨다.

17 Harold G. Coward, 오강남 역, **종교다원주의와 세계종교** (서울: 대한기독교서회, 1993) 196

최고신인 "지극히 높으신 분"이 민족들을 분배할 때 천상의 존재들을 각 민족들의 수호신으로 배정하였다는 것이다. 이러한 개념에 의한다면 구약성경의 하나님은 모든 종교를 포용할 수 있는 신(神)으로 이해할 수 있다.

8. 세계종교와 문명

세계종교가 태어난 상황을 살펴보면 세계종교와 문명의 교차가 눈에 들어온다. 즉 하나의 문명이 다른 문명과 접촉할 때 일어나는 사회적 변동을 전통적인 종교가 해결할 수 없었을 때 새로운 보편적인 종교인 세계종교가 태어났다는 사실을 눈여겨 볼 필요가 있다. 예를 들면 정통파 힌두교가 경직되어 인도 사회의 문제를 해결할 수 없었을 때 세계 종교인 불교가 태어났다. 그리고 이슬람교는 부족간의 전쟁으로 절망적인 상황으로 치닫고 있었을 때 새로운 희망을 줄 수 있는 보편적인 종교로 태어난 것을 볼 수 있다.

그러나 세계종교라 해서 모든 지역에서 환영받고 있는 것은 아니다. 민족종교나 지역적인 편협한 정치 질서와 갈등을 빚을 요소가 남아 있다. 때로는 지역적인 압제에 저항하는 힘으로 부상하기도 한다. 간디의 무저항 정신은 세계적이며 보편적인 종교 정신에 바탕을 두고 일어난 것이며 영국의 식민지 정책에 저항하여 인도를 독립시키는데 크게 기여하였다.

1) 종교와 과학

우주의 중심이 지구가 아니라 지구가 태양 주위를 돈다는 지동설을 주장한 코페르니쿠스(1473-1543)는 종교와의 갈등을 피할 수 없었기 때문에 생전에 그의 주장을 담은 책을 출판할 수 없었다. 그 후 갈릴레이(1564-1642)는 지동설을 공개적으로 주장하다가 종교재판에 회부되어 재판을 받았다. 이처럼 중세 시대에는 종교와 과학의 갈등이 심했지만 결국 과학자들의 주장이 인정을 받게 되었다.

그러나 과학적 이론도 영원 불변한 진리일 수는 없고 새로운 이론으로 인해 수정되고 때로는 기존의 이론이 폐기되는 경우가 허다하다는 사실을 인정할 수 밖에 없다. 따라서 현대에는 종교와 과학이 갈등을 빚는 일은 좀처럼 일어나지 않는다. 종교와 과학이 추구하는 것이 다르다는 점을 서로 인정하게 된 것이다. 그리고 종교와 과학이 상호 협력할 수 있는 방안을 모색하고 있다.

사회과학 분야에서도 종교와 갈등을 빚은 경우가 있다. 마르크스는 "물질적 생산 양식이 사회적 정치적 정신적 생활 과정의 일반을 결정한다"라는 유물론을 주장하였다. 그는 종교를 비판하면서 종교는 인간이 만들어 낸 환상에 불과하며 종교는 아편이라고 혹평하였다. 그리고 부르조아 계급이 종교를 프롤레타리아 계급을 지배하는 무기로 삼고 있다고 지적하면서 종교를 비판하였다.

그러나 유물론 역시 하나의 이데올로기에 불과하며 미래에 도래할 유토피아적인 공산 사회라는 것도 허구임을 알게 되었다. 공산주의 국가들이 몰락하였고 북한만 유일하게 남아 있으며 가난과 굶주림에 허덕이고 있는 실정이다. 또한 계급 없는 사회를 역설한 공산주의 국가들이 공산당 간부를 귀족으로 만들고, 반대하는 사람들을 숙청하기 위해 강제노동수용소를 만들어 인권을 유린하고 있는 현실이 드러난 것이다.

사회과학과 종교와의 갈등은 오늘날 완전히 해소된 것은 아니지만 서로가 협력하는 길을 모색하고 있는 중이다.

2) 종교와 정치

고대 사회에서 씨족이나 부족에는 각기 섬기는 신들이 있었고 종교가 있었다. 그 후 국가가 세워지고 왕이 통치할 때도 종교는 사회 통합의 기능을 담당하였다. 부족장이나 왕은 제사를 드리는 제사장의 역할도 겸하는 경우가 많았다. 정치와 종교가 분리되지 않고 하나로 움직이고 있는 모습을 발견할 수 있다.

오늘날 대부분의 국가에서는 정치와 종교를 분리하고 있다. 다만 일부 이슬람 국가에서는 아직도 정치와 종교를 결부시키고 있는 것을 발견할 수 있다. 그러나 과연 정치와 종교가 분리가 될 수 있는지 의문이 들 때가 있다. 미국의 경우 분명히 정치와 종교가 분리되어 있는 경우이지만 대통령이 취임할 때는 성경에 손을 얹고 선서하고, 취임식 때 목사가 기도하는 것을 당연하게 받아들이고 있다. 뿐 만 아니라 어느 정치인이든 종교를 무시하고 정치를 할 수는 없다. 종교의 영향력은 투표에 그대로 반영되고 있으며 여론 형성에 큰 역할을 하고 있다는 사실을 정치인은 잘 알고 있기 때문이다. 따라서 비록 정치와 종교가 표면적으로 분리되어 있다 하더라도 종교의 영향력은 감소되지 않고 있으며 앞으로도 이러한 영향력은 지속될 것으로 짐작된다.

3) 종교와 윤리

원시적인 단계에서 윤리는 종교적인 모습을 가지기도 하지만 점차 분리되었다. 윤리와 종교의 차이를 살펴보면, 윤리는 현세적이며 인간적인 한계 안에서 완성하려는 선(善)을 목표로 하지만, 종교는 초현세적이며 초인간적인 '거룩함(聖)'을 목표로 하고 있다. 비록 이러한 차이가 있음에도 불구하고 종교는 윤리적일 수 밖에 없으며 세계종교는 모두 보편적인 윤리를 강조하고 있다.

독일 튀빙겐대 명예교수이며 세계적인 가톨릭신학자이자 종교학자로서 종교간 대화와 화합을 역설해 온 한스큉은 지구윤리를 주창하였다. 그는 종교간 대화없이 종교간 평화가 없으며, 종교간 평화없이 국가간 평화가 없다는 점을 역설하였다.[18]

'지구윤리를 향한 선언(Declaration Toward a Global Ethic)'은 1993년 9월 4일 시카고에서 열린 세계종교의회의 대표들이 종교 역사상 처음으로 채택한 것이다. 1997년 9월 1일 전임 대통령들과 수상들의 국제행동위원회(Inter Action Council)에서 처음으로 지구 윤리가 요청된다고 하였고, UN에 '인류의 책임에 대한 세계 선언(Universal Declaration of Human Responsibilities)'이라는 제안을 제출하였다. 이 두 선언문의 중요한 핵심은 "모든 인류는 인간답게 대접받아야 한다"는 것과 "당신이 당신에게 해주기 바라는 것을 다른 사람에게도 행하라"는 것이다. 그 내용을 살펴보면 다음과 같다.

1. 모든 생명을 존중하자!

이것은 오늘날 비폭력과 생명에 대한 존중의 문화에 대한 책임을 의미한다.

2. 성실하고 정당하게 대하라!

이것은 오늘날 일체성의 문화와 단순한 경제적인 체제에 대한 책임감을 의미한다.

3. 신뢰로 말하고 행하라!

이것은 관용의 문화와 신뢰의 삶에 대한 책임성을 의미한다.

4. 서로 존중하고 사랑하자!

18 한스큉, "국제관계의 새로운 패러다임," **기독교사상** 535 (2003, 7) 300-311

이것은 평등한 권리의 문화와 남성과 여성 사이의 협력에 대한 책임을 의미한다.[19]

한스 큉(1928-) [20]

19 한스큉, "세계종교들-세계평화-세계윤리: 21세기를 향한 현실적 비전," 2000. 9. 22 서울 YWCA회관 강연 http://sgti.kehc.org 2010. 5. 28 검색

20 2010. 6. 2. 검색 http://www.isaegil.net/bbs/zboard.php?id=column&page=1&sn1=&divpage=1&category=4&sn=off&ss=on&sc=on&select_arrange=headnum&desc=asc&no=71

9. 미래의 종교

교통과 통신이 발달되며 인터넷이 보편화 되면서 세계는 하나의 마을로 변하고 있다. 때로는 국경선이 있는지 의심스러울 정도로 다국적 기업은 세계를 무대로 종회무진하고 있는 실정이다. 돈의 흐름도 경제의 영향도 지구 곳곳에 실시간으로 전달되고 있다. 월스트리트에서 촉발된 2008년의 경제적 충격이 아프리카 오지에도 아시아의 산골 마을에도 그 여파가 전달되는 모습을 우리는 목격하였다. 이러한 상황에서 각 민족이나 각 문화가 가지고 있었던 가치체계는 힘을 잃고 있다. 오히려 국가의 경계를 넘어서 널리 퍼져있는 세계종교에 기대를 걸고 있는 실정이다.

그런데 인간의 의미 탐구도 이제 종교의 울타리를 벗어나고 있다. 어떤 종교적 조직이 개인을 인도하는 것이 아니라 개인이 자신을 스스로 책임져야 한다는 의식이 팽창해 있다. 종교는 개인이 스스로 궁극적인 해답을 찾을 수 있는 환경을 제공할 뿐이라는 것이다. 이러한 상황에서 우려되는 것은 각 개인의 질주를 어떻게 조절할 수 있고 제어할 수 있겠는가 하는 점이다. 공동체를 위한 새로운 가치체계가 필요한 시점이며, 종교가 과연 이러한 역할을 담당할 수 있겠는가 하는 의문이 들 수 있다. 고대로부터 사회의 변천과 종교의 역할을 살펴볼 때 사회의 변화와 더불어 종교의 변천을 발견할 수 있다. 따라서 앞으로 전개될 사회의 변화에서도 종교는 새로운 변신을 통해서 그 역할을 감당할 수 있으리라 짐작해 본다. 따라서 종교의 중요성은 여전히 유지될 것이며 종교가 창의적으로 그 역할을 감당할 수 있도록 노력해야 할 것이다. 그리고 종교를 이끌어가는 종교인의 역할이 여전히 중요하며 그 책임이 무거운 것도 사실이다.

생각 나누기

1. 종교와 문명과의 관계는?
2. 세계 종교 역사와 현황을 분석해 본다면?
3. 종교는 인간에게 어떠한 유익을 주며, 혹시 우려되는 점이 있다면 무엇인가?
4. 세계의 갈등 역사를 살펴볼 때, 종교간의 갈등이었는가 아니면 종교인 간의 갈등이었는가?
5. 종교간의 대화가 가능한가? 가능하다면 대화를 촉진시키는 방안은 무엇인가?
6. 한국의 종교역사와 현황을 분석해 본다면?
7. 종교적 체험에 대해 설명해 본다면?

참고문헌

박규태 외, **종교 읽기의 자유**. 파주: 청년사, 1999

오강남, **세계종교 둘러보기**. 서울: 현암사, 2003.

이은봉, **종교입문/ 종교세계의 초대**. 서울: 지학사, 1985.

최준식, **한국의 종교. 문화로 읽는다(1, 2)**. 파주: 사계절, 1998

한국종교연구회 편, **종교 다시 읽기** 파주: 청년사, 1999

한스큉, "국제관계의 새로운 패러다임," **기독교사상** 535 (2003, 7) 300-311

——, "세계종교들-세계평화-세계윤리: 21세기를 향한 현실적 비전," 2000. 9. 22 서울 YWCA회관 강연 http://sgti.kehc.org 2010. 5. 28 검색

Harold G. Coward, 오강남 역, **종교다원주의와 세계종교**. 서울: 대한기독교서회, 1993.

Bullock, A. and O. Stallybras eds. *The Fontana Dictionary of Modern Thought*. London: Fontana. 1981.

Fallding, Harold. *The Sociology of Religion*. New York: McGraw Hill, 1974.

Küng, Hans. *Global Responsibility in Search of a New World* Ethic. New York: Crossroad, 1991.

Park, Chris. *Sacred World: An Introduction to Geography and Religion*. London: Routledge, 1994

Sopher, D. E. *Geography of Religion*. New York: Prentice-Hall, 1967.

멀티미디어 자료

한스 큉 해설 비디오(불교, 이슬람교, 이슬람교)

세계는 신을 어떻게 생각하는가 - KBS/BBC

World religions and civilizations

제2장
유대교와
구약성서

정중호

구약성서가 경전인 종교는 기독교와 유대교이다. 그런데 동일한 경전이면서도 기독교는 '구약성서'라 부르고 유대교에서는 타낙(Tanak)이라 부른다. 왜냐하면 기독교에서는 경전으로 신약성서(New Testament)가 있기 때문에 상대적으로 옛날 경전을 구약성서(Old Testament)라 부른다. 하지만 유대교에는 신약성서가 없기 때문에 구약의 세 부분인 율법서(Torah), 예언서(Nebiim), 성문서(Ketubim)의 약자를 취하고 그 사이 모음 a를 넣어서 타낙(TaNaK)이라 부르는 것이다.

또한 이슬람도 구약성서를 경전으로 인정하고 있다. 물론 꾸란을 마지막 예언으로 여기지만 구약성서와 신약성서를 경전으로 인정하고 아담으로부터 시작해서 예수까지 성서의 여러 인물들을 예언자로 인정하고 있다.

이제 기독교와 유대교, 그리고 이슬람교의 뿌리인 구약성서를 만나보자. 구약성서는 줄여서 '구약'이라 부르기도 한다. 그리고 구약을 경전으로 하며 미쉬나와 탈무드를 만들어 낸 유대교를 만나보자.

1. 구약성서의 구조와 내용

유대인의 왕 솔로몬이 세운 예루살렘 성전 터에는 현재 유대교의 성전이 아니라 금 빛나는 돔 지붕이 있는 이슬람교 사원이 자리잡고 있다. 유대인들은 그 터를 자신들의 성전 터라 여기며 그 지역을 다시 차지하려고 애쓰고 있다. 그래서 지금도 많은 유대인들은 성전 터의 서쪽 축대를 가리켜 "통곡의 벽"이라 부르며 그 아래서 기도를 드리고 있다. 이처럼 예루살렘은 기독교와 유대교의 성지일 뿐 만 아니라 이슬람교의 성지이기도 하다.

마찬가지로 세 종교가 경전도 공유하고 있다. 구약성서는 기독교의 경전일 뿐 만 아니라 유대교의 경전이기도 하다. 그리고 이슬람교의 경전인 꾸란에도 구약성서와 유사한 점을 많이 발견할 수 있다.

"태초에 하나님이 천지를 창조하시니라"로 부터 시작되는 구약성서는 39권으로 나누어져 있다. 이들을 크게 구분하면 율법서(오경), 예언서, 성문서 등으로 나눌 수 있다. 구약성서는 원래 히브리어와 아람어로 기록 되었으며 세계 각국 언어로 번역되어 있다.

구약성서는 특정종교의 경전일 뿐 만 아니라 인류 역사 가운데 사상적이며 문학적, 그리고 예술적인 영향력을 가장 크게 미친 책이기도 하다. 따라서 인류

문화를 이해하기 위해서는 먼저 고전으로 구약성서를 만날 필요가 있으며 그 내용을 새로운 각도로 재조명하는 작업을 계속할 필요가 있다.

고대의 수많은 책들은 사라지거나 박물관에 보관되어 있지만 구약성서는 지금도 세계에서 가장 많이 읽히는 책이며 독자의 사랑을 받고 있다. 구약성서는 책의 형태로 우리 앞에 놓여 있지만 특이한 것은 이 책은 수많은 세월동안 수많은 사람들의 마음을 움직인 살아있는 책이라는 점이다. 구약성서를 경전으로 받아들이는 신앙인뿐만 아니라 문학으로서 그리고 사상으로 구약성서를 대하는 사람들에게도 구약성서는 크게 영향을 미치고 있다.

구약성서에 등장하는 사람들은 수많은 전쟁을 겪으면서 토박한 땅에 어렵게 살아온 이스라엘 백성이다. 그들은 그들이 발을 딛고 살아가는 그 땅을 '젖과 꿀이 흐르는 땅' 혹은 '약속의 땅'이라 부르면서 그 땅을 허락한 하나님에게 감사드리며 살아왔다. 그들의 삶의 애환과 부르짖음이 그리고 그들의 감사와 찬양이 구약성서에 녹아들어 있다.

비록 언어가 다르고 시대적 환경이 다르고 지역과 문화가 다른 이스라엘 백성이 체험한 "하나님과의 여정"이 담겨진 책이지만, 진실된 마음으로 진리 안에서 자유하기를 원하는 사람마다 구약성서에서 새로운 목소리를 들을 수 있고 새로운 희망의 빛을 발견하게 될 것이다.

구약성서가 이야기하는 내용은 천지 창조로부터 약 주전 2세기 경까지의 상황을 배경으로 하여 진행되고 있지만 그 내용은 입으로 입으로 전해 내려오는 구전 단계를 거쳐 후대에 기록되어졌다. 구약성서는 주전 8세기 히스기야 왕 시대에 상당 부분 문서화 되었으며 그 후 계속해서 문서화 작업이 이루어졌다. 최종적 경전의 완성은 70-100년경 바리새주의와 랍비 유대교의 업적이며, 문서화 된 구약성서 전체가 신앙의 책인 경전으로 확정된 것은 주후 2세기에야 비로소 이루어질 수 있었다.

경전화 작업이 이루어지고 난 후 성경번역, 성경 풀어쓰기, 주석이라는 새로운 장르가 나타났다. 경전화 작업으로 하나님의 말씀에 튼튼한 테두리가 쳐졌기 때문에 상상력이 자유롭게 발휘되는 시대를 맞이할 수 있었다. 이제는 살아있는 예언자를 통하여 하나님을 찾기보다 경전화된 성서를 연구함으로써 하나님을 찾았다.

1세기의 유대인 역사가 요세푸스(Josephus)는 유대인들이 구약성서를 얼마나 소중히 여겼는지 다음과 같이 전해주고 있다;

> 우리들 유대인들의 성서에 대한 경외심은 실제 생활 속에 드러나 있다. 그렇게 긴 세월이 지나갔음에도 불구하고 아무고 감히 성서 본문에 무엇을 첨가하거나 삭제하거나 바꾸려는 시도는 하지 않았으며, 또한 모든 유대인들은 태어나면서부터 줄곧 성서를 하나님의 명령이며 그 가운데서 살아가고 또 필요하다며 성서 말씀을 위해 기꺼이 죽을 수도 있다는 것이 본능처럼 되어 왔다. 지금까지도 율법과 그 관련 문서들을 거스르는 단 한마디의 말보다는 차라리 원형극장에서 온갖 고문과 죽음을 감수하는 죄수의 길을 택한 경우가 수없이 목격되고 있다(아피온에게 보내는 요세푸스의 편지 중에서).[21]

21 죠쉬 맥도웰, 돈 스튜어트, 순출판사 편집부 역, **기독교변증 I** (순출판사, 1993) 44 재인용

두루마리에 기록된 히브리어 구약성서[22]

22 http://transformingcompassion.typepad.com/.a/6a00e5523c2a8488330120a51c0e7a970c-pi 2010. 6. 2 검색

1) 율법서(토라)

율법서는 히브리어로 '토라'인데 그 뜻은 '가르침'이라는 의미이다. 즉 하나님이 인간에게 준 선한 가르침이라는 뜻이다. '법전' 혹은 '율법'이라는 형식으로 나타나는 부분들도 인간을 얽어매어 구속시키는 조문들이 아니라 인간이 살아가는 삶을 보다 더 건강하고 정결하게 유지할 수 있고 공동체가 더불어 살아가는 비결을 가르치는 내용들로 가득차 있다. 토라(율법서)는 다섯 권의 책으로 구성되어 있기 때문에 5경이라 부르기도 하는데 창세기, 출애굽기, 레위기, 민수기, 신명기를 가리킨다.

율법서는 처음부터 이스라엘에 국한해서 이야기하는 것이 아니라 전 우주적이며 전 세계적인 스케일로 시작하고 있다. 태초에 하나님이 천지를 창조하는 이야기부터 시작되는데 에덴동산에 살았던 아담과 하와의 이야기도 들어 있다. 그리고 동생을 죽인 가인의 슬픈 이야기도 있다. 그 외에도 노아의 홍수 이야기, 바벨탑 이야기 등이 들어 있다.

이어서 나타나는 이야기는 이스라엘이라는 한 민족에 포커스를 맞추어 전개된다. 하나님이 한 민족을 선택하는데 그 조상인 아브라함을 불러 사명을 맡겼다는 이야기다. 그 사명은 온 세상의 백성들에게 복을 나누어주는 사명이다. 그런데 전개되는 이야기는 어렵게 살아가는 이스라엘 백성의 모습이다. 아브라함의 후손들이 이집트에 내려가서 노예가 되어버린 이야기도 나온다. 그러나 하나님은 모세를 보내어 이집트의 노예생활에서 이스라엘 민족을 탈출시켰다. 이스라엘 민족이 광야를 거쳐 약속의 땅인 가나안으로 향하는 여정이 출애굽기와 민수기에 나타난다.

중요한 사건은 광야 한복판에 있었던 시내산에서 하나님으로부터 십계명을 비롯하여 율법을 받았는데 그 내용이 출애굽기와 레위기에 기록되어 있다. 마지막 책인 신명기는 약속의 땅인 가나안 땅으로 들어가기 직전 모세가 이스라엘 백성을 향해 설교한 내용이라는 형식으로 기록되어 있다.

율법서의 구조를 간략하게 살펴보면 다음과 같다;

(1) 처음 사건들 - 천지창조에서 바벨탑 사건에 이르는 범우주적이며 범세계적인 사건들....... 창세기 1-11장

(2) 이스라엘 족장들의 이야기 - 하나님이 선택하여 부르신 이스라엘 백성들의 초기 이야기로 아브라함, 이삭, 야곱, 요셉에 이르는 족장들의 이야기 .... 창세기 12-50장.

(3) 이집트 탈출기 - 이집트에서 노예로 고통을 받던 이스라엘 백성들이 모세의 지도하에 탈출하여 홍해를 건너 시내산까지 도착한 이야기 .... 출애굽기 1-19장

(4) 시내산에서 받은 율법 - 십계명부터 시작하여 제사규정, 사회적 법률, 도덕규범 등 자유를 얻은 이스라엘 백성이 갖춰야할 기본적인 가르침 ....출애굽기 20장 - 레위기 - 민수기 10:10

(5) 광야를 행진하는 이스라엘 백성 - 약속의 땅 가나안을 향해 사막을 걸어가는 이스라엘 백성들의 이야기 .... 민수기 10:11-36:13

(6) 모세의 고별설교 - 요단강 동편에서 가나안 땅을 바라보며 모세가 이스라엘 백성에게 설교한 내용 .... 신명기 전체.

한 가지 염두에 둘 것은, 역사 이야기가 전개되고 있지만 역사는 전달하고자 하는 핵심적인 내용을 담고 장식하는 소재에 불과하며 중요한 것은 전달하고자하는 내용 즉 메시지이다. 예를 들어 태초에 에덴동산에서 무슨 일이 일어났는가 하는 사건의 관한 정보보다 그 이야기가 전달하고자 하는 메시지가 중요하다는 것이다. 노아의 홍수 사건도 마찬가지이다. 노아가 홍수 가운데서 어떠

한 방주를 타고 어떻게 살아났는가 하는 사건의 추이보다 이 이야기가 말하고자 하는 메시지에 귀를 기울여야 한다는 것이다.

(1) 창세기

하나님이 태초에 하늘과 땅, 즉 온 우주 만물들을 창조했다는 내용이 먼저 나타난다. 물론 인간도 창조했는데 중요한 것은 인간에게 천하 만물을 맡겨서 관리하도록 했다는 점이다. 이것은 하나님이 인간을 참으로 잘 만들었고 귀중한 우주 만물을 맡길 만큼 인간을 깊이 신뢰한다는 점을 보여주는 것이다. 시편에서는 하나님이 인간을 "하나님보다 조금 못한"(시편 8:5) 수준으로 높이 대해 주었다면서 하나님을 찬양하고 있다.

그러나 안타까운 사건이 에덴 동산에서 일어났다. 하나님이 이렇게 신임한 아담과 하와가 하나님의 명령을 거역하고 금지된 과일 '선악과'를 따먹은 것이다. 물론 이 일로 인해 아담과 하와는 형벌을 받았다. 이 사건은 불행한 사건이지만 한 가지 짚고 넘어갈 것이 있다. 인간은 기계가 아니라 스스로 선과 악을 선택할 수 있는 자유가 주어져 있다는 것이다. 심지어 하나님의 명령까지도 거역할 수 있는 선택권이 주어져 있다는 점이다. 그리고 자신의 선택과 행동에 대해서는 책임을 져야 하는 것이다. 이것은 참으로 중요하다. 반대로 생각한다면 인간은 올바른 선택을 할 수 있는 능력이 있다는 것이다.

불행하게도 인간은 악을 선택하는 경우가 많았고 죄가 너무 많았기에 하나님은 인간을 창조한 것을 후회하고 한탄하며 홍수로 모두 전멸시키기로 작정하였다. 그러나 의로운 사람인 노아와 그 가정만은 방주(노도 없고 돛도 없는 배)를 만들어 살려 주었다.

온 천하에 사람의 수가 많아졌을 때 하나님은 특별히 한 민족을 선택하였다. 그 민족의 시조는 아브라함이며 민족이 살아갈 약속의 땅은 지금 이스라엘 국가가 있는 가나안 땅이었다. 이스라엘 백성을 선택한 이유는, 하나님이 아브라함을 불러 "땅에 사는 모든 민족이 너로 말미암아 복을 받을 것이다"(창 12:3)라고 말한 대목에서 발견할 수 있다. 이스라엘은 자신의 유익만을 위해 사는 것이 아니라 하나님으로부터 사명을 받아 수행하는 백성이다. 그 사명은 바로 온 민족에게 하나님의 복을 나누어 주는 일이다.

아브라함에 이어 이삭과 야곱으로 족장이 이어지는데 야곱의 아들 요셉은 그 당시 강대국이었던 이집트의 총리대신이 되기도 하였다. 기근을 만난 야곱은 아들이 살고 있는 이집트에 내려가서 살았다는 내용으로 창세기는 끝맺는다.

창세기 이야기는 여러 영화로 제작되었는데 천지창조와 노아의 홍수를 중심으로 한 영화는 **태초에-성서**(The Bible - In The Beginning)이라는 영화다. 야곱과 요셉에 관한 영화는 The Bible 시리즈 영화인 **야곱**(Jacob)과 **요셉**(Joseph)을 들 수 있다. 참고로 현대판 영화이지만 형제간의 살인사건인 가인과 아벨의 슬픈 이야기를 담은 영화는 제임스 딘이 열연한 **에덴의 동쪽**이다. 요셉의 이야기는 뮤지컬로도 공연되었는데 **요셉과 놀라운 꿈의 채색 옷**(Joseph and the Amazing Technicolor Dream Coat)이라는 뮤지컬이다.

(2) 출애굽기

그러나 세월이 지난 후 소수민족이었던 이스라엘 사람들은 이집트에서 노예로 전락해버렸다. 이들이 고통을 받고 있었을 때 하나님은 모세를 보내서 다시 약속의 땅으로 인도하였다. 이 사건을 영화화한 것인 **십계**와 **이집트 왕자**라는 영화다.

광야를 통과하면서 배고픔과 목마름을 견뎌야 했던 이스라엘 백성들은 때로는 하나님에게 반항하고 불만을 토로하기도 하였지만 하나님의 은혜로 그 후손들이 약속의 땅에 들어갈 수 있었다.

광야에서 일어난 중요한 사건은 시내산에서 십계명을 비롯하여 율법 즉 하나님의 가르침을 받은 사건이다. 이제부터 노예가 아니라 자유민이며 하나님의 백성으로 살아가야할 규범과 질서를 가르치는 내용들이었다. 이 가르침 가운데 특히 강조된 것은 약한 사람들을 선하게 대하고 압제하지 말라는 내용이다. 예를 들어 추수할 때는 가난한 사람들이 이삭을 주울 수 있도록 조금씩 흩어 놓은 채 곡식단을 묶으라는 것이다. 곡식을 추수해서 직접 주면 받는 사람은 수치심을 느낄 것이고 자존심이 상하지만 이삭을 주워서 음식을 만들어 먹는다면 스스로 노력해서 살아가는 것이기에 최소한 자존심은 지킬 수 있게 되는 것이다. 즉 부자도 가난한 사람도 서로를 존중하며 모두 공동체의 일원이 되어 함께 살아갈 수 있는 방안을 가르쳐 주는 것이다.

또 한 가지 중요한 가르침은 이동식 성전이며 텐트로 만든 성전인 회막(성막)을 지으라는 명령이다. 그리고 하나님의 텐트인 그 회막(성막)을 이스라엘 사람들이 광야에서 텐트를 치고 야영할 때 마다 그 한가운데 설치하라고 하였다. 하나님이 이 회막(성막)에 와서 이스라엘 백성과 함께 살아가겠다는 계획인 것이다. 이것은 하나님이 이스라엘 백성을 사랑하여 그 백성을 보호하면서 같이 지내겠다는 적극적인 표현이다.

십계명 (출애굽기 20:1-17; 참조 신명기신 5:1-21)

1 하나님이 이 모든 말씀으로 말씀하여 이르시되 2 나는 너를 애굽 땅, 종 되었던 집에서 인도하여 낸 네 하나님 여호와니라

3 (1계명) 너는 나 외에는 다른 신들을 네게 두지 말라

4 (2계명) 너를 위하여 새긴 우상을 만들지 말고 또 위로 하늘에 있는 것이나 아래로 땅에 있는 것이나 땅 아래 물 속에 있는 것의 어떤 형상도
만들지 말며, 5 그것들에게 절하지 말며 그것들을 섬기지 말라 나 네

하나님 여호와는 질투하는 하나님인즉 나를 미워하는 자의 죄를 갚되
아버지로부터 아들에게로 삼사 대까지 이르게 하거니와 6 나를 사랑하
고 내 계명을 지키는 자에게는 천 대까지 은혜를 베푸느니라
7 (3계명) 너는 네 하나님 여호와의 이름을 망령되게 부르지 말라 여호와
는 그의 이름을 망령되게 부르는 자를 죄 없다 하지 아니하리라
8 (4계명) 안식일을 기억하여 거룩하게 지키라 9 엿새 동안은 힘써 네 모
든 일을 행할 것이나 10 일곱째 날은 네 하나님 여호와의 안식일인즉
너나 네 아들이나 네 딸이나 네 남종이나 네 여종이나 네 가축이나 네
문안에 머무는 객이라도 아무 일도 하지 말라 11 이는 엿새 동안에 나
여호와가 하늘과 땅과 바다와 그 가운데 모든 것을 만들고 일곱째 날에
쉬었음이라 그러므로 나 여호와가 안식일을 복되게 하여 그 날을 거룩
하게 하였느니라
12 (5계명) 네 부모를 공경하라 그리하면 네 하나님 여호와가 네게 준 땅
에서 네 생명이 길리라
13 (6계명) 살인하지 말라
14 (7계명) 간음하지 말라
15 (8계명) 도둑질하지 말라
16 (9계명) 네 이웃에 대하여 거짓 증거하지 말라
17 (10계명) 네 이웃의 집을 탐내지 말라 네 이웃의 아내나 그의 남종이
나 그의 여종이나 그의 소나 그의 나귀나 무릇 네 이웃의 소유를 탐내
지 말라

(3) 레위기

레위기는 신앙생활에 필요한 가장 기본적인 것을 가르치는 책이다. 물론 제사장이 제사 드리는 절차에 대해 기록되어 있지만 대부분 일반 신앙인들을 향한 가르침으로 구성되어 있다.

오늘날 교회나 성당에서 예배드리는 원리를 이야기하고 있으며 가정에서 신앙생활을 어떻게 해야 하는지 가르쳐 주고 있다. 병이 날 때, 소외 당하는 일이 일어날 때 가족들과 마을 사람들이 어떻게 해야 하는지 가르쳐 주고 있다.

특히 경제적인 면이나 사회적인 면에서 가장 가난하고 약한 이주민(나그네)을 위한 배려를 강조하고 있다. 토라(율법서)의 핵심인 "이웃을 네 몸과 같이 사랑하라"(레위기 19:18)는 가르침도 있지만 한 걸음 더 나아가 "이주민을 네 몸과 같이 사랑하라"(레위기 19:34)는 가르치고 있다.

가난하고 약한 사람들을 위해서는 임시적이며 간헐적인 배려보다 제도적인 장치가 마련되는 것이 특히 필요하다. 이를 위해서 안식년과 희년이라는 제도를 만들었다. 즉 매 50년, 즉 희년이 되면 빚으로 차압당했던 밭을 무상으로 돌려받을 수 있고, 빚을 갚지 못해 노예로 팔려간 사람이 무상으로 가족의 품에 돌아올 수 있게 된다는 것이다. 그리고 이러한 일에 성전이 앞장서서 이러한 제도가 정착될 수 있도록 힘써야 한다는 점도 강조하고 있다.

(4) 민수기

민수기에는 약속의 땅을 향해서 광야를 걸어간 이스라엘 백성들의 이야기가 펼쳐진다. 시내산에서 출발하여 요단강을 건너기 직전까지의 여정이 기록되어 있다.

불행한 것은 고달픈 광야 길에서 하나님께 불평불만을 토로하고 때로는 하나님의 뜻을 어기는 반역의 행동을 한 것이다. 그래서 형벌을 받기도 하고 때로는 지도자 모세의 중재로 겨우 용서받기도 하였다. 가장 치명적인 사건은 가데스 바네아에서 약속의 땅을 눈 앞에 두고 들어가지 못한 사건이었다(민수기 13-14장). 하나님의 능력을 의심하고 적을 두려워하여 들어가지 못했던 것이다. 그 결과 그들은 40년 동안 광야에서 방황할 수밖에 없었고 광야에서 생을 마감할 수 밖에 없었다.

그러나 그들은 희망을 버리지 않았다. 하나님의 약속을 믿었고 자녀들에게 그 약속을 가르쳤다. 결국 자녀들이 약속의 땅을 밟을 수 있었다. 광야에서 자란 새로운 세대는 과감하게 하나님과 대화를 시도하면서 새로운 상황에서 새로운 길을 찾는 창의적이며 진취적인 모습을 보여주었다.

(5) 신명기

신명기는 모세가 약속의 땅을 바라보며 이스라엘 백성에게 고별 설교하는 형식으로 기록되어 있다. 실수로 인해 모세는 약속의 땅에 들어가지 못했지만 장래에 약속의 땅에서 살아갈 백성들을 위해 지도자로서 하나님의 뜻을 전달한 것이다.

신명기에는 '쉐마'라는 부분이 있다(6:4-9). 쉐마는 마치 '사도신경'과 같이 매일 소리내어 외우는 성서구절로서 신앙고백문이다. 이 고백문 가운데 중요한 것은 하나님을 사랑하라는 것과, 하나님의 말씀을 마음에 새기고 자녀들을 부지런히 가르치라는 구절이다. 하나님은 무서운 분이 아니라 가까이 다가 갈 수 있으며 마음 깊이 하나님을 이해하고 하나님을 위해서 행동하는 삶을 살아가라는 것이다.

그리고 하나님을 사랑하는 구체적인 행동은 하나님의 말씀을 읽고 깨달아 깊이 명심하는 것이다. 또한 자녀교육은 바로 자녀를 위한 것이기도 하지만 하나님을 사랑하는 구체적인 행동임을 가르쳐 주고 있다. 하나님의 말씀을 읽고 연구하고 또 그렇게 열심히 공부하는 사람들을 칭찬하는 분위기는 이스라엘 백성의 삶의 원동력이 되었다. 그리고 가정에서 부모가 자녀들을 책임지고 교육시키는 것을 신앙의 핵심으로 여기는 전통은 오늘날 세계에서 유대인들(이스라엘 백성)을 위대한 민족으로 성장시켰다.

신명기에서 강조하는 중요한 것은 복과 저주를 선택하라는 것이다. 하나님의 뜻을 충실히 따르면 하나님의 복이 임하지만, 하나님의 가르침을 외면하고 거부한다면 멸망할 수밖에 없다는 것이다(신명기 28장). 인간에게 복과 저주, 선과 악의 선택의 자유가 주어져 있지만 선택의 결과는 인간이 책임을 져야한다는 것이다.

신명기에는 가난하고 약한 사람들을 위해 구체적이며 제도적으로 도울 수 있도록 하였다. 즉 하나님께 드리는 예물인 십일조 가운데 3년 째 십일조는 고아와 과부와 이주민과 레위인들에게 주어 그들이 굶지 않도록 하라는 명령이다(신명기 14:28-29; 26:12-15).

2) 예언서(느비임)

예언서는 히브리어로 '느비임'이며 그 뜻은 '예언자들'이라는 의미이다. 예언자들이 시대마다 등장하여 하나님의 뜻을 전한 것이 수집되고 기록되어 있다. 예언서는 전기예언서와 후기 예언서로 구분된다. 전기예언서는 여호수아부터 시작하여 사사기, 사무엘 상 · 하, 열왕기 상 · 하로 되어있다. 전기 예언서의 시대적 배경은 이스라엘 백성이 가나안 땅에 정착한 시대부터 바벨론에 포로로 끌려간 시대까지 펼쳐져있다.

예언자들이라면 일반적으로 장래에 되어질 일들을 미리 예언(豫言)하는 사람들로 알려져 있으나, 성서에서는 "하나님의 말씀을 맡는다"라는 뜻의 예언(預言)을 강조한다. 이스라엘의 예언자들은 장래의 일을 미리 알려주는 예언도 하였지만 이러한 예언은 하나님의 뜻을 전달하는 사자(使者)의 역할 중 일부분일 뿐이었다. 따라서 이스라엘 예언자들은 예언을 시작할 때 혹은 마칠 때 "주께서 말씀하시기를..."이라는 심부름꾼의 어투를 자주 사용하곤 하였다.

하나님의 말씀을 전달하는 방식은 주로 설교와 같이 말로 전달하였지만 후기에는 문서로 전달하기도 하였다. 예언자들은 하나님의 말씀을 전달할 때 녹음기와같은 역할을 한 것은 아니었다. 하나님의 뜻을 청중들이 알아듣기 쉽게 설명하여 전달한 것이었으며 동시에 그 시대적 상황에 가장 적절한 하나님의 말씀을 전달한 것이었다. 따라서 예언서를 이해하기 위해서는 각 예언서의 시대적 상황을 정확히 파악하는 것이 무엇보다 중요하다.

이스라엘은 고대 중동 지역 가운데서 지중해 연안에 위치한 소국(小國)이었으며 그 어느 나라 보다 국제적인 갈등에 쉽게 휘말려들었던 나라였다. 따라서 예언자들은 백성들을 인도해 나아갈 때 예리한 관찰력으로 국제적 상황을 진단하면서 하나님의 뜻을 전달하였다. 그들의 메시지는 소위 종교적인 신앙문제에만 국한된 것이 아니라 삶의 전반적인 문제들을 포괄적으로 다룬 것들이었다. 왜냐하면 하나님의 관심이 인간의 삶 전체를 조명하였기 때문이다.

한 가지 주의할 점은 전기 예언서의 내용을 보면 역사책과 같이 왕들의 통치 내용들이 많이 나타나기 때문에 역사를 기록한 것으로 오해할 수 있다는 점이다. 물론 역사적인 사건들에 대해 이야기한 내용도 많이 있지만 어디까지나 하나님의 의도를 전달하기 위해 그들이 자료로 사용되었지 역사적인 정보를 제공하려는 목적으로 저술된 내용은 아니라는 사실이다. 그래서 이 부분을 역사서로 분류하지 않고 예언서로 분류하는 것이다.

후기 예언서는 다시 대예언서와 소예언서로 구분할 수 있는데 대예언서는 이사야, 예레미야, 에스겔 등이다. 그리고 소예언서는 원래 한 권의 책이었는데 내용을 보면 12 소예언자들의 예언으로 구성되어 있다. 12 소예언서는 호세아, 요엘, 아모스, 오바댜, 요나, 미가, 나훔, 하박국, 스바냐, 학개, 스가랴, 말라기 등이다.

(1) 여호수아

이스라엘 백성이 약속의 땅, 가나안 땅에 정착하는 이야기가 여호수아에 기록되어있다. 여리고 성을 점령한 이야기부터 시작하여 하나님의 능력으로 이스라엘 백성은 가나안 땅을 점령하였다. 한 가지 설명할 것은 이 때 원주민인 가나안 족속이 이스라엘 백성에게 패전당하고 추방당한 것은 자신들의 잘못으로 인해 벌을 받은 것이지 이스라엘 백성 때문에 일어난 것은 아니라는 사실이다.

하나님은 이스라엘 백성을 12지파로 나누고 각 지파에게 살아 갈 땅을 선물로 주었다. 그러나 제사장 지파인 레위인들에게는 땅을 주지 않았고 성직자의 임무를 수행하는 것으로 생계를 유지하도록 하였다.

여호수아는 고별설교를 통해 "오직 나와 내 집은 여호와를 섬기겠노라"(여호수아 24:15) 하면서 마음과 정성을 다해 하나님을 섬길 것을 권하였다. 이에 백성들도 하나님 만을 섬기겠다고 약속하였다.

(2) 사사기

사사는 하나님의 영이 함께한 지도자로서 전쟁 때는 사령관으로서 그리고 평화시에는 통치자의 역할을 수행하였다. 사사들은 각 지파의 지도자로 등장하는

데 때로는 여성 지도자인 드보라와 같이 여러 지파들을 연합하는 지도력을 발휘하는 사사도 있었다.

사사들이 활동한 것을 일정한 패턴에 따라 기술하고 있다. 즉 평화롭게 살아가는 백성들이 하나님을 배반하고 죄를 지으면 하나님의 형벌을 받게 되는데 주로 외적의 침략을 당하는 것이었다. 이러한 고통 중에 백성들이 뉘우치며 하나님에게 구해달라고 간청할 때 하나님은 사사를 일으켜 백성들을 구해주는 일이 일어난다.

사사 가운데는 삼손과 같은 특이한 인물도 나타나는데 그는 하나님으로부터 괴력을 선물로 받은 장사였다. 삼손의 이야기는 **삼손과 데릴라**(Samson and Delilah)라는 영화로 만들어지기도 하였다.

(3) 사무엘 상 · 하와 열왕기 상 · 하

성서의 언어인 고대 히브리어의 사본에는 사무엘 상 · 하와 열왕기 상 · 하는 모두 한 두루마리에 기록되어 있으며 구분이 없었다. 이렇게 4책으로 구분이 된 것은 번역할 때 일어난 일이며 내용상으로 보아도 적합하지 않는 구분이다. 예를 들어 사무엘하는 다윗의 죽음으로 마감되는 것이 자연스러운데 다윗의 죽음은 열왕기상 2장에 가서야 나타나는 것이다.

사무엘-열왕기의 역사적 배경은 사사시대부터 시작하여 왕국의 형성과 왕국의 분열, 그리고 왕국의 멸망에 이르는 기간까지인데 기원전 11세기 후반에서 기원전 6세기 전반부까지 이르는 시기이다.

마지막 사사이며 제사장과 예언자이기도 한 사무엘은 태어날 때부터 나실인, 즉 거룩한 인물로 태워났으며 마치 모세처럼 전 영역에 있어서 지도자 역할을 수행하였다. 그러나 백성들이 왕을 세워달라는 요구에 못 이겨 사울을 왕으로 세웠다. 초기의 사울은 이스라엘의 초대 왕으로 전쟁에서 승리하는 모습을 보여주었으나 사무엘과의 갈등과 전쟁의 패전으로 몰락하고 말았다.

사울의 휘하에 있었던 다윗은 사울의 미움을 받아 도망하여 이웃나라인 불레셋에 몸을 의탁하고 있었으나 후일에 돌아와 이스라엘의 왕이 되었다. 다윗 왕조의 수도는 예루살렘이었으며, 실로에 있었던 야훼 종교의 상징인 법궤도 예루살렘으로 옮겨왔다.

그러나 다윗에 이어 왕위를 계승한 솔로몬은 지혜의 왕으로 명성이 높았으며 예루살렘 성전을 건축하였다. 그리고 여러 요새를 건축하였는데 세금징수와 부역 때문에 백성들의 원망을 들었다. 그 결과 아들인 르호보암 시대에는 남북이 분열되는 사건이 일어났다.

북왕국은 이스라엘이며 남왕국은 유다로 분단되 채 이어갔으나 서로 교류하면서 지내왔다. 결국 북왕국은 주전 722년 앗수르에게 멸망당했고, 남왕국 유다는 주전 586년 바벨론에 의해 멸망당했다.

이스라엘에는 주변의 다른 나라들과 마찬가지로 왕들이 통치력을 행사하지만 특이한 것은 왕이 결코 신(神)이 아님을 강조하였다는 것이다. 성서에서 강조하는 것은 왕은 하나님으로부터 사명을 받아 수행하는 인물이었으며 백성들을 선하게 통치하고 관리하는 청지기의 직책을 감당한다는 점이다.

위와 같은 역사적 자료를 활용하면서 사무엘-열왕기의 내용은 소위 '신명기 신학'을 강조하였다. '신명기 신학'은 하나님의 뜻은 선하기에 하나님의 뜻을 따르는 사람에게는 하나님의 복이 임하고 하나님의 뜻을 거역하는 사람에게는 저주가 임한다는 신학이다. 특히 죄를 지은 백성이 하나님께 회개할 때 하나님의 용서를 받을 수 있다는 희망을 강조하고 있다.

사무엘-열왕기에는 왕들의 이야기만 있는 것이 아니다. 엘리야와 엘리사를 비롯한 여러 예언자들의 이야기와 그들이 전하는 하나님의 뜻이 기록되어 있다. 이 이야기 속에서 강조하고 있는 것은 예언자를 통한 하나님의 뜻은 역사 가운데 반드시 성취된다는 점이다.

사무엘-열왕기와 관련되는 영화는 **다윗**(David)**과 솔로몬**(Solomon), 그리고 **다윗과 밧세바**(David and Bathsheba) 등이 있다.

솔로몬 성전[23]

23 http://blog.naver.com/npnw/20040256789 2010. 6. 2 검색

(4) 이사야

이사야는 세 부분으로 구성되어 있다. 1-39장은 주전 8세기 후반 예루살렘에서 예언한 내용이며, 40-55장은 바벨론 포로 시대에 예언한 것이고, 56-66장은 포로에서 귀환 후 예언한 것이다. 비록 시대적 배경은 다르지만 핵심적인 메시지는 서로 연결되어 조화를 이루고 있다.

예언자는 예루살렘 성전에서 천하를 통치하는 하나님의 모습을 강조하면서 민족과 국가의 경계를 넘어서서 예언활동을 하였다. 이사야는 험난한 국제 정세 속에서 유다 공동체가 바랄 수 있는 희망 만들기에 총력을 기울였다. 무엇보다 하나님의 탄식과 하나님의 계획을 전달하기에 온 힘을 다했으며, 민족과 국가의 위기 상황에서 왕과 더불어 위기를 정면으로 돌파하고자 하는 예언자다운 용기와 힘을 보여주었다.

미래를 여는 하나님의 힘이 너무나도 강렬하여 산 위로 강물을 역류시키듯이 밀고 올라가는 모습을 보여주면서(이사야 2:1-5), 하나님의 가르침에 귀를 기울이라고 촉구하였다.

또한 바벨론에서 예언한 예언자는 하나님의 백성을 위해 대신해서 고난 받는 "고난 받는 야훼의 종"의 노래를 들려주면서(이사야 42:1-4; 49:1-6; 50:4-11; 53:13-53:12) 이국 땅에서 고통을 받고 있는 세월이 결코 헛되지 않고 의미있는 소중한 세월임을 상기시켰다. 동시에 지도자의 고통과 하나님의 고통을 연상할 수 있도록 인도하였다.

무엇보다 이국 땅에서 고통 받고 있는 이스라엘 백성에게 하나님의 위로의 메시지를 전달하면서 사막에 강이 흐르는 기적같이 귀환의 기적이 예비되어 있다는 점을 강조하였다. 이러한 예언은 성취되어 바벨론이 멸망하고 페르시아가 등장했을 때 이스라엘 백성은 고국으로 돌아갈 수 있었다.

고국으로 귀환했지만 새로운 어려움과 갈등이 기다리고 있었다. 바벨론 포로에서 귀환한 후에 예언한 예언자는 이 새로운 어려움을 극복하기 위해 총력을 기울였다. 하나님이 새롭게 창조할 "새 하늘과 새 땅"(이사야 43:14-21; 65:17-25)이라는 표현으로 이 땅에 새로운 공동체가 건설되기를 갈망하면서 죄에 대한 회개를 강조하였다. 또한 외국인과 소외된 사람들을 향해 문을 활짝 열면서 이스라엘 공동체가 만국의 빛이 되어야 할 사명이 있음을 강조하였다(이사야 60:1-3).

사해 동굴에서 발견된 이사야 사본[24]

24 http://www.facsimile-editions.com/en/ds/ 2010. 6. 2 검색

(5) 예레미야

앗수르 제국이 쇠퇴하며 바벨론이 전면으로 부상하던 시대에 예언활동을 한 예레미야는 나라가 멸망당할 수 있다는 위기의식 속에서 예언을 하였다. 예레미야는 주전 627년부터 활동하였으며 유다가 멸망당한 주전 586년 뒤에도 예언을 계속하였다.

예레미야는 위기 극복을 위해 죄에 대한 회개를 촉구하였으며, 외교적으로는 친바벨론 정책을 고수하라고 촉구하였다. 유다가 멸망의 길로 치닫고 있기 때문에 이로 인해 하나님이 함께 겪는 아픔과 탄식을 전하면서 그 고통을 느낄 수 있도록 예언(설교)을 하였다. 귀 기울여 듣지 않는 백성에게는 길거리에서 목에 멍에를 메고 포로로 잡혀가는 모습을 보여주면서 예언(설교)하기도 하였다. 영화로는 **예레미야**(Jeremiah)가 있다.

(6) 에스겔

예루살렘 1차 함락 때에(주전 597년) 바벨론으로 잡혀간 제사장 에스겔은 바벨론에서는 예언자로서 활동하였다. 그는 외국 땅에도 하나님이 찾아 온다는 새로운 메시지를 전달하면서 바벨론에 포로로 잡혀 온 이스라엘 백성을 격려하고 장래 희망을 제시하였다. 동시에 이스라엘이 저지른 죄악 때문에 나라가 멸망당했다는 사실을 강조하면서 회개를 촉구하기도 하였다. 그리하여 궁극적으로는 새로운 몸과 마음을 가지기를 촉구하였다(에스겔 18:31; 36: 26-27).

에스겔은 개인의 책임을 강조하면서(에스겔 3:18-21; 9:4-6; 14:12-20; 18:1-4; 33:7-9) 조상 탓이나 남의 탓으로 돌리지 말고 자신의 행동에 대해 책임을 질 것을 촉구하였다. "아버지가 신 포도를 먹었으므로 아들의 이가 시다"라는 속담을 더 이상 사용하지 말라고 경고하였다(에스겔 18:2-4).

에스겔의 제시한 희망의 청사진은 예루살렘 성전을 중심한 것이었다. 새롭게 지을 성전을 설계하고 제사장들이 성전에서 봉사할 수 있는 기반을 마련하는 계획을 세웠다. 비록 이러한 계획은 완전히 성취되지는 않았지만 성전을 중심한 새로운 공동체를 건설하려는 희망은 계속 살아있다.

(7) 12 소예언서

12 소예언서는 호세아, 요엘, 아모스, 오바댜, 요나, 미가, 나훔, 하박국, 스바냐, 학개, 스가랴, 말라기 등인데 원래 히브리어 성서에는 하나의 두루마리로 되어 있다. 각 예언서의 시대적 배경을 살펴보면, 주전 8세기에는 아모스, 호세아, 미가 등이며, 주전 7세기에는 스바냐, 나훔, 하박국 등이고, 바벨론 포로 후 주전 6세기에는 학개, 스가랴, 말라기 등이다. 그리고 요엘, 오바댜, 요나는 시대별로 그 배경을 확인하기 힘든 예언서이다.

아모스는 약자를 압제하고 착취하는 지도자의 집단 이기주의를 비판하면서 사회경제적 정의가 실현되기를 촉구한다. 아모스는 북왕국 이스라엘에서 예언을 하였다.

호세아도 북왕국 이스라엘에서 예언을 하였지만 이스라엘이 앗수르에 의해 멸망당한 시대를(주전 722년) 중심으로 많은 활동을 펼쳤다. 호세아는 이스라엘이 "하나님을 아는 지식"을 버렸다고 책망하면서 이 지식을 회복해야 한다고 외쳤다. 하나님은 광야에서 포도를 보듯 이스라엘을 반기고 있는데 어리석은 비둘기같이 하나님을 멀리한다고 안타까워하였다. 그래서 호세아는 "오라 우리가 야훼께 돌아가자"(호세아 6:1)고 권유하면서 하나님에게 나아가면 치료의 하나님, 극진한 사랑인 긍휼의 하나님이 기다리고 있다고 외쳤다.

미가는 이사야와 같은 시대에 이사야와 마찬가지로 남왕국인 유다에서 예언을 하였는데 지중해 연안 모레셋 출신으로 부당하게 착취당하는 농민들을 위해 예언을 하였다. 특히 압제자인 예루살렘의 권력자를 질타하였는데 "시온을 피로, 예루살렘을 죄악으로 건축하는도다"(미가 3:10) 하면서 비난하였다. 미가는 하나님의 원하는 바가 예물이 아니라 정의와 사랑을 행동으로 실천하며 하나님과 함께 깨어 동행하는 것이라 외쳤다(미가 6:6-8)

스바냐는 요시야 왕 시대에 예언활동을 했던 예레미야와 동 시대 인물이었다. 따라서 주전 8세기 예언자들의 예언을 종합하는 면모를 보였다. 즉 지도계층의 불의와 압제, 그리고 종교적 불신실에 대해 비판하며 회개를 촉구하고 있다.

나훔은 알파벳 시로 구성되어 있으며, 주전 612년에 멸망한 앗수르의 수도 니느웨에 대한 심판예언이다.

하박국은 하나님을 향한 기도로 시작되며 하나님을 향한 질문으로 출발한다. 세상에 만연한 불의에 대해 답변을 요구하는 것이다. 이 질문에 대해 하나님이 보여준 것은 "의인은 그의 믿음으로 말미암아 살리라"(하박국 2:4)라는 답변이다. 또한 하박국은 마지막에 하나님을 신뢰하는 마음에서 다음과 같은 찬양을 하였다.

> 비록 무화과 나무가 무성하지 못하며 포도나무에 열매가 없으며
> 밭에 먹을 것이 없으며 우리에 양이 없으며 외양간에 소가 없을지라도
> 나는 여호와로 말미암아 즐거워하며
> 나의 구원의 하나님으로 말미암아 기뻐하리라(하박국 3:17-18)

포로 후기에 예언한 학개는 하나님의 우주적인 통치를 강조하며 성전 건축을 촉구하는 예언을 선포하였다. 자신들은 화려한 집에 살면서 어떻게 하나님의 집인 성전을 재건하지 않느냐고 질타하였다.

스가랴는 내용상 두 부분으로 크게 나누어진다(1-8장, 9-14장). 환상보도가 많은 전반부는 시온으로 돌아온 하나님에 의해 공동체가 새로운 희망을 가질

수 있다는 예언이다. 후반부에도 하나님 중심 신학이 강조되고 있는데, 오직 하나님의 행동 여하에 따라 미래가 달려 있다는 메시지로 가득 차 있다.

말라기는 하나님의 정의가 신앙공동체 내부에서부터 이루어져야 한다는 점을 강조하였다. 말라기는 세상이 암담하게 보일지라도 악인은 심판을 받게 되며 의인은 하나님의 치료와 구원을 경험하게 될 것이라는 희망을 선포하였다.

오바댜는 구약성서 가운데 가장 짧은 책이며 에돔을 향한 심판 예언과 이스라엘을 향한 희망의 메시지로 구성되어 있다.

요엘은 압제하는 세계 만국을 심판하는 하나님의 모습을 부각시키며, 회개를 촉구하고, 유다를 회복시키는 하나님의 날 곧 여호와의 날을 선포한다. 동시에 요엘은 모든 사람들에게 하나님의 영이 임한다는 희망을 선포하였다(요엘 2:28-29).

요나는 하나님으로부터 앗수르의 수도 니느웨에 가서 하나님의 뜻을 전하라는 명령을 받았다. 처음에 거부하였지만 하나님의 집요한 추적에 밀려 결국 하나님의 뜻을 전했는데 놀랍게도 그 성 사람들이 회개하였다는 것이다. 이 때 하나님은 니느웨 사람들을 불쌍히 여기며 살려주려는 의도를 밝히면서 요나에게 동의를 구하는 질문을 던진다. 이 예언서는 요나의 답을 기록하지 않았다. 그 대답은 이 요나서를 읽는 독자의 몫이 되어 버렸다.

3) 성문서

시편을 비롯하여 구약성서의 나머지 부분을 모두 성문서라 부른다. 성문서는 히브리어로 '커투빔'인데 그 뜻은 '기록물(Writings)'이라는 뜻이다. 성문서에는 다양한 책들이 들어 있는데 오늘날 찬송가에 해당하는 시편을 비롯해서 잠언, 욥기, 전도서, 아가 등 지혜문학이 들어 있다. 특이한 것은 다섯 두루마리라 불리우는 아가, 룻기, 전도서, 에스더, 애가 등은 각기 큰 명절 때 읽혀진다는 점이다. 즉 아가는 유월절에, 룻기는 오순절, 예레미야 애가는 압(Ab)달 제9일 (예루살렘이 파괴된 날), 전도서는 장막절, 에스더는 부림절에 읽혀진다.

성문서의 그 외의 부분은 역대기 상 · 하, 에스라, 느헤미야 등이 있고 묵시문학에 속하는 다니엘서로 되어 있다. 묵시문학은 종교적인 박해가 심하고 신앙을 지키기 힘든 시대에 꽃을 피우는 문학으로 세상 마지막 날인 종말에 희망을 두는 경향이 강하게 나타나 있다.

(1) 시편

신앙인들로 부터 가장 사랑을 많이 받고 있는 책이 있는데 바로 시편이다. 시편은 150편의 시로 구성되어 있으며 이 시들은 하나님께 드리는 찬송의 노래이면서 동시에 경건한 기도문이기도 하다. 이 시편은 잠자는 영혼을 일깨우며 마음을 감동시키는 힘이 있는 시편으로 마음이 혼란할 때 한 번 펼쳐서 읽을만한 귀중한 책이다.

시편은 곡조가 사라진 찬송가 가사와 같다. 시편에는 하나님을 찬양하는 찬양시도 있고 감사를 드리는 감사시도 있다. 또한 질병이나 조롱으로 인한 어려움을 호소하며 탄식하는 탄원시도 나타난다. 그리고 노래로서 하나님의 가르침을 요약하는 지혜시 혹은 토라시도 들어있다.

아무리 어렵고 힘든 상황이라도 하나님을 향한 찬송은 끊어지지 않는다는 점을 시편은 보여주고 있으며, 살아있는 자("호흡이 있는 사람")가 당연히 해야 할 것이 바로 하나님을 찬양하는 것이라고 외친다(시편 150편).

(2) 잠언

교훈과 격언들로 구성된 잠언은 부모가 자녀에게 혹은 스승이 제자에게 훈계하는 형식으로 구성되어 있다. 많은 내용이 교육적인 내용으로 이어지기 때문에 잠언은 아마도 청년들을 교육시키는 교과서의 역할을 한 것으로 보인다.

지혜는 생명나무와 같이 사람을 살리고 성공적인 삶을 살 수 있도록 인도한다는 점을 강조하면서, 어리석은 사람을 만나기보다 새끼 빼앗긴 암곰을 만나는 것이 낫다고 대비시킨다. 부지런하고 성실하게 살면 성공할 수 있다는 격려의 말을 하면서 게으른 자에게는 "개미에게 가서 배워라"라고 충고하기도 한다. 또한 죽고 사는 것이 혀끝에 달렸다고 경고하면서 시의적절한 말을 "은쟁반 위의 금사과"라고 칭찬한다.

인간의 경험에서 우러나오는 지혜를 이야기 하면서도 지혜의 근본은 여호와를 경외하는 것이라 점을 또한 강조한다.

(3) 전도서

아마도 구약성서 가운데 가장 오해하기 쉬운 책이 전도서일 것이다. 언뜻 보면 비관적이고 염세적인 좌절을 그린 책이라 착각할 수도 있다. 왜냐하면 처음부터 '헛되다'라는 말을 계속하고 있기 때문이다. 그러나 '헛되다'로 번역한 히브리어는 "아무 가치가 없다"라는 뜻이 아니라 "너무나 짧은 시간이다"라는 뜻의 단어로 인생의 유한함을 실토하는 단어이다.

전도서의 저자는 인생경험을 많이 하였으며 지혜를 가르치는 사람으로 추정된다. 그는 인간의 삶이 태어나면 죽게 되어 있는 한계가 있는 삶이라는 사실을 절감하면서 이 짧은 인생을 어떻게 사는 것이 좋으냐면서 깊이 생각하는 모습을 보여준다.

그는 "살아있는 개가 죽은 사자보다 낫다"라는 말을 하면서 삶의 소중함을 강조한다. 그리고 하나님께서 선물로 주신 삶의 시간을 기쁘게 살면서 행복하게 사는 것이 가장 좋은 것이라 결론을 맺는다.

(4) 욥기

의로운 사람인 욥이 갑자기 큰 재난을 당했다. 그의 친구들조차 입을 떼기 힘들 정도로 참담한 상태가 되었다. 그 후 친구들은 욥에게 무슨 잘못이라도 있어서 벌을 받는 것이라 말하면서 욥에게 회개하라고 충고한다. 그러나 욥은 자신이 잘못한 것이 없다고 항변하면서, 하나님께 왜 내가 이러한 재난을 당해야 하는지 그 답을 듣고 싶다고 질문한다. 욥기의 주제는 바로 "의인이 왜 고통을 당하는가?"라는 것이다.

결국 하나님은 욥에게 나타나서 답을 주는데 의인의 고통도 어떤 의미가 있음을 알려준다. 온 세상을 창조하고 온 세상을 이끌어 가는 하나님의 큰 활동상을 보여주면서 그 가운데서 새로운 의미를 발견하고 깨달아가는 욥의 모습이 부각되어 있다. 그리고 의문이 생길 때 하나님께 질문하는 것을 칭찬하면서 새로운 상황에서 새로운 메시지를 갈구하며 찾으려고 노력하는 욥을 격려한다.

(5) 아가

성서에도 이런 책도 있구나 싶은 책이 바로 아가이다. 연애 편지같은 남녀간의 사랑노래로 가득 차있다. 물론 하나님과 하나님의 백성 사이의 사랑을 노래한 것이라 해석할 수도 있지만 있는 그대로 해석하는 것이 더 자연스럽고 적합하다. 즉 남녀간의 사랑이 신비한 것도 아니고 천한 것도 아니라는 것이다. 남녀간의 사랑은 자연스러운 것이요 아름답고 소중한 것임을 강조하고 있다. 아가 가운데 몇 구절을 소개하면 다음과 같다;

> 나의 사랑하는 자는 내게 엔게디 포도원의 고벨화 송이로구나(아가 1:14)
> 내 사랑아 너는 어여쁘고 어여쁘다 네 눈이 비둘기 같구나 (아가 1:15)
> 내 사랑하는 자는 내게 속하였고 나는 그에게 속하였도다(아가 2:16)

(6) 룻기

기근을 만나 모압으로 피난한 한 가정의 이야기가 펼쳐지는데 룻은 모압여인으로 이 가정에 시집온 며느리였다. 그러나 불행하게도 룻의 남편은 죽었고 과부가 되었으며 역시 과부가 된 시어머니와 함께 이스라엘 땅 베들레헴으로 돌아오게 되었다.

가진 것이 없는 상태라 룻은 이삭을 주어 연명하였는데 다행하게도 룻은 그 지역의 유지인 보아스와 결혼하게 되었다. 그런데 이 가문은 다윗 왕실의 조상이 되었다는 이야기다.

외국인 여인 룻이 이스라엘 땅에서 어려움도 겪고 모험을 하면서 자신과 시어머니의 삶을 개척해나가는 모습은 지혜롭고 용기 있는 한 인물로서 손색이 없다. 동시에 이방인이며 이주민인 룻을 포용하면서 따뜻하게 대해 준 보아스라는 인물을 통해 가난하고 약한 이주민을 어떻게 대해야 하는지 그 모범을 발견할 수 있다. 이렇게 용기있고 의로운 인물들을 통해 하나님은 이스라엘 백성을 이끌어 갈 지도자들, 다윗 왕실을 준비한 것이다.

룻이 시어머니에게 한 말은 가끔 결혼식에서 사랑을 약속하는 말로도 사용된다(룻기 1:16-17);

당신이 가는 곳에 나도 가고
당신이 머무는 곳에 나도 머물겠습니다.
당신의 백성이 나의 백성이 되고
당신의 하나님이 나의 하나님이 되시리니
당신이 죽는 곳에 나도 죽어 거기 묻힐 것입니다.

룻기의 내용을 소재로 한 영화로는 **룻의 이야기**(The Story of Ruth)가 있다.

(7) 에스더

유대인 처녀 에스더가 이국 땅에서 왕비가 되고 유대 민족을 박해 가운데서 구해 내었다는 통쾌한 이야기가 펼쳐진다. 또한 에스더는 이 일을 기념하는 명절인 부림절 때 읽혀지는 책이기도 하다. 그리고 '하나님'이라는 말이 한 번도 나타나지 않으면서도 성서에 들어 온 책으로도 유명하다.

연약한 외국 처녀이지만 에스더는 지혜롭게 행동하였고, 민족을 구할 때는 "죽으면 죽으리라"는 결심을 하고 금식기도를 드리면서 용기있게 행동하였다. 에스더의 이러한 지혜롭고 용기있는 행동은 여러 시대를 걸쳐서 박해를 받는 많은 사람들에게 귀감이 되었으며 용기를 주었다. 또한 외국으로 이민을 가서 소수민족으로 살아야 하며 때로는 쉽게 착취 당할 수 있는 많은 이주민들에게 에스더는 지혜를 가르쳐 주는 책이 되었다. 관련된 영화로는 **에스더**(Esther)가 있다.

(8) 역대기 상 · 하, 에스라, 느헤미야

포로 후기, 페르시아가 통치하던 시대의 이야기들이 담겨있는 책들이다. 그리고 역대기 상 · 하는 아담에서부터 유다 왕국의 종말까지의 역사를 자료로 사용하면서 포로 후기에 새로운 메시지를 전하고 있다.

역대기는 페르시아 통치 아래서 피폐해진 유대 공동체의 재건과 희망을 이야기하고 있다. 우선 성전을 중심으로 신앙생활을 다시 회복시켜야한다는 점을 강조하고 과거에 성전을 위해 노력한 다윗 왕과 솔로몬 왕을 높이 칭찬하였다. 그리고 역대기는 하나님의 말씀을 연구하고 해석하는 것을 중요시 여기고 높이 평가하고 있으며 말씀을 가르치는 레위인들의 모습을 소상히 소개하고 있다.

느헤미야는 예루살렘의 성벽을 재건하였고, 에스라는 종교개혁을 단행하였다. 이들이 토라를 강조하고 엄격한 배타주의를 강화한 것은 다가올 종교적인 박해와 어려움을 견디어 나가기 위한 것이다.

(9) 예레미야 애가

예레미야 애가는 예루살렘이 무너지고 유다가 멸망당한 날을 회상하며 지키는 압달에 읽는 슬픈 노래다. 하나님의 심판을 회상하고 참회하는 내용이 들어있으며 하나님을 향한 호소가 눈물어린 노래로 이어진다.

예루살렘의 파괴가 조상들의 죄로 인한 하나님의 형벌이라는 점을 고백하고 있지만, 자신들도 한 공동체의 일원으로서 그 모든 것이 자신들의 죄임을 고백하면서 하나님에게 자비와 사랑을 간구하고 있다.

(10) 다니엘

다니엘은 묵시문학이다. 문시문학은 종교적인 박해시기에 강조되는 것으로 신앙을 지키기 위해 당하는 어려움을 이겨나가기 위한 것이다. 따라서 악이 판을 치고 있는 이 세상에 희망을 두기보다 세상 끝날에 승리할 것이라는 종말론적 희망을 강조한다. 그리고 묵시문학의 형식은 신비로운 하나님의 계시의 형식으로 표현된다. 역사의 주권자는 하나님임을 고백하며 의인들은 승리할 수밖에 없다는 점을 강조하고 악인들은 최후심판을 받는다는 점을 강조한다.

다니엘은 외국 나라에 포로로 잡혀 간 청년인데 위험과 협박을 이기고 하나님을 섬기는 신앙을 굳게 지켰다. 이러한 다니엘을 하나님은 사자굴에서도 보호하였고 풀무불 속에서도 살 수 있게 하였다.

2. 유대교

유대교라면 무엇이 떠오르는가? 탈무드? 통곡의 벽 앞에서 기도하는 유대인의 모습? 히틀러에 의해 잔인하게 학살된 600만명의 유대인? 2000년 동안 나라 없이 떠돌다가 1948년에 이스라엘이라는 나라를 세운 유대인? 아마도 이 밖에 여러 가지를 떠올릴 수 있을 것이다.

사실 유대교 신자의 수는 아주 소수이다. 전 세계 인구가 68억 정도인데 유대교인의 수는 1천 4백만 정도일 뿐이다. 유대교인은 거의 유대 민족의 수와 같으며 유대교는 유대 민족종교라 해도 과언이 아니다. 인구분포를 보면 미국에 580만 정도, 이스라엘에 500만 정도 살고 있으며 나머지는 주로 유럽과 남아메리카에 분포되어 있다.

비록 소수이기는 하지만 세계적으로 유대교인의 영향력은 막강하다. 노벨상 수상자를 살펴보면 이제까지 829명 가운데 179명이 유대인이었다. 전세계 인구의 0.2% 정도 밖에 되지 않는 소수민족이 노벨상은 22%를 수상하였다. 유대인 가운데 유명한 인물을 든다면 과학자로 알베르트 아인쉬타인, 영화감독인 스티븐 스필버그, 음악가 멘델스존 등을 비롯한 수 많은 위대한 인물들을 들 수 있다.

비록 소수이기는 하지만 미국에서 막강한 영향력을 행사하는 민족으로도 알려져 있다. 이들은 미국의 언론과 금융계, 그리고 정치계와 학술방면에서 큰 영향력을 행사하고 있다. 그리고 유대인의 교육은 유명하다. 하버드 학생 가운데 30%가 유대인일 정도로 유대인들은 교육에 많은 관심을 기울이며 우수한 인재를 육성한 민족으로 주목을 받고 있다. 이처럼 적은 수의 사람들이 어떻게 그렇게 큰 영향력을 행사할 수 있는지에 대해 세계인들은 놀라워하고 있다. 그리고 그들의 정신적 지주인 유대교에 주목을 하고 있다.

예루살렘 성전 축대인 '통곡의 벽' 앞에서 기도하는 유대인들[25]

1) 유대교 역사

유대교의 역사는 구약성서에서 그 기원을 찾아볼 수 있다. 유대인의 시조인 아브라함에서 시작되었으며 이스라엘에 정착하여 살았는데 주전 586년에 바벨론에 의해 멸망당했다. 그 후 페르시아 시대에 다시 고국으로 귀환하게 되었다.

이 시대에는 바벨론에 포로로 잡혀갔다가 페르시아의 등장으로 이스라엘에 귀환하게 된 사람들이 주축이 되어 유대교를 이끌어갔다. 이들은 느헤미야와

25 http://www.ohmynews.com/NWS_Web/view/at_pg.aspx?CNTN_CD=A0000787518 2010. 6. 2 검색

에스라를 비롯한 소위 '귀환자'였다. 이들은 결혼, 즉 이방인과 결혼을 금지하고, 안식일을 지키고, 온전한 성전 헌물을 드리는 규칙을 지키는 사람들이었다. 이러한 내용들은 에스라와 느헤미야에 자세히 기록되어 있다. 이 '귀환자'들을 반대하는 집단들은 "유다와 베냐민의 대적자들"(스 4:1)을 비롯한 그 땅에 머물러 있었던 사람들이었다.

에스라는 페르시아 제국의 권위를 등에 업고 있지만 백성들이 받아들이는 그의 권위는 "모세의 율법에 능통한 학자"(스 7:6)의 권위였다. 에스라와 느헤미야는 토라를 가르쳤고 엄격한 결혼법과 정결례와 십일조 규정을 지켰다.

그리고 에스라와 느헤미야는 백성들로 하여금 토라에 직접 접근할 수 있도록 하였다. 이렇게 함으로서 제사장의 중재자적 역할이 약화되었다. 즉 '귀환자'들은 제사장의 권위를 자신들의 권위 아래 복속시켰다. 사실 제1성전 시대에는 "제사장의 가르침"이 곧 토라로 인정받았다. 백성들에게 토라를 가르친 덕분으로 주전 3세기에는 토라를 익힌 평신도 집단인 서기관이 출현하였다.

에스라와 느헤미야 이후의 유대교의 특징을 간략하게 정리해 본다면 다음과 같다.[26]

(가) 초월적 신관 - 하나님을 인간처럼 묘사한 부분이 있었으나 유대교에는 하나님의 의인화 경향을 피했다. 구약의 아람어 번역인 타르굼에는 에덴동산을 거니시는 하나님이 아니라 '그 분의 말씀'이라고 기록되어 있다(창세기 3:8). "여호와는 삼키시는 불이시요"라는 구절은 "말씀은 삼키시는 불이시오"(신명기 4:24)라고 변경시켰다. 이러한 경향은 결국 '여호와'라는 단어가 나오기만 하면 '주님(아도나이)'라고 부르게 되었으며, '이름,' '하늘,' '전능,' '쉐키나(현존)' 등으로 우회적으로 표현하게 되었다.

26 정양모, "유대교와 기독교," **종교신학연구** 7(1994. 12) 145

(나) 선민사상 - 이스라엘 민족은 외국인과는 다른 선택된 민족임을 강조하였다.

(다) 율법(토라) - 이스라엘을 율법 중심의 공동체로 만들었다. 국가와 성전이 사라졌음에도 유대인 공동체가 존속할 수 있었던 비결이 여기에 있다. 율법이 살아있을 수 있도록 해석하는 것이 중요한데 이러한 해석이 활발하게 전개되었다. 성경을 해석한 미드라쉬 문헌이 많이 생겨난 것도 바로 이러한 이유 때문이다.

주전 515년에 제2성전(혹은 스룹바벨 성전)이 재건되었다. 이처럼 유대인들은 다시 나라를 회복할 수 있었으나 그 규모는 예루살렘 부근으로 줄어들었다. 이 시기를 제2성전 시대라 부르는데 그 기간은 성전이 재건된 주전 515년부터 로마에 의해 예루살렘 성전이 파괴된 주전 70년까지 이어지는 시대를 말한다. 페르시아 시대까지는 구약에서 유대교의 모습을 찾을 수 있기 때문에 여기서는 헬라시대부터 오늘날에 이르기까지의 유대교의 역사를 추적하기로 한다.

(1) 헬라 시대

주전 332년 알렉산더 대왕의 페르시아 정복으로 헬레니즘 시대가 열렸다. 알렉산더 대왕은 대제국을 건설하였지만 33세의 나이로 죽고 그 후에는 여러 장군들에 의한 각축전이 전개되었고 결국 제국이 분할되었다. 주전 301년 유대는 이집트를 지배하는 프톨레미 왕가의 통치하에 들어가게 되었다.

프톨레마이오스 왕조는 주전 305년부터 이집트를 다스린 헬레니즘 계열의 왕가를 말한다. 이 왕조는 기존 이집트의 전통과 연속성이 있었기 때문에 이집트 제32왕조라고도 불린다. 통치자들은 이집트의 파라오였으며 남자 통치자들은 모두 프톨레마이오스로 칭했고 여자 통치자들은 클레오파트라, 아르시노에,

베레니체로 불려졌다. 이 왕조는 프톨레마이오스 1세 소테르가 창건한 왕조였으며 로마제국에 의해 주전 30년에 멸망당했다.

프톨레마이오스 왕조가 지배했던 이 시대는 문화혁명이라 불리울 정도로 헬레니즘 문화의 전성기였다. 이집트는 번영하였으며 수도 알렉산드리아를 중심으로 문화적인 발전이 왕성하였다. 프톨레마이오스 군주들은 알렉산드리아에 거대한 도서관을 건립하고 수많은 문헌들을 수집하였다. 이 도서관의 두루마리 수를 헤아려 보면 49만개가 넘었다. 히브리어 성경도 주전 3세기에 이집트에서 번역되었는데 '70인역(셉투아진트, LXX)'이라 부른다. 전설에 의하면 프톨레마이오스 2세의 명령에 의해서 72명이 번역하였다고 전해지지만 아마도 이집트 유대인 공동체가 스스로 번역한 것으로 짐작된다. '문화혁명'의 분위기 속에 성경에 대한 연구와 필사, 번역 활동이 왕성했던 시대라는 점이 중요하다.

프톨레마이오스 왕가의 통치는 약 100년 동안 계속되었고 주전 200년 경에는 시리아의 셀류커스 왕가가 유대를 통치하기 시작하였다. 이 시기에 중요한 사건이 일어났는데 그것은 마카비 반란 사건이었다. 이 사건이 촉발된 원인은 셀류커스 왕 안티오쿠스 에피파네스가 기원전 168-167년에 성전 안에 제우스 제단을 세워 모독하고 유대교를 박해했기 때문이다. 이에 맛디아의 아들 유다 마카비가 항거하여 주전 164년에 성전을 다시 정복하고 정화했다.

여기서 주목할 점은 헬라화에 동승한 예루살렘의 대제사장 그룹과 시골의 제사장 그룹의 싸움에서 시골 제사장 그룹이 승리했다는 점이다. 이렇게 마카비 반란이 성공하여 왕조를 세웠는데 바로 하스모니아 왕조였다. 그러나 이 왕조는 내부적으로 점점 지지를 잃어갔으며 외부적으로도 인정을 받지 못했다. 또한 당시의 세계는 로마제국이 팽창하던 시대였고 유대 지역에서 로마세력을 등에 업은 헤롯 대왕이 왕조를 창시하여 유대를 통치하기 시작했다(주전 37-34년).

(2) 로마제국 시대

헤롯은 신약성서에 아주 부정적으로 묘사되어있는데 강력한 통치자의 모습을 보였다. 헤롯은 예루살렘 성전을 건립하였고, 여러 도시와 요새들을 건설하였다. 대표적인 곳이 마사다 요새다. 이러한 건축사업을 위해 막대한 세금을 징수하였고 반대하는 사람들을 가차없이 처단하였다.

로마는 봉신체제를 불만스러워했기 때문에 주전 63년경부터 총독을 임명하여 유대를 다스리기 시작했다. 그러나 총독들은 유대의 사정을 잘 알지 못했고 실정을 거듭하였으며 유대인들의 불만은 점점 높아만 갔다. 그 가운데는 예수를 십자가에 처형한 잔혹한 총독인 본디오 빌라도도 있었다. 유대인들의 수 많은 항거와 반항이 이어진 것은 당연한 일이었다. 한 때 유대인들의 반란으로 로마인들이 후퇴하기도 했지만 결국 주전 70년에 로마는 예루살렘을 완전히 점령하고 파괴해 버렸다. 유대인의 최후의 항쟁이 마사다 요새로 이어졌지만 73년 로마의 세력에 의해 점령 당했고 요새에 있던 사람들은 모두 자결하였다.

이리하여 유대인들은 국가도 (예루살렘)성전도 없는 시대를 시작하게 되었다. 수십만 명의 사람들이 살해되거나 노예가 되었고 유대는 황폐화 되었다. 그 후에도 이집트, 사이프러스, 키레네(리비아) 등지에서 로마에 항거하는 유대인의 반란이 일어났지만 로마제국의 통치라는 대세를 막지는 못하였다. 특히 132-135년에 일어난 바 코흐바 반란으로 인해 유대인들은 대량으로 학살당했다. 그리고 국가의 명칭도 유대에서 팔레스틴으로 변경되었다. 그 후 로마제국의 유대 통치는 6-7세기까지 이어졌다.

(3) 랍비시대

예루살렘이 점령당하고 파괴된 70년에서 6세기까지의 기간을 랍비시대라 부른다. 이 시기에 기독교는 로마제국의 공식 종교가 되었다(313년). 성전이 무너지고 제사장을 비롯한 종교 지도자들이 약화된 그 공백을 랍비들이 채워나갔다. 이 기간가 더불어 1040년까지의 시기를 세부적으로 구분해 본다면 타나님 시대, 아모라임 시대, 사보라임 시대, 게오님 시대로 구분해 볼 수 있다.

가) 타나임 시대(70년-3세기 초)

'타나임'이란 아람어 '타나'(가르치다)에서 유래한 것으로 '선생님들'이란 뜻이다. 70년 로마가 예루살렘 성전을 파괴한 후부터 시작된 유대 사회의 재건기라 할 수 있다.

성전 파괴로 구심점을 잃은 유대 사회는 요하난 벤 차카이를 중심으로 바리새파 사람들과 서기관들이 얍네에 거점을 만들어 새로운 지도자들을 배출하기 시작했는데 '가르침의 전당'을 중심으로 활동하였다. 그러나 132-135년에 바르코흐바 봉기로 또다시 수 많은 유대인들이 학살당했다. 138년부터 새로운 복구가 시작되었는데 '예후다 하나씨'를 중심으로 일어섰다. '가르침의 전당'도 얍네를 떠나 우샤를 거쳐 티베리아스에 정착하게 되었다.

나) 아모라임 시대(3세기 초-500년경)

'아모라임'은 아람어 '아마르'(말하다)에서 유래한 단어로 탈무드에 '언급된 사람들'이란 뜻이다. 313년 로마황제 콘스탄틴이 기독교를 국교로 선포하면서 유대교는 어려움을 겪게 되었다. 415-429년에는 유대교 자치조직인 '파트리아

르키' 지도체제가 소멸되고 말았다. 그러나 비교적 안정적인 시대이기도 하였다. 유대 사회는 '나씨'를 중심으로 랍비들의 모임인 '라비낫(rabbinate)'의 지위가 상승하게 되었고 미쉬나(Mishna)를 편집하게 되었다.

한편 바벨론에 살던 유대인들은 안정을 누릴 수 있었고 번영의 시대를 만들어갔다. 226년 페르시아가 이 지역을 점령하여 로마제국에 항거하는 유대인들을 환대했기 때문이다. 그 시대는 유대교의 종말론이 조로아스터교의 영향을 받은 시대이기도 하였다. 그리고 미쉬나를 바벨론 '수라' 지역으로 가져와서 수라학파를 형성하였다. 당시 유대 자치조직의 정치지도자는 '레쉬 갈루타'였으며 종교지도자는 '가온'이었다.

다) 사보라임 시대(6-7세기)

'사보라임'은 '의견을 발표하는 사람들'이란 뜻이다. 팔레스타인은 614-628년 페르시아 수중에 들어가게 되었는데 638년에는 아랍 사람들이 점령하게 되었고 이슬람 세력의 지배를 받았다.

한편 바벨론에는 6세기에 '바벨론 탈무드'가 완성되어 유대교의 근간을 이루게 되었다. 페르시아 왕조가 640년 아랍 사람들에 의해 패배하자 바벨론과 팔레스타인 모두 이슬람 세력 하에 들어가게 되었다. 그리고 '수라'와 '품베디타'에 있었던 유대 아카데미는 황금기를 맞이했다.

라) 게오님 시대(8세기-1040년)

'게오님'은 "탈무드 아카데미 책임자"를 가리킨다. 1040년 바벨론에 있었던 유대 아카데미가 문을 닫게 되었고 1099년에는 십자군의 진격으로 예루살렘이 점령당했을 때 유대인 공동체는 종말을 고했다. 그 후 유대인들의 거점은 스페인과 북아프리카로 옮겨가게 되었다.

마) 종파들의 활동

1세기의 유대교는 수 많은 종파들로 이루어졌다. 바리새인, 사두개인, 엣세네파, 쿰란 유대인, 열심당, 시카리, 기독교인, 사마리아인, 테라퓨타인, 제4의 철학 등의 종파로 이루어졌다. 성전 파괴 이후 이러한 종파들은 점점 사라져갔다. 로마제국에 반발하던 혁명적 집단들인 열심당과 시카리, 그리고 제4의 철학 등은 항거를 계속했지만 결국 사라졌다. 그러나 기독교인들은 주로 이방인들로 구성되어 별도의 종교가 되었으며, 사마리아인들은 사마리아 오경을 중심으로 존속하였고, 바리새인들은 변신하여 랍비가 되어 존속하였다. 그러나 랍비들은 표면적으로는 바리새인들과의 연결성을 나타내지 않았다.

제2성전 시대에 성전은 여전히 유대교의 중심이었지만 헬라인들이 성전을 더럽힌 이후 오염된 성전과 부패한 제사장의 권위에 대해서는 의심의 눈길을 보냈다. 그래서 여러 종파들이 예루살렘 성전과 제사장을 대신할 수 있는 길을 모색하였다. 쿰란 공동체와 기독교가 대안을 제시하였다. 쿰란 공동체는 하나님께서 건립할 새로운 성전을 위한 임시적인 역할을 하였지만, 기독교는 자신들의 공동체가 성전을 영구히 대체했다고 주장했다(계 21:22).

사두개인들의 조상은 사독계열 제사장들이었으며 대제사장과 귀족 계층으로 구성되어 있었다. 사두개인들은 모세 5경만을 성경으로 받아들였으며 구전된 율법을 배척하였다. 또한 사두개인들은 헬레니즘을 숭상하고 로마의 식민 정권과도 결탁하였으며 결국 예루살렘이 함락될 때(70년) 해체되었다.[27]

27 정양모, "유대교와 기독교," 147

사두개인들은 영혼불멸 사상과 부활을 부인했으며 운명의 힘을 인정하지 않았다. 반면 엣세네파는 영혼불멸과 부활을 믿었고 운명의 힘을 인정했다. 그리고 바리새인들은 영혼불멸과 부활을 믿었으며 운명의 힘도 인정하고 자유 의지도 인정하는 중간 입장을 취하였다.

종파들 가운데 가장 정치적인 활동을 많이 한 종파는 바리새인들이었으며 요한 힐카누스 시대(주전 137-104년), 살로메 알렉산드라 시대(주전 76-67년), 헤롯 대왕 시대(주전 37-34년), 반란 초기(66-67년) 시대에 권력층과 결부되어 있었다. 반면에 사두개인들은 바리새인들이 권력층과 결부되어 있지 않은 시대에 정치적 활동을 하였다. 그러나 엣세네파는 정치적 활동을 하지 않았다. 헤롯 대왕 시대를 예로 들어 본다면 바리새인들은 대중들의 지지를 받았으며 그 수는 6,000여명에 달했고 정당처럼 행동했다. 그리고 사두개인들은 귀족들의 지지를 받았으며 그 수는 4,000여명 정도였다.

1세기의 권력자들은 대제사장, 제사장, 서기관, 장로들이었다. 그리고 바리새인들은 대중적인 지지를 받고 있었으며 산헤드린에는 바리새인들도 있었고 사두개인들도 있었다. 바리새인들은 유대교의 권위있는 해설자였기에 모세와 같은 지도자의 자리에 앉을 수 있었던 것이다. 그들은 회당에서 영예로운 자리를 차지하고 있었고 거리에서는 '랍비(나의 선생님)'라고 불려졌다. 바리새인들은 장로들의 전승이 문서화된 모세의 토라만큼 권위가 있다고 여겼다. 그러나 신약에서는 바리새인들의 생활과 행동들에 대해서 비판하였다. 바리새인들이 장로들의 전승을 엄격하게 지키는 이러한 부분을 들면서 그 위선과 외식과 탐욕을 비판하였다.(마태복음 15장, 23장, 마가복음 7장).

주전 2세기 중엽에 창건된 엣세네파는 예루살렘이 사악한 제사장들에 의해 더럽혀졌다고 보고 쿰란에 가서 수도원을 세웠다. 그들은 빛의 아들들과 어둠의 아들들 사이에 종말전쟁이 일어난다고 보았고, 결국 빛의 아들들이 승리하며 다윗 계통의 왕 메시아와 사독 계통의 제사장 메시아가 이스라엘을 다스릴 것이라 믿었다. 그들은 정결한 생활을 위해 독신생활을 하였다.

"제4의 철학" 종파는 유다와 바리새인 사독에 의해 6년에 창건되었는데 로마인들과 로마의 통치를 추종하는 유대인들을 공격한 혁명세력이었다. 이들이 일으킨 반란은 곧 진압되었다(사도행전 5:37). 시카리(단검의 사람들)는 40년대에 나타나 50년대에 반란을 일으켰으며, 마사다 항쟁까지 로마에 저항하며 싸웠다.

테라퓨타인(치유자들)은 이집트에 흩어져있는 집단이었다. 이들은 결혼을 금하고, 공동식사와 기도와 성경연구에 열심을 쏟았으며 절제와 극기를 행하였다. 에세네파와 비슷하지만 차이가 있다. 엣세네파는 남자만 참여했지만 테라퓨타인은 남녀 모두 참가하였다.

종파는 사회의 주류로부터 떨어져 나가 스스로를 특별한 존재로 여긴다. 종파의 공동체가 성전을 대신하고 기도와 성경연구와 정화를 강조하였다. 엣세네파와 기독교가 이러한 모습을 보였다. 그들은 스스로 제사장으로 간주하는 평신도들이었다. 유대교의 민주화를 촉진했다고 볼 수도 있다. 기독교인 공동체는 유대교에서 시작되었지만 유대교와는 다른 길을 걸어갔다. 가장 큰 차이점은 기독교가 예수의 부활과 메시아로서의 지위를 강조했다는 점이다. 그러나 대부분의 유대인들은 종파의 구성원이 아니었다. 그들은 성전과 제사장을 중심으로 신앙생활을 하였다.

쿰란 사본이 발견된 동굴들[28]

바) 족장들과 랍비

성전 파괴 이후 팔레스틴의 사회적 지도자는 족장이었다. 족장은 랍비 산헤드린, 즉 랍비 들의 회합의 의장이었다. 2세기 말에 로마는 사실상 이들을 지도자로 인정하였으며 이들이 유대인들로부터 세금을 받을 수 있는 권한을 가졌다. 3세기에는 교부 오리겐이 족장을 "유대인들의 왕"이라고 말하기도 하였

28 http://www.facsimile-editions.com/en/ds/ 2010. 6. 2 검색

다.[29] 4세기에는 족장이 팔레스틴 뿐 만 아니라 로마제국 모든 유대인들로부터 세금을 징수할 수 있는 권한을 얻었다.

이 시대 종교지도자는 랍비였다. 랍비들의 기원을 찾아보면 그 조상들이 바리새인들이라는 사실을 발견할 수 있다. 따라서 성전이 없어도 큰 충격을 받지 않았다. 이미 매일의 기도, 토라 연구, 회당 예배 참석, 계명 준수 등으로 성전이 없어도 신앙생활을 할 수 있는 준비가 되어 있었기 때문이다.

랍비들은 묵시문학이나 종말론에 관심을 기울이지 않는다. 묵시문학에서는 천상의 세력이 땅으로 내려오는 모습을 보이지만, 랍비들의 신비주의는 땅에서 하늘로 올라간다. 즉 7층천에 올라가 하나님께 가까이 간다는 내용으로 전개된다.

사) 중세 시대 유대교와 성경 해석

성경 해석이 유대전통 가운데 중심을 차지하게 된 시대는 중세 시대였다. '랍비성경'이라고 불리우는 '미크라오트 그돌로트'는 성경본문, 타르굼, 라쉬주석, 다양한 주석들로 구성되어 있다. 이 성경은 1516/1517년 베니스에서 처음으로 인쇄되었다. '랍비성경'은 8권으로 구성되어 있으며 야콥 벤 하임의 본문이 기준본문으로 인정받았다. 이 본문은 나중에 키텔의 Biblia Hebraica의 제1판과 제2판의 본문이 되기도 하였다.

중세에 유대 성경 주석이 태동하게 된 시대적 배경을 보면, 이슬람의 도전과 카라임의 도전이 있었다. 7세기에 이슬람세력은 유대인들이 살고 있었던 바벨론과 팔레스타인 모두를 장악하였다. 따라서 유대인들은 아랍어를 일상용어로 사용하게 되었으며 유대교와 이슬람교의 문화공존이 일어나게 되었다. 주목할 만한 점은 이슬람 최초의 코란 주석가들은 대부분 유대교에서 이슬람교로 전

29 Origen, *Epistle to Africanus on the Story of Susamma*, in J. P. Migne, Patrologia Graeca 11.81.84

향한 사람들이었다는 사실이다. 그리고 구전 토라에 반대하며 성경으로 돌아가자는 카라임의 운동이 있었다. 이들은 성경해석에 많은 노력을 기울였다.

중세 시대 대표적인 유대 성경주석가로 싸아디아 가온(882-942년)을 먼저 들 수 있는데 그는 이집트에서 태어났으나 메소포타미아로 가서 '수라'에서 '유대학교의 교장(가온)'이 되었다. 그는 탈무드의 시각에서 성경을 해석하지 않고 성경의 언어를 면밀히 연구하였다. 그는 아랍어로 성경을 번역하였으며 주석을 함께 포함시켰다. 주목할 점은 '하나님'을 '알라'로 번역하였다는 점이다. 그는 '외적 의미'를 글자 자체의 의미라 보았으며 이러한 의미는 이성을 통해 파악할 수 있는 것으로 보았다. 그리고 '내적 의미'는 이성으로 이해할 수 없는 것들로 비유로 해석하였다.

가장 유명한 성경주석가는 '라쉬(1040-1105년)'인데 프랑스에서 활동하였다. 그는 성경을 이해할 수 있도록 돕는 일에 주력하였으며 미드라쉬적인 해석을 하였다. 간결하며 명확한 문체를 사용하여 누구나 이해할 수 있도록 성경을 해석하였다.[30]

아브라함 이븐 에스라(1092-1167년)는 스페인에서 태어났으며 성경해석을 히브리어로 기록하였다. 성경을 해석할 때 자의적으로 해석하는 것을 경계하고 구절과 문법을 중요시하면서 글자 자체의 의미를 따라 설명하였다. 또한 성경과 구전전승을 동시에 보면서 성경을 해석하였다. 그는 역사비평적 성경해석을 시도했는데 신명기 34장은 여호수아의 기록이라 하였고, 이사야의 뒷 부분을 바벨론 시대의 저술이라 주장하기도 하였다.

모세 마이모니데스(Moses Maimonides 1137-1204년)는 랍비이며 신학자이고 의학자요 철학자였다. 그는 중세 아리스토텔리즘에 따라 유대교를 이해하였다. 미쉬나 주석서, 세페르 하 미추보트, 미쉬네 토라 등의 저술을 남겼다.

30 Norman Solomon, 최창모 역, **유대교란 무엇인가** (서울: 동문선, 1999) 62-65

'카발라'는 유대 전통에 따른 밀교와 신비주의를 나타내는 명칭으로, 카발라 문서로는 '바히르'를 들 수 있다. 카발라는 14세기에 많이 전파되었다.

자) 현대 유대교 (1750-현재)

18세기의 유대인들은 유대교 신앙과 서구 계몽사상의 융합을 시도하였으며 유대교의 개혁운동이 일어났다. 이러한 독일 유대인들이 1840년대 대거 미국에 이주하면서 미국의 유대인들이 대부분 개혁유대교로 기울어졌다. 그러나 서유럽의 많은 유대인들은 유대교를 충실히 지키는 신보수주의적인 경향이 짙었으며 하시딤 운동이 일어났다.[31]

'하시딤 운동'은 일종의 유대인 심령부흥운동이라 볼 수 있는데 18-19세기에 폴란드를 중심으로 일어난 운동이었다. 이 운동은 선택받은 자로서의 삶의 이상형을 제시하며 삶의 기쁨을 강조하였다.

19세기 말엽에는 시오니즘 운동이 일어났고 1930-1940년대에 히틀러의 박해를 피해 대거 팔레스틴으로 이주하였다. 그 결과 1948년에 이스라엘은 독립국가가 되었고 주변 아랍국가들과 치열한 전쟁을 치를 수밖에 없었다.

3) 미쉬나와 탈무드

'미쉬나'는 랍비 최초 문헌으로 200년경 편집되었다. 이 시대의 랍비들은 대부분 지방의 부유한 지주였다. 이러한 시대적 배경이 있었기 때문에 미쉬나의 시민법은 상위 경제 계층이 관심을 가질 만한 내용으로 구성되어 있다. 즉 미쉬나는 랍비에 의해, 랍비에 대하여, 랍비를 위하여 기록된 '내부' 문헌이었다.[32]

---

31 정양모, "유대교와 기독교," 153-154

32 Shaye J. D. Cohen, 황승일 역, **고대 유대교 역사** (서울: 도서출판 은성, 1994) 331

미쉬나와 탈무드는 구전 토라라 볼 수 있다. 그리고 그 기원을 모세에 두고 있으며 미쉬나에는 그 기원을 다음과 같이 설명한다.

> 모세는 토라를 시내산에서 받아 이를 여호수아에게 전하였다. 그리고 여호수아는 장로들에게, 그리고 장로들은 예언자들에게, 그리고 예언자들은 이를 저 큰 모임의 사람들에게 전하였다.(아보트 1:1)

'구전 토라'는 세 부분으로 구성되었는데 할라카, 아가다/하가다, 미드라쉬로 나누어져있다. '할라카'는 "이스라엘이 걸어야 할 길"에 관한 것으로 주로 종교법에 관련된 것들이며 율법에 관한 것이다. 예를 들면 유대교에 속하는 것인지 아닌지에 관한 것이 할라카에 속하는 내용이다.

'아가다/하가다'는 '할라카'를 제외한 모든 것을 가리킨다. 이야기, 우화, 삽화, 동화, 혹은 풍속이나 자연과학에 관한 것도 포함된다.

'미드라쉬'는 성경연구나 주석을 가리킨다. 미드라쉬는 성경에 이미 나타나는데 역대기는 사무엘과 열왕기의 미드라쉬라 할 수 있다.

미쉬나의 핵심적 교리는 1) 죽은 자의 부활, 2) 토라가 하나님께서 주신 것, 3) 하나님께서 인간사를 관장하신다는 것 등이다. 미쉬나는 다이제스트 혹은 선집이라 할 수 있다. 그리고 미쉬나는 법을 이루는 자료라 볼 수 있으며 법률적이라 말할 수 있다. 따라서 후대에 편집된 탈무드에서는 법률보다 실질적인 율법을 많이 다루었다. 어떤 면에서는 탈무드가 미쉬나를 주석한 것이라 할 수도 있다.

미쉬나는 6부분(6세다림)으로 나누어져있는데 각 부분은 7-12개의 항목(7-12 마쎄켓)으로 구성되어 있다.[33]

33 조철수, **유대교와 예수** (서울: 길, 2002) 32-35

제1세더는 '제라임'인데 농사와 관련된 법들이 들어있다.

제2세더는 '모에드'인데 '축제일'을 뜻한다.

제3세더는 '나쉼'인데 '여자들'이라는 뜻이다.

제4세더는 '네치킨'인데 "손해를 끼침"이란 뜻이다.

제5세더는 '코다쉼'인데 "성스러운 것들"이란 뜻이다.

제6세더는 '토하롯'인데 '정결'을 뜻한다.

성경과 탈무드를 연구하는 랍비[34]

34 http://blog.daum.net/_blog/photoList.do?blogid=0L8lw#ajax_history_home 2010. 6. 2 검색

"피르케 아보트"는 제4세더의 제9마쎄켓인데 미쉬나를 이해하기 위한 입문서 역할을 한다. "피르케 아보트"는 줄여서 '아보트'라고 하는데 그 뜻은 '조상들' 이란 의미이다. '아보트'는 5장으로 구성되었는데 토라의 전승이 한번도 끊어지지 않고 계속 이어져 왔다는 사실을 강조한다.

'탈무드'라는 말은 '라마드(배우다)' 혹은 '림마드(가르치다)'에서 파생된 단어로 '연구' 혹은 '가르침'이란 뜻이다. '탈무드'는 미쉬나를 주석한 것이다. 탈무드는 여러 시대를 거쳐 수 많은 자료를 집대성한 것이며 여러 학파들의 입장을 모아놓은 것이다. 내용을 보면 미쉬나 본문과 그에 대한 주석(게마라)으로 구성되어 있다.

탈무드에는 두 종류가 있는데, '팔레스타인 탈무드'는 5세기 전반 팔레스타인에서 완성되었으므로 "팔레스타인 아모라임들의 주석"이라고 할 수 있다. '바벨론 탈무드'는 바벨론에서 만들어졌는데 3세기 초에 시작해서 7세기에 대부분 완성되었고 8세기에 최종적으로 완성되었다.[35]

탈무드에는 첫 페이지와 마지막 페이지가 공백으로 남겨져 있다. 누구든지 탈무드를 읽기 전에 자신의 경험을 기록하도록 남겨 둔 공백이다. 탈무드를 읽지 않아도 이미 자신의 경험을 통해 탈무드 안에 있다는 것을 뜻하고 있다.

그리고 '토세프타'는 '보충'이라는 의미의 명칭인데 미쉬나를 보충한 것이다. 즉 미쉬나를 주석하면서 미쉬나를 보충한 것이다.

4) 유대인의 종교 관습과 신앙

제2성전 시대와 랍비 시대에 발전한 중요한 것은 종교의 민주화다. 성전에서 회당으로 옮겨갔기 때문이다. 제사장만 출입할 수 있고 제사장만 제사드릴 수

35 김창선, **쿰란문서와 유대교** (서울: 한국성서학연구소, 2002) 312-315.

있는 성전에서 누구나 출입할 수 있는 회당으로 변경되었기 때문이다. 회당은 평신도들이 이끌어갔으며 제사장 대신 서기관으로 보완되었고 제의 대신 기도가 있었다.

또한 집단에서 개인으로 변경되는 면이 나타났다. 예레미야와 에스겔은 조상들의 죄 때문에 후손이 벌을 받지 않는다고 주장하였다. 국가 전체가 죄를 지어도 의로운 개인은 구원받을 수 있다고 주장하였다.

제사와 예배의 개념이 일상생활로 확대되었다. 말씀 연구, 기도, 윤리 실천 등을 통해 개인의 거룩한 삶을 목표로 하는 종교로 변화되었다.

(1) 유대교 교리

신학에 있어서 다양한 주장이나 해석을 무리하게 단순화 시키지 않았다. 갈등을 일으키는 면이 있더라도 있는 그대로 보존하였다. 유대교 신학의 중요한 면을 요약한다면 다음과 같다.

1) 보편성과 배타주의 - 하나님은 우주 전체의 주인이면서도 또한 유대인들의 민족적 하나님이었다;
2) 유일신론과 다신론 - 하나님은 한 분이며 독특하다. 그러나 또한 수많은 천사들이 섬기며 수많은 세력들이 대적한다.
3) 내재성과 초월성 - 하나님은 세상 '안에' 존재하며 그 의 백성 사이에 거한다. 그러나 또 우주의 주인이며 멀리 떨어진 하늘 보좌에 앉아 있다.
4) 철학자들의 하나님과 성서의 하나님 - 하나님은 영원하며, 불변하며, 우주의 움직일 수 없는 제일 동자(第一 動者)이다. 그러나 또 화를 내거나, 불쌍히 여기거나 할 수 있으며, 다른 인간적 특질을 갖고 있다.

5) 자유의지와 예정론 - 하나님은 인간에게 마음대로 할 수 있는 절대적인 자유 의지를 부여하면서도 또 인간사를 자신의 의지에 따라 주관한다.

6) 신정론에 대한 논의는 때때로 상호 갈등되는 다른 일련의 진리들에 초점을 맞추었다

비록 이렇게 신학적으로 정리할 수 있지만 유대교는 교리보다 관습을 더욱 중요시 여겼다. 고대의 종교를 살펴보면 교리로 무장되어 있다기보다 어떤 행동을 할 것인가에 더 많은 관심을 보이고 있는 것을 발견할 수 있다. 유대교도 이러한 범주에서 벗어나지 않는다. 예를 들면, 유대교로 개종할 때 신앙고백을 하라고 하기보다 "유대인들의 전통적인 관습을 채택하는" 이방인으로 규정한다. 만일 배교한다면 그것은 "유대인 조상들의 관습에 따라 살지 않는" 사람으로 묘사한다. 그러나 기독교와 이슬람교는 교리를 중요시 여기는 종교로 구별된다.

(2) 제사와 기도

구약에는 제사에 대한 규정이 있어도 기도에 대한 규정은 없다. 제사는 제사장만 드릴 수 있지만 기도는 누구나 드릴 수 있다. 제사는 성전에서 드릴 수 있고 드리는 때가 정해진 제사도 많다. 그러나 기도는 어디서나 어느 때든 드릴 수 있다. 기도는 후대에 갈수록 제의에 깊숙이 포함되었으며 랍비시대에는 기도로 드리는 예배가 중심이 되었다.

성전에서 제사장이 제사를 드리는 모습을 보면 소리가 별로 없고 침묵 속에 행하는 행동만 있을 뿐이다. 명실공히 "침묵의 성전"이다. 간간히 들려오는 신앙고백과 축도의 소리가 있을 뿐이다. 그러나 후대에 갈수록 찬양의 소리가 높아가고 기도의 소리가 높아가는 소리를 들을 수 있다.

성전에서 기도를 드리는 모습은 “내 집은 만민이 기도하는 집”(사 56:7)이라는 제2성전 시대의 표현에서도 발견할 수 있고, 기도가 제의보다 우월하다는 표현(시 40:7-10; 69:31-32; 51:19)이나 동등하다는 표현(시 119:108; 141:2)도 있다. 초대교회 시대에는 성전에서 정기적으로 기도를 드린 모습을 발견할 수 있다;

> 그가 분향하는 동안에 밖에서 많은 사람들이 모여 기도하고 있었다.(눅 1:10)
>
> 오후 세 시 기도를 하는 시간이 되어서, 베드로와 요한이 성전으로 올라가는데...(행 3:1)

성전 이외의 지역에서 기도드리는 일은 보다 더 흔한 일이었다. 외국에 붙잡혀 갔던 다니엘은 하루에 세 번씩 창문을 열고 예루살렘을 향하여 무릎을 꿇고 기도를 드렸다(단 6:10). 또한 거리에서도 기도를 드렸다(마 6:5). 해외에 살고 있었던 디아스포라는 ‘회당(만남의 집)’도 세웠지만 ‘기도의 집’을 짓기도 하였다.

기도는 성전에서 드리는 타미드(매일 제사)에 상응하는 것으로 이해하였기 때문에 랍비들은 하루에 두 번(아침과 오후) 기도하도록 지도하였다. 랍비시대에 고민했던 것은 기도를 규정해야 하느냐 아니면 자발성을 중요시 여겨 자유롭게 기도하도록 해야 하느냐 하는 것이었다. 그러나 기도가 제사를 대신하는 과정에서는 정해진 시간에 기도를 드려야 한다는 기도에 대한 규정이 강화되었다. 에스라는 자신이 드리는 회개의 기도가 오후의 분향하는 때(혹은 타미드 번제)와 일치하도록 하였다(스 9:4-5). 마카비 시대에도 정한 때에 기도를 드렸다(유딧 9:1; 단 9:21).

정한 때에 정한 내용으로 기도를 드리는 기도에 대한 규정이 강화된 모습은 랍비시대 때 찾아 볼 수 있다. 미쉬나에 따르면 제사장들이 타미드 제물을 잡고 제단에서 태우기 전에 드리는 매일의 기도가 있었다고 한다. 또한 성전에서 제사장들이 드리는 기도의 핵심에는 십계명(신 5:6-18; 출 20:2-14)과 쉐마(신 6:4-9; 11:13-21; 민 15:37-41)를 암송하는 것이었다고 한다. 개인들도 하루 두 번 쉐마를 암송하는 것이 일반화되었다.

랍비들이 드리는 기도 가운데 중요한 기도는 "쉐모네 에쉬레"로 알려진 "18가지의 축복 기도"였다. 이 기도문은 '주기도문'(마 6:9-13; 눅 11:2-4)과 흡사하다. 이 기도문의 내용을 살펴보면, 지식을 달라는 기도, 죄와 회개와 용서, 건강과 번영과 평화에 대한 간구, 그리고 마지막에 "복되십니다. 당신은, 오 주님"으로 끝맺음을 한다.

유대교의 특징 중 중요한 것은 성서연구를 하나님께 드리는 제사(예배)로 여기는 것이다. 랍비시대, 팔레스틴에는 토라 전체를 3년 동안에 모두 읽도록 단락을 구분하였다. 한편 바벨론에서는 1년에 토라 전체를 읽도록 54개 단락으로 구분하였다. 토라를 읽고 그 다음 설명하고 해석하는 순서가 뒤따랐다. 이러한 모습은 에스라의 활동에서 찾아 볼 수 있다(느 8:8). 또한 갈릴리 회당에서 가르치는 예수의 모습에서, 소아시아 지역의 회당에서 가르치는 바울의 모습에서, 그리고 오늘날 말씀을 읽고 설교하는 기독교의 예배 순서에서도 이러한 모습을 발견할 수 있다. 성경을 읽고 해석하기 위해서는 회중들이 이해할 수 있는 말로 성경이 번역되어야 한다. 따라서 아람어로 그리고 헬라어로 성경이 번역된 것은 자연스러운 일이었다.

찬양의 형태 가운데 주목할 만한 것은 축도송(Benedictus)이었다. 하나님은 복되시다라고 찬양하는 것이다; *바루크 아타 아도나이*("축복(찬양)받으소서. 오 주님"). 이러한 축도송은 이드로(출 18:10)의 찬양에도 나타나고, 시편에 자주 나타나며(시 119:12), 역대기에도 나타나고(대상 29:10), 신약에도 나타난다(눅 1:68-79; 고후 1:3; 엡 1:3; 벧전 1:3). 또 다른 특별한 찬양은 케두샤

(sanctification, Sanctus)인데 "거룩하시다. 거룩하시다. 거룩하시다. 만군의 주님"(사 6:3)이라는 찬양의 형태다.

(3) 의식

항상 하나님을 기억하고 그의 뜻에 순종하도록 하기 위해 일상생활 가운데서도 의식을 지킨다. 토라에는 음식법을 지켜 어떤 음식은 먹지 않고, 옷에 술을 달고, 집 지붕 둘레에 난간을 설치하고, 안식일에는 일을 하지 않는 것, 할례 등을 지킨다.

제2성전 시대에 첨가된 의식으로는 매일 기도하는 것과 토라를 연구하는 것이다. 또 다른 의식이 있다. 쉐마에는 하나님의 말씀을 가슴에, 손에, 이마에, 그리고 문설주에 두라는 명령이 있다(신 6:6-9). 이 명령은 원래 은유적 요구인데 2세기에는 문자 그대로 해석하여 지키는 의식이 되었다. 그래서 테필린(tefillin)이라는 성구함을 들고 다니고, 문설주에는 메주자라는 성구함을 붙인다. 이 성구함 안에는 쉐마나 토라에서 따온 문구를 적어 놓은 것이 들어있다. 물로 몸을 씻는 것이나 물에 잠기는 것(세례) 등의 의식도 널리 퍼지게 되었다.

제2성전시대와 랍비 시대에는 의식들이 더욱 확대되었는데, 개인이 일상생활 가운데서 지키는 의식들이 많아졌다. 이러한 의식뿐만아니라 중요한 것은 기도와 토라 묵상이었다. 그리고 이러한 신앙생활의 구심점은 평신도들의 제도인 회당(만남의 집)이었다. 이 시대에 더욱 확대된 것은 1) 거룩함이 성전에서 성전 외부로 확대되고, 2) 제사장에서 평신도로 확대되며, 제사장이 교사인 서기관에 의해 보완되었다. 3) 제의에서 일상생활로 확대된 것이었다. 그리하여 매일 매일 생활 가운데서 하나님을 예배하고 개인의 삶을 거룩하게 하는 종교로 나아가게 되었다. 이러한 흐름과 방향의 싹을 우리는 구약의 레위기 후반부에 주로 나타나는 성결학파에서 찾을 수 있다.

의식이 확대되면서 발생하는 문제점은 생활고에 시달리는 일반 대중들에게는 그것이 부담이 되었다는 것이다. 사실 먹고사는 일에 골몰하고 피곤한 사람들이 그러한 의식들을 모두 지킨다는 것은 너무 힘겨운 일이었던 것이다. 그리고 의식이 형식적인 것으로 될 때 '외식'이라는 비판을 받을 수 밖에 없었다. 그래서 초대 기독교에서는 이러한 바리새인들의 행동을 들면서 율법주의 혹은 외식이라 비판한 것이다.

구약에는 의식과 윤리가 분리되어 있지 않고 동일하게 중요한 것으로 강조되어 있다. 십계명의 내용만 보더라도 안식일을 지키는 것을 비롯한 의식이 간음하지 말라는 윤리적인 것과 나란히 강조되어 있다. 마찬가지로 제2성전 시대와 랍비 시대에도 의식과 윤리가 함께 연결되어 강조되었다. 그리고 의식이 회당과 가정을 중심으로 개인이 일상생활 가운데서 지키는 의식으로 확대되어 강조되었다. 지혜문학의 경우 의식보다 보편적인 윤리와 세계시민적인 정신을 강조한다. 그러나 지혜문학이 의식을 무시하는 것이 아니다.

(4) 보편성과 배타주의 - 유일신론과 다신론

헬레니즘 시대에 외쳤던 유대교의 슬로건은 "헤이스 테오스(하나님은 한 분이시다)"라는 유일신 구호이다. 마치 이슬람교에서 외치는 "알라 외에는 다른 신이 없다"라는 구호와 비슷하다. 그런데 보통 '유일신'이라고 이야기하는 개념을 두 가지로 나누어 볼 필요가 있다. 즉 하나님 외에 다른 민족의 신을 인정하는 단일신론과, 다른 신은 나무나 돌과 같이 아무것도 아니다라는 개념의 유일신론으로 구별하는 것이 필요하다.

사실 구약에는 다신론과 단일신론 그리고 유일신론이 모두 나타난다. 그리고 유일신론이 강조된 것은 후대이며 주로 이사야 40-66장에 많이 나타난다. 즉 포로기와 포로기 이후 시대에 많이 나타난다. 만국을 통치하시는 하나님의 모습이 강조되면서 하늘나라 제국을 묘사하고 높으신 하나님과 세상과의 소통을 위한 중재자의 역할 또한 부각시켰다. 즉 천사나 의인화된 지혜(소피아)나 로고스 개념이 강화된 것이다.

제2성전 시대부터 특히 강조된 유일신론은 여러 초자연적인 영물 즉 천사나 사단 혹은 마귀와 같은 영물이 있지만 오직 한 하나님만을 섬길 것을 요구한다. 그러나 다신론에 젖어 있는 사람들의 눈에는 천사와 같은 영물을 신으로 간주하고 있기 때문에 유일신론이 최고신을 강조한 것이지 다신론과 크게 다르지 않다고 볼 수도 있다. 이러한 긴장관계를 유대교에는 명쾌하게 해결하지 않고 있는 그대로 남겨 두고 있다.

또 다른 긴장이 있다. 하나님은 "하나님께서 우리와 함께 하신다"라는 뜻의 '임마누엘'로 표현되는 하나님은 참으로 가까이 계시는 하나님의 모습이다. 이러한 하나님은 신인동형론적(anthropomorphic)으로 주로 표현된다. 즉 기도를 들어주고 인간과 대화하며 때로는 분노와 슬픔을, 때로는 기쁨을 나타내 보여주는 하나님이다. 동시에 하나님은 우주의 창조주요 우주의 통치자이시다. 이러한 이중적인 간격을 하나로 만들지 않고 모두 가능하다고 이야기 한다.

에스겔은 집단이 아니라 각 개인이 하나님으로부터 보상과 형벌을 받는다고 주장하였다. 이와 더불어 제2성전 시대에는 죽음 이후에도 보상과 형벌이 있다는 점이 강조되었다. 특히 주전 2세기에 있었던 마카비 사건 때 순교한 사람들이 보상을 받고, 또 부활할 것이라는 점이 강조되었다.

바리새인들은 사람이 운명과 자유 의지 모두에 의해 제어된다고 하였다. 또한 랍비들도 이러한 조화를 강조한다; "(하나님)이 모든 것을 미리 보시지만, (사람들)에게 자유 의지도 주어졌다."[36]

36 Cohen, **유대교 역사**, 137

(5) 공동체와 제도

제2성전 시대는 페르시아 시대였다. 페르시아는 쌍두정치 체제를 수립하였는데, 행정가로 다윗 가문의 스룹바벨, 대제사장으로는 요사닥의 아들 예수아로 구성되었다. 그런데 주전 4세기 때는 대제사장이 모든 권력을 장악하게 되었다. 헬라시대에는 다시 헬라의 통치자들과 대제사장으로 나누어졌다. 그 후 주전 2세기에는 마카비 시대 때 다시 정치적 권력과 대제사장이 마카비 가문 안으로 통합되었다. 마카비 시대 이후는 다시 권력이 쌍두정치 체제로 나누어졌다. 일반 백성들 입장에서 보면 두 권력집단을 섬겨야 하는 이중적인 고통일 수도 있었다.

종교권력의 핵심에는 예루살렘 성전이 있었다. 비록 이집트에 엘레판틴 성전이나 헬리오폴리스 성전이 있었고 그리심산에 성전이 있었지만 예루살렘이 누렸던 중심성전의 위치를 무너뜨릴 수는 없었다. 예루살렘 성전은 팔레스틴의 유대인이나 해외의 디아스포라 모두에게 유대인 공동체의 단합을 보여주는 상징이었다.

성전과 더불어 중요한 제도는 산헤드린이다. 산헤드린은 대제사장이 의장이 되고 다양한 집단(사두개인, 바리새인, 제사장)으로 구성되어 있었다. 산헤드린은 입법기구이면서 동시에 사법기구였다. 성전이 파괴됨으로(70년) 산헤드린은 와해되었는데 그 빈 자리를 랍비들의 위원회가 채우게 되었다.

(6) 디아스포라

헬라 시대에 해외 유대인들은 그 지역에서 행정관의 통치를 받았지만 각 민족마다 구성한 자치적인 민족공동체인 폴리테우마에 소속되어 있었다. 알렉산드리아 유대인 폴리테우마는 법원과 문서고도 갖추었다.

그런데 알렉산드리아에서 유대인 공동체를 싫어하는 사람들과 유대인 사이에 갈등이 증폭되면서 싸움이 일어났다. 115-117년 경에는 이집트, 키레네, 사리프러스에서 유대인 사회를 파괴하는 대화재가 일어나기도 했다.

회당은 엘리트보다 서민들 신앙생활의 고향이었다. 예상과는 달리 랍비들이 처음부터 회당을 관장하지 않았다. 고고학 발굴을 통해 확인할 수 있는 회당의 흔적은 주로 3세기 말부터 7세기까지의 기간으로 확인되었다. 특히 갈릴리에 건립된 회당들과 시리아에 건립된 회당들이 주목을 끌고 있다. 시리아의 듀라 유로포스(Dura Europos) 회당에는 사방의 벽이 성서적 장면들로 가득 차 있었다.

모로코 카사블랑카에 있는 회당의 내부[37]

37 http://globalvoicesonline.org/2009/04/19/morocco-on-jewish-morocco 2010. 6. 2 검색

회당(synagoge)은 세 부분으로 구성되어 있는데, 기도하는 집, 연구하는 집 혹은 학교, 모임의 집 등으로 되어 있다. 이러한 구분은 회당의 기원과도 관련이 있다. 해외의 회당은 "기도하는 집"으로 시작했고 팔레스틴의 회당은 "연구하는 집 혹은 학교"로 시작되었다. 그리고 회당의 종류가 참으로 다양했다는 것을 발견할 수 있다.

회당에 대한 기록 중 가장 고대의 것은 246-221년 경 이집트의 비문인데 유대인들이 "기도의 집"을 지어 이집트 군주에게 봉헌했다는 기록이다. 팔레스틴의 흔적은 신약에서 '회당'이라는 단어가 나타나는 것으로 보아 1세기 경 팔레스틴에 회당이 있었을 가능성이 높다(막 5:35-38; 행 18:8, 17). 1세기 경으로 보이는 그리스어 비문에도 '회당'이 나타나는데 "율법을 읽고 계명들을 가르칠 회당"으로 묘사되어 있다.[38] 회당의 교육적 기능은 팔레스틴에서나 해외에서 동일하게 중요시 여겨졌다.

현대의 학교와 같이 학교건물이 있고 교사와 여러 학생이 있는 조직화된 학교는 제2성전 시대에 존재하지 않았다. 다만 스승 주위에 제자들이 모이는 교육방식이 있었던 것으로 보인다. 제자들은 스승을 따라 다니면서 배웠고 스승이 죽거나 은퇴하면 해산하는 모임이었다. 예수와 12제자와 같이 이러한 모임은 마치 가족과 같았다. 그러나 가난한 제자들로 둘러싸인 예수와 달리 2세기의 랍비들은 주로 상류 계층 출신의 제자들을 교육시켰다.

38 B. Lifshitz, *Donateurs et fondateurs dans les synagogues juives* (Paris: Gabalda, 1967), pp. 70-71, no. 79

생각 나누기

1. 구약성서를 경전으로 하는 종교는 어떤 종교이며 공통점은 무엇인가?
2. '토라'는 무엇을 가리키는가?
3. 탈무드는 무엇이며 어떤 내용이 담겨 있는가?
4. 구약성서는 하나님을 어떤 분으로 이해하는가?
5. '쉐마'(신명기 6장)에는 무엇이 강조되어 있는가?
6. 유대인은 소수인데 세계적으로 두각을 나타내는 이유는 무엇인가?
7. 예언자들은 어떠한 사람들인가?
8. 인간의 경험에서 출발하는 구약성서의 지혜문학 가운데, 동양(한국)의 지혜와 유사한 지혜는 무엇인가?

참고문헌

김영진 외, **구약성서개론**. 서울: 대한기독교서회, 2004.

김창선, **쿰란문서와 유대교**. 서울: 한국성서학연구소, 2002.

정양모, "유대교와 기독교," **종교신학연구** 7(1994. 12) 143-178.

정중호, **구약성경해설 - 시가서**. 서울: 한국장로교출판사, 2004.

정중호 · 오우성, **성서해설**. 대구: 계명대학교출판부, 1998.

조철수, **선조들의 어록: 초기 유대교 현자들의 금언집**. 서울: 성서와 함께, 1998.

조철수, **유대교와 예수**. 서울: 길, 2002.

죠쉬 맥도웰, 돈 스튜어트, 순출판사 편집부 역, **기독교변증** Ⅰ. 서울:순출판사, 1993.

Cohen, Shaye J. D. 황승일 역, **고대 유대교 역사**. 서울: 도서출판 은성, 1994.

Ehrlich, Carl S. 최창모 역, **유대교-유랑민족의 지팡이**. 서울: 유토피아, 2008.

Solomon, N. 최창모 역, **유대교란 무엇인가**. 서울: 동문선, 1999.

멀티미디어 자료

룻의 이야기(The Story of Ruth)

태초에-성서(The Bible - In The Beginning)

야곱(Jacob)

요셉(Joseph)

에덴의 동쪽

요셉과 놀라운 꿈의 채색 옷(Joseph and the Amazing Technicolor Dream Coat)

십계

이집트 왕자

삼손과 데릴라(Samson and Delilah)

다윗(David)

솔로몬(Solomon)

다윗과 밧세바(David and Bathsheba)

예레미야(Jeremiah)

에스더(Esther)

유대인, KBS 스페셜

유대교, 한스킹 해설

제3장 기독교와 문명

박 민 수

World religions and civilizations

들어가는 글

왜 기독교 문명은 중요한가? 우리는 세계 역사에서 히브리 문명, 헬라 문명, 예수, 중세문명, 로마 가톨릭, 동방정교회, 종교개혁과 같은 다양한 문명과 이름을 접하고 흥미는 느끼지만 그 이야기를 맥락 가운데 파악하고 있지는 못한다. 그러나 기독교 문명과 역사는 오늘을 살아가고 있는 우리들에게 여러 모양과 방법으로 많은 영향을 끼치고 있다.

기독교의 일반적 배경은 히브리의 종교적 배경과 헬라의 문화적 유산과 로마의 정치적 지배 하에서 태어난 종교이다. 서구 문명을 형성한 두 큰 조류는 히브리 문명과 헬레니즘 문명이다. 히브리 문명은 야웨(Yaweh)[39] 신앙을 바탕으로 한 히브리의 종교와 문화를 중심으로 이루어졌다. 헬레니즘 문명은 이성을 바탕으로 한 헬라의 철학과 문화를 중심으로 형성되었다. 사실 기독교는 이론적 논리에 있어서 헬레니즘 문명의 옷을 입었다고 할지라도 그 신앙적인 내용은 히브리 문명에 가깝다.

39 이스라엘 사람들에게 계시된 하나님의 이름

1. 기독교와 히브리 문명과의 만남

히브리는 오늘날의 이스라엘이다. 히브리(Hebraism) 문명은 서구 문명의 역사에 지대한 영향을 주었다. 만약 히브리인이 남겨준 유산이 없었다면 지난 2,000년 동안의 서구 문명의 역사는 크게 달라졌을 것이다.[40] 히브리인이 서구 문명에 끼친 영향은 히브리인의 문명뿐만 아니라 히브리인의 윤리 · 정치적 영향도 매우 중요하다.

히브리 윤리

히브리인의 윤리 개념은 적극적이라기보다는 소극적이다. 초기 히브리인에게 있어서 '의'는 단지 금지된 것을 지키는 것이라고 생각하였다. 그들은 "하라 하지 말라"는 구약성경의 가르침을 따랐다. 이러한 의는 구약성경의 중요한 주제 가운데 하나이다. 그러나 예언자의 시대에 와서는 '의'라는 개념이 자선과 사회 정의 같은 적극적인 윤리 의식으로 발전하게 된다.[41] 이러한 히브리인의 윤리개념인 율법중심사상과 개인의 존엄성과 가치에 대한 존중은 오늘날 민주주의의 형성과 성장에 중요한 영향을 주었다.

히브리 문학

히브인의 문학은 고대 근동 지방에서 가장 훌륭한 것이었다. 현존하는 거의 모든 히브리 문학은 구약성경과 외경[42]에 보존되어 있다. 특히 히브리인의 역사

40 Edward M. Burns, Robert E. Lerner & Standish Meacham, **서양 문명의 역사**, 손세호 역(서울: 소나무, 207), 102.

41 Ibid.

42 종교적 권위가 의심스럽기 때문에 경전으로 인정받지 못하는 고대 히브리인의 저작.

는 대부분 구약성경에 기록되어 있으며, 구약성경은 유대교와 기독교의 경전이 되어 있다. 특히 히브리인들이 세계 역사에 남긴 중요한 유산은 페니키아 표음 문자와 히브리 종교였다.

히브리 종교

성경에 의하면 하나님은 시내산에서 모세에게 십계명을 주었다. 히브리인들은 시내산에서 모세를 통하여 십계명을 중심한 하나님의 율법을 받았으며, 유일신 신앙을 가지고 있었다. 유일신 개념을 기초로 한 세계 첫 종교가 히브리 종교이다. 유일신 신앙이란 다른 신의 존재를 부인하지는 않지만 오직 하나의 신만을 섬기는 것을 의미한다. 이때부터 히브리인은 그들이 믿는 신을 'YHWH'라고 하였다. 'YHWH'를 어떻게 발음해야 하는지 아무도 모른다. 그러나 학자들은 일반적으로 '야웨(Yahweh)'로 발음되었다는 데 의견이 일치한다.

> 쉬어가는 코너
>
> 야웨라는 이름에는 재미있는 역사가 있다. 구약성경 시대에 히브리어에는 자음만이 있었다. 히브리어에서 모음이 사용된 것은 초기 기독교 시대에 이르러서였는데, 그 때는 이미 히브리어가 사어(死語)가 되어 있었다. 히브리인들은 거룩한 야웨의 이름을 입 밖에 내기를 꺼려했기 때문에 기원전 500년 이후에도 야웨 대신 아도나이(Adonai, 주님)를 사용했다. '여호와'라는 말은 서기 13세기 말에 한 기독교인이 자음 YHWH와 Adonai의 모음을 그릇되게 결합시켜 만든 것이다. 그리스어 문헌을 바탕으로 판단할 때 그 이름의 원음은 '야웨'였던 것으로 믿어진다.[43]

43 Bernhard W. Anderson, *Understanding the Old Testament*, 4th ed. (Englewood Cliff, N.J. : Princeton-Hall, 1986), 61.

히브리인들은 자신들은 야웨의 특별한 은총을 입었다고 생각을 했다. 그들은 야웨를 하늘과 땅과 바다와 그 가운데 있는 온 우주만물의 창조주로 믿었다. 그들은 다른 민족들에게도 그들의 신이 있었을지라도 야웨만이 참된 신으로 믿었다. 그들이 가지고 있는 경전은 크게는 율법서와 예언서, 성문서로 구성되어 있다. 한글로 번역되어 있는 성경은 원래 히브리어와 아람어로 기록되었다.

이러한 히브리인의 종교와 가르침은 상당 부분 기독교의 배경이 되었다. 기독교의 중요한 교리인 우주만물의 창조관이나 십계명, 유일신이나 초월적인 신 개념 등 성경의 2/3 이상을 마련해 준 사람들이 히브리인들이다. 기독교는 히브리인으로부터 우주의 창조 신앙과 십계명을 계승하였다. 그리고 기독교는 히브리인들로부터 자연과 인간을 초월해 있는 초월적인 신 개념과 유일신 개념을 받아들였다. 따라서 역사상 최초로 유일신 신앙을 발전시킨 것이 바로 히브리인이며, 이 히브리인의 종교가 기독교의 중요한 토대가 되었다.

2. 기독교와 헬레니즘[44] · 로마 문명과의 만남

예수가 탄생할 때 문화적 배경은 다양했지만 일반적으로는 두 가지 큰 전통이 흐르고 있었다. 예수 시대의 배경은 정치 · 경제적으로는 로마의 전통과 문화와 사상은 헬라의 전통이 중심이 되었다. 예수가 탄생한 팔레스틴은 고대 세계에 있어서 지정학적으로는 아프리카와 아시아, 유럽을 연결하는 중요한 교차 지점이었다. 팔레스틴은 동서의 문물을 나르는 통로였으며, 이러한 지리적 중요성 때문에 전쟁이 자주 일어났다.

44 헬레니즘(Hellenism)은 고대 그리스 문화를 의미한다.

이 팔레스틴 지방은 헬라의 알렉산더 대왕(Alexander the Great 356-323 B.C.)에 의해 기원전 332년에 정복되어 통치를 받게 된다. 알렉산더 대왕은 그의 스승 아리스토텔레스(175-164 B.C.)의 뜻을 받들어 헬라 문화를 피정복 지역에 뿌리내리게 하기 위해 노력하였다. 알렉산더 대왕의 후계자들이 히브리인을 헬라화 시키기 위해 그들이 존중하는 모세의 율법을 도덕적 절대주의로 대치하였고, 금식을 버리고 식도락을 주장했으며, 신앙 대신에 회의주의를 소개하고, 회당과 성전을 체육관으로 만들고, 예술가와 조각가로 제사장을 대처하였다. 특히 히브리인들이 가장 신성시 하는 율법 책을 불살라 버렸다. 이에 마카비(Maccabaes Judas)는 기원전 164년경에 봉기하여 독립을 얻게 되었으나, 그로부터 100년이 지난 기원전 63년경에 로마 폼페이(Pompey) 장군에 의해 다시 침략과 지배를 받게 되었다. 그러나 로마가 헬라를 이기고 정치적으로 지중해 일대를 지배하였으나 문화적으로는 헬라를 따라갈 수가 없었다. 오히려 로마는 헬라 문화에 지배당했다고 할 수 있다.

헬레니즘 문명이 이루어지다

로마 시대에 성행했던 헬레니즘 시대의 문명은 그 당시 성행했던 두 사상에 뿌리를 두고 있었다. 에피쿠로스주의(Epicureanism)와 스토아주의(Stocism)가 그 시대의 주요한 경향이었다. 이 두 사상은 특히 개인의 행복을 추구하는 경향이 강하였다. 에피쿠로스 사상은 에피쿠르스(Epikuros, 341-270 B.C.)가 창시한 학파로서 사후의 존재를 부인하고, 현세에서 누리는 개인적인 쾌락을 최고의 덕과 일치한다고 주장하였다. 이들은 종교를 대신하는 철학적 체계로서 '행복이 무엇인가?' 라는 질문을 하였다.

에피크로스(Epikuros, 341-270 B.C.)[45]

에피쿠르스학파는 인간의 행복은 쾌락이라고 생각하였다. 그들에게 있어서 쾌락은 '고통의 결여'된 상태였다. 이 고통의 결여는 우리가 음식을 먹고 만족한 상태와 같은 것이다. 그러나 그들이 말하는 쾌락은 단지 '먹고 마시고 놀자 내일이 오면 죽는다'라고 하는 일시적인 쾌락을 추구하는 것이 아니라, 오히려 이들은 간소한 생활, 정신적 쾌락, 우정 등이 행복을 가져올 수 있는 조건이라고 생각하였다.

에피쿠로스학파에게 있어서 인간 최고의 선은 모든 종교적 두려움이 없는 쾌락을 의미한다. 그래서 이들의 표어는 두려움의 극복을 위한 '마음의 평정(Ataraxia)'을 추구하는 것이다. 기원전 1세기에 로마의 시인 루크레티우스(Titus Lucretius Carus 99-55 B.C. Epicurean poet)는 그의 저서 『우주의 본질 Of the Nature of Things』에서 에피쿠로스주의를 시적으로 풀이했다.

45 웹 사이트. zrcadlo.blogspot.com. 2010년 5월 28일 검색.

에피쿠로스학파는 정신적 쾌락을 추구한 반면 스토아학파[46]는 금욕을 생활 윤리로 제시하였다. 스토아학파는 키프로스의 제논(Zenon, 336-246 B.C.)이 창시했다.

제논(Zenon, 336-246 B.C.)[47]

스토아주의는 우주가 신의 법칙에 의하여 운행되고 있다고 주장하였다. 그들은 신은 이 세상과 격리되어 계시는 분이 아니라 우주의 영혼이며, 인간은 모두 신성의 일부분을 가지고 있다고 생각하였다. 그래서 그들은 자연과 조화시키려는 '의지'를 덕으로 보았고, 자연을 따라 사는 삶을 유일한 선으로 생각하였다. 이들은 개인의 행복이나 부를 위하여 살기보다는 오히려 '덕을 위한 덕'을 더 강조하였다. 인간은 이성에 의해 감정이나 욕망을 억제함으로써 비로소 완전한 덕을 완성하여, 여기에서 행복감을 얻는다고 하였다.

46 스토아 학파라는 이름은 횃불(스토아)이라고 하는 아테네의 공회당에서 유래했다.
47 웹사이트. cafe.chosun.com. 2010년 5월 28일 검색.

에피크로스주의와 스토아주의는 모두 인간이 갖고 있는 문제 해결의 열쇠로 이성을 중요시 하였다. 이성을 중요하게 생각하는 두 사상은 모두 로마의 경향을 보여 주는 것이다. 두 사상의 공통점은 사회의 복리가 아닌 개인의 선에 관심을 가졌다는 점에서 개인주의적이었다. 또한 그들은 신과 영혼을 물질로 이루어져 있다고 선언하기도 했다.[48]

이렇게 볼 때 헬레니즘 시대의 사상의 공통점은 인간이 겪는 고통으로부터 벗어나는 길을 찾아내고자 하였다는 것이다. 그리고 이 시대의 사상가들은 유물론주의 자들이었다. 그들은 어떠한 영적 실체의 존재도 부정했다는 점에서 물질주의적이었다.

보편적인 종교로 교두보를 확보하다

헬레니즘 시대에 기독교가 크게 발전하게 된다. 이 시대에 기독교가 발전할 수 있었던 환경적인 배경은 전쟁과 정복을 통해 히브리인들이 뿔뿔이 흩어지게 되는 것이다. 이 시기에 히브리인 중 20만 명이 소아시아에 흩어져 살았던 것으로 추정된다. 그들은 다른 민족들과 자연스럽게 섞이게 되었으며, 헬라어 및 헬라 문화를 상당 부분 받아들였다. 그러면서 그들은 히브리 신앙을 확산시키는 데 중요한 역할을 했다. 헬레니즘 시대의 히브리인 중 일부는 마침내 기독교로 개종하기도 했고, 기독교를 팔레스타인 밖으로 전파시키는 데 기여했다. 그 대표적 사례가 사도 바울이다.

그 당시 여행과 무역에는 헬라어(Greek)나 라틴어가 주로 사용되었다. 헬라의 여러 갈래 중에서도 평소에 통용되는 코이네(koine) 헬라어가 사용되었다. 헬라는 정치적으로는 로마의 지배를 받았지만 문화적으로는 로마를 지배하였

48 Edward M. Burns, Robert E. Lerner & Standish Meacham, op. cit., 183-184.

다. 그러므로 로마의 정치 · 경제적 지배 하에서도 헬라 문화는 활발하게 전승되었다. 신약성서도 헬라어로 기록되어져 그 문체와 논리가 헬라적인 것을 볼 수 있다. 신약성경이 헬라어로 기록되었다는 것은 이 당시 통일된 언어의 수단을 통해 기독교의 복음이 누구에게나 읽혀질 수 있는 유리한 조건이었을 뿐 아니라 로마 제국의 정체적인 통일과 도로망의 통일은 기독교 전파에 큰 장점이 되었다.

헬라인들의 성격이 대체로 정(靜)적인데 비해 로마인들은 동(動)이었으며, 헬라인들은 사변적이며 논리적이었다면, 로마인들은 실천적이고 제도적이었다. 따라서 헬라는 철학이 발달되고 플라톤이나 아리스토텔레스 같은 철학자들이 알려져 있고, 로마는 제도나 법률이 발달되고 시저(Julius Caesar)와 같은 장군이 유명하였다.

기독교에서 헬라의 철학적이고 사변적인 논리의 형식을 받아들여 발전된 것이 동방교회(Greek Orthodox Church)이다. 동방교회는 헬라 문화권으로 사변적이고 교리논쟁이 많았다. 그러나 동방교회는 철학을 신앙을 지키고 설명하는데 사용하지만 신앙과 이성을 조화시키려 하지 않는다.

이에 비해 로마의 제도적, 법률적, 조직적, 실천적인 본을 받아서 강력한 제도적 교회로 성장하고 발전하여 서방교회(Roman Catholic Church)를 형성하였다. 서방교회는 로마의 법체계의 영향으로 명료성이 특징이며, 또한 라틴 문화권에 속해 상대적으로 보다 실제적이며 덜 사변적이었다. 서방교회는 인간 이성에 높은 가치를 부여한다. 특히 서방교회의 신학자 토마스 아퀴나스는 기독교를 아리스토텔레스의 철학에 합류시켰다

3. 기독교의 등장과 예수와의 만남

히브리 민족은 솔로몬 왕 사후, 기원전 10세기에 유다와 이스라엘 두 나라로 분단되어 북쪽 이스라엘은 앗시리아 제국에 의해서 멸망했다. 남쪽의 유다는 기원전 6세기에 바벨론 제국에 의해 멸망되었다. 이 때 유대인들은 일시적으로 바벨론으로 옮겨 포로가 되었다. 이 무렵 그들의 종교 사상은 신바빌로니아 문명의 영향을 받아 급속도로 진보의 영향을 받아 민족 신앙에서 점차 일신교로서의 조직 체계를 확립하게 된다. 이것을 유대교(Judaism)라 고 한다. 유대교는 유일신관(唯一神觀)이었다.

유대교를 모태로 발생한 기독교는 유대교의 편협한 민족주의와 율법주의를 넘어서서 보편적인 세계 종교로 발전하였다. 특히 기독교의 기원을 알아보려면 예수의 시대로 올라가야 한다. 기독교는 누구보다도 예수와 바울에 의해 형성되었으며, 확산되어 갔다.

예수가 태어나다

예수는 가난한 목수의 아들로 팔레스타인의 작은 마을에서 태어났다. 팔레스타인 지역 가운데서도 유대인이 멸시했던 나사렛이란 마을과 그곳 출신의 목수인 예수는 세계 역사를 바꾸는 인물이 되었다. 그것도 33세라는 짧은 생애 가운데서 단 3년이라는 활동으로 거대한 역사를 이루었다. 현재 우리가 사용하고 있는 연대는 예수의 탄생을 기점으로 기원전(B.C. : Before Christ)과 기원후(A.D. : Anno Domini)로 구분된다. 예수 탄생 당시 팔레스타인은 로마의 식민지였다. 당시 로마는 카이사르 아우구스투스(Gaius Julius Caesar Augustus, B.C. 63-14)가 통치하고 있었다.

이 때 유대인들은 로마의 속국으로 있어 정치적으로는 불만과 종교적으로는 자신들의 종교에 대한 열정적인 분위기가 흐르고 있었다. 유대인은 자신들을 고난에서 구원할 민족적 메시아를 기대하고 있었다. 예수는 자신을 메시아로 자처하며 유대교의 선민사상과 형식적인 율법주의를 배척하였다. 이 때문에 예수는 유대인들에게 로마의 반역자로 고발되어 십자가에서 처형당했다. 그리고 삼일 만에 죽음에서 부활하였다.

예수의 가르침 핵심

4개의 복음서가 말한 예수의 가르침 핵심은 '하나님 나라'이다. 하나님의 나라라고 할 때 나라(kingdom)는 '왕적인 지배' 또는 '통치'는 일차적인 개념이며, '영토' 또는 '지역'은 이차적인 개념이다. 본질적으로 하나님 나라는 하나님의 주권이 인정되며 하나님과 개인 간의 인격적인 관계가 성립되는 곳에서 이루어진다.

하나님 나라에 대한 가르침은 인간의 사상을 움직이고 변화시킨 교리 중에서 가장 혁명적인 교리의 하나이다. 하나님 나라가 무엇이냐 하는 질문에 대해서는 여러 의견이 많다. 하나님 나라의 핵심은 예수가 가르친 기도문[49]에 잘 요약

49 주기도문
하늘에 계신 우리 아버지,
아버지의 이름을 거룩하게 하시며
아버지의 나라가 오게 하시며,
아버지의 뜻이 하늘에서와 같이
땅에서도 이루어지게 하소서.
오늘 우리에게 일용할 양식을 주시고,
우리가 우리에게 잘못한 사람을 용서하여 준 것 같이
우리 죄를 용서하여 주시고,
우리를 시험에 빠지지 않게 하시고, 악에서 구하소서.
나라와 권능과 영광이 영원히 아버지의 것입니다. 아멘.

되어 있다. 기독교인들이 자주 외우는 주기도문(The Lord's Prayer)에서 말하는 하나님 나라는 하나님의 뜻이 완전히 이루어지는 곳이다.

예수가 가르친 하나님 나라에 대한 교리는 바로 전쟁과 싸움으로 얼룩져 있는 인류의 생활에 대한 변화와 정화, 즉 내적 생활과 외적 생활의 철저한 정화를 단호하게 요구하고 있다.[50] 예수가 가르친 하나님 나라에는 선택된 민족이나 특별한 사랑을 받는 사람도 없다. 그 나라에는 모든 사람이 가족이다. 그러므로 하나님 나라에는 그 어떤 특권도 없는 단지 예수의 신도들로 된 가족이어야 한다. 신약성경에는 다음과 같이 기록되어 있다.

"예수께서 아직 무리에게 말씀하고 있는데, 그분의 어머니와 형제들이 나타났다. 그들은 밖에서 예수께 말씀드렸다. 선생님의 어머니와 형제들이 이야기하려고 밖에 있습니다. 예수께서 직접 답하지 않고 이렇게 말씀하셨다. 내 어머니와 형제들이 누구라고 생각하느냐? 그러고는 제자들을 향해 손을 내미셨다. 잘 보아라. 아들이 내 어머니요 형제들이다. 순종이 피보다 진하다. 내 하늘 아버지의 뜻에 순종하는 사람이 내 형제요 자매요 어머니다."

예수의 생애

우리가 연대를 말할 때에는 예수를 기점으로 해서 이루어진다. 예수의 탄생 이전의 역사를 의미하는 것으로 기원전(B.C. : Before Christ)과 기원후(A.D. : Anno Domini, in the year of the Lord)로 구분하게 된다.

예수의 탄생과 소년시절 : 예수의 탄생은 2,000여 년 전에 이스라엘의 베들레헴이라는 작은 마을 말구유에서 태어났다. 성경은 예수의 탄생이 하나님의 영으로 이루어졌음을 말하고 있다. 예수의 어린 시절을 보냈던 곳은 나사렛에서

50 H. G. Wells, **웰스의 세계문화사**, 지명관 역(서울: 가람기획, 2003), 163.

자랐다. 나사렛은 사방이 언덕으로 둘러싸인 작은 도시였다. 그러나 우리가 신약성경에서 예수의 생애를 살펴보려고 할 때 어려움을 겪는 것은 예수가 대략 33세의 나이에 십자가에 죽었는데, 예수가 30세까지는 어떻게 살았는지 성경에 기록되어 있지 않아 전혀 알 수가 없다. 그는 약 30년 동안 갈릴리의 작은 마을 나사렛에서 목수 일을 하며 지내왔다.

예수의 활동 : 예수는 그의 나이 약 서른 살이 되던 때에 요단강에서 세례요한으로부터 세례를 받게 된다. 이때부터 예수의 공적인 활동은 시작되었다. 예수가 활동하던 시기는 로마 제국이 이스라엘을 식민지로 다스리던 때였다. 예수가 활동하였던 장소는 당시 로마의 식민지였던 갈릴리 나사렛 동네였다. 특히 예수의 공생애 활동은 가버나움, 벳세다, 막달라 등 갈릴리 호수 주변의 마을과 도시에서 시작되었다. 특히 예수는 12제자들을 세우고 그들을 훈련시키며 하나님 나라에 대해 가르쳤다.

예수의 죽음 : 예수의 죽음은 그 당시 유대 종교지도자들의 시기와 질투에 의해서 이루어졌다. 유대 종교지도자들은 사람들이 예수를 따르는 데 대해 시기하여 예수를 모함하여, 로마 총독 빌라도(Pilate)에게 예수를 사형 언도를 내리도록 강요하였다. 그래서 예수는 그 당시 고대 페니키아인들이 고안해 낸 가장 고통스러운 형벌인 십자가형틀에서 죽게 된다.

예수의 부활 : 예수의 죽음은 단지 죽음으로 끝나지 않았다. 예수는 생전에 그의 제자들에게 자신의 죽음과 부활에 대해 예언하였다. 예수는 그의 예언대로 예수는 무덤에 장사지낸 지 사흘째 되던 날에 무덤이 열리고 그가 살아났다는 소식이 장안에 파다하게 퍼졌다. 즉 예수는 죽은 이후 3일 만에 부활하였다. 이 예수의 부활은 합리적인 시대에 살고 있는 사람들에게는 받아들이기 어려운 주제임에는 틀림없다. 그러나 신약성경 4편의 복음서들에는 부활하신 예수를 만난 사람들의 목격담들이 기록되어 있다. 부활한 예수는 부활한 모습을 그의 제자들과 그를 따르던 500여명에게 나타내 보인 것이다.

사실 기독교의 시작은 겨자씨처럼 작게 시작되었다. 예수는 책을 기록한 적도 없고, 또한 거대한 조직을 만든 적도 없다. 예수는 단지 12제자들을 불러서 그들에게 복음을 가르치고 훈련을 시켰을 뿐이다. 그런데 어떻게 기독교가 세계적인 종교가 되었을까?

우리는 예수의 생애를 통해 그의 삶은 한 인간으로서 이 세상을 산 역사적인 예수(Jesus of history)의 모습과 하나님의 아들로서 죽음을 이기고 부활한 신앙의 대상으로의 그리스도의 모습(Christ of faith)을 동시에 볼 수 있다. 따라서 예수는 역사적인 인물이면서 온 인류를 죽음에서 구원하기 위해 오신 하나님의 아들이다.

4. 신약성경과의 만남

신약성경을 구약성경과 비교하면 분량 면에서 3분의 1밖에 되지 못한다. 구약성경이 39권의 책으로 구성되어 있다면 신약성경은 27권의 책으로 구성되어 있다. 또한 구약성경은 1,000여 년 동안 기록되었다면 신약성경은 50여 년 동안 기록되었다. 신약성경이 기록되어진 배경은 이스라엘 백성들은 로마의 식민지로 있었다. 그 당시 로마는 예수를 하나님의 아들로 믿는 기독교인들을 박해하였다. 신약성경은 로마 제국 안에 흩어져 있는 기독교인들을 위해 기록되었다.

신약성경의 의미

신약성경(New Testament, Covenant)은 하나님과 맺은 새로운 약속이라는 의미이다. 이 새로운 약속은 용서를 내포하고 있으며, 예수 그리스도 안에 구원의 길을 제시하고 있음을 나타낸다. 신약성경은 경전으로 인정된 27권에게 주어진 이름이다. 구약성경이 하나님과 이스라엘 백성과 맺은 약속을 통해 하나님의 뜻이 이루어지는 것이라면 신약성경은 예수 그리스도를 통해 구약에서의 예언이 성취되었음을 선포하며, 예수를 하나님의 아들로 믿는 모든 사람들은 구원을 받는 약속이다.

신약성경의 내용과 분류

신약성경은 일반적으로 4가지로 분류한다. 신약성경은 복음서, 사도행전, 서신서, 계시록으로 구성되어 있다.

신약성경 분류표

분 류		성 경
복음서		마태복음 마가복음 누가복음 요한복음(4권)
역사서		사도행전(1권)
서신서	바울서신	로마서 고린도전서 고린도후서 갈라디아서 에베소서 빌립보서 골로새서 데살로니가전서 데살로니가후서 디모데전서 디모데후서 디도서 빌레몬서(13권)
	일반서신	히브리서 야고보서 베드로전서 베드로후서 요한1서 요한2서 요한3서 유다서(8권)
예언서		요한계시록(1권)

복음서는 예수의 생애와 가르침이 중심된 내용이며, 사동행전은 예수님의 부활 승천하신 후 예수의 제자들의 행적과 예수의 죽으심과 부활하심을 전파하는 내용을 중심으로 기록되어 있다. 서신서는 예수의 제자들이 성령의 감화를 입어 기록한 것으로서 바울의 저작으로 알려진 13편과 베드로, 야고보, 요한, 유다의 편지글로 구성되어 있다. 신약성경의 마지막 책인 요한계시록은 인류의 종말과 앞으로 다가 올 하나님의 나라에 대해서 기록되어 있다.

복음서와 예수

복음서의 중심된 신학은 예수가 메시아라는 것이다. 복음[51]은 아름답고 좋은 소식을 의미하는 것으로 온 인류를 구원하려 오신 예수의 삶과 교훈을 집약하고 있다. 예수의 삶과 교훈에에 대해서는 마태복음, 마가복음, 누가복음, 요한복음에 기록되었다. 4개의 복음서는 저자들의 이름에 의해 붙여졌다. 이 저자들은 예수님의 제자들이다. 복음서의 기록 목적은 복음서를 읽는 독자에게 예수가 하나님의 아들과 메시아임을 믿게 하고 그 믿음을 의지하여 구원을 얻게 하려는 데 있다.

복음서는 예수의 생애와 가르침이 기록되어 있다. 예수에 관한 글은 대개 기원후 70~100년 사이에 기록되었다. 신약성경은 원래 기원전 1세기 지중해 연안의 국제어였던 코이네 헬라어(Koine Greek)[52]로 기록되었는데 그것이 여러 나라 언어로 번역되었다.

마가복음은 기원후 70년 경 기록되었다. 4개의 복음서 가운데 가장 먼저 기록된 것이 마가복음이다. 이 복음서는 로마에 있던 베드로가 설교 한 것을 중심으로 글을 쓰기 시작하였다. 마가복음 예수가 그리스도요, 하나님의 아들임을 밝히고자 하였다. 마가는 예수의 활동 가운데 예수의 기적을 통해 그가 그리스도요, 하나님의 아들임이 분명해졌다고 밝혔다.

누가복음은 80~90년경에 기록되었다. 누가복음서의 특징은 주로 이방인들로 구성된 공동체를 위해서 쓴 글이다. 누가복음에서는 누가복음에서의 관점은 예수 안에서 하나님이 어떻게 그의 백성들을 찾아가시고, 그의 사랑과 자비하심으로 어떻게 그의 백성들을 사랑으로 맞이해 주시는 가를 보여주려고 했다.

51 복음(Gospel: God Spell이라는 말의 영어 약자)은 황제의 일생 중 승리 또는 가장 큰 사건들을 선포하는 일에 사용된 말이다. 누가는 이 말을 예수의 탄생하심을 기쁜 소식으로 전했을 때 사용했다(누가복음 2 : 10 - 11).

52 지금의 그리스어

마태복음은 80~90년 사이에 기록되었다. 마태는 유대인으로 전에는 유대교를 믿다가 기독교인이 된 사람들이 모인 공동체 내에서 읽게 할 목적으로 기록하였다. 즉 예수가 어떻게 성경의 말씀을 완성하였는가를 보여주려고 했다.

요한복음은 95~100년경에 기록되었다. 요한복음서는 앞의 세 복음서와는 다른 관점에서 기록하였다. 예수의 존재를 깊은 사색에서 근거하여 하나님의 말씀으로 예수를 설명하였다. 이 요한복음서는 신약성경 가운데 매우 중요한 신학적 내용을 담고 있다. 요한복음은 예수를 하나님의 말씀(Logos)으로 깊은 사색에서 기록했다. 요한복음은 십자가에 죽은 예수가 어떻게 아직도 오늘까지 살아계시고 우리에게 영향력을 주고 있는 가는 보여주는데, 예수가 보여준 기적들을 통해서 그 기적을 이해한다면 믿어야 한다고 강조한다.

5. 초대 교회와의 만남

교회가 성립되다

초대교회는 헬레니즘 문명과 융합하면서 크게 성장하게 되었다. 로마 제국의 하나 된 언어, 교통, 통신 등이 기독교를 전파하는 데 좋은 교두보가 되었다. 이러한 좋은 환경적인 배경에도 불구하고 기독교는 심한 박해를 받고 있었다. 기독교 공동체는 로마 시대의 지하무덤인 카타콤에서 예배를 드렸다. 초기 기독교인들은 카타콤에서 예배를 드리면서 자기들만의 고유한 그림으로 암호를 주고받았다. 그들만의 사용하였던 암호는 IXDUS(익수스)[53]

53 예수스 *Iησουσ*(Jesus) 그리스토스 *Χριστοσ* (christ) 〈예수 그리스도〉 쎄우 *Θεου* (God) 히오스 *Υιοσ* (Son) 〈하나님의 아들〉 소테르 *Σωτηρ* (Savior) 〈구원자〉이다.

이 익수스는 그리스어로 물고기라는 의미를 가진 단어로서, 그 의미는 예수 그리스도, 하나님의 아들, 구세주라는 그리스어의 첫 글자들을 모은 것이다. 서로 만나 이 그림을 그리면 예수 그리스도의 형제임을 알게 되는 표시였다.

예수의 생애와 가르침을 담고 있는 것이 신약성경의 사 복음서[54]이다. 사 복음서는 예수의 생애와 가르침 그리고 인격에 대해서는 기록되어 있어도, 기독교의 교리에 대해서는 찾아볼 수 없다. 기독교 신앙의 전체적인 흐름은 예수를 따르던 사람들이 기록한 편지글에서 찾아볼 수 있다. 기독교는 예수를 따르던 사람들에 의해 확대되고 더욱 정교하게 되었다.

기독교 교리의 기틀을 마련하다

기독교 교리를 작성한 사람들 중에서 가장 대표적인 인물은 사도 바울이다. 바울은 원래 예수를 만난 적도 없고, 그의 설교를 직접 들은 적도 없다. 그의 이름은 원래 사울이었다. 바울은 팔레스타인 출신이 아니라 소아시아 동남부의 타르수스 시에서 태어난 유대인이었다. 원래 그는 예수가 십자가에 죽은 후, 예수를 추종하는 사람들을 박해하던 사람이었으나 다메섹이라는 지역에서 부활

54 마태복음, 마가복음, 누가복음, 요한복음

하신 예수를 만남으로 말미암아 기독교로 개종한 자이다. 그는 기독교로 개종해 그의 이름을 바울이라고 고쳤다.

바울은 최초로 유대인 외에 다른 민족들에게 복음을 전파하였다. 이 시대에 기독교는 팔레스틴 지역을 벗어나 로마 세계의 무대에 등장하게 된다. 바울은 예수가 유대인만을 구원하기 위해 보냄을 받았다는 주장을 거부하고 기독교를 전 세계의 보편적인 종교로 기틀을 마련하는 데 중요한 역할을 하였다. 특히 그는 예수가 하나님께 기름부음을 받은 신적인 존재이며, 예수의 십자가의 죽음은 온 인류의 죄를 용서해주었다는 사실을 강조했다. 그의 가르침의 핵심은 인간은 율법적인 노력이나 자신의 행위로 구원을 받는 것이 아니라 오직 믿음과 예수 안에 있는 은혜를 통해 구원을 얻을 수 있다는 것이다(신약성경, 로마서 1장 17절). 따라서 미래에 대한 우리의 삶은 전적으로 하나님의 의지에 달려 있다는 것이다.

사도 바울

바울은 자신 지니고 있는 유대교의 훈련과 헬라 철학이 기독교의 신앙과 결부되어 그의 위대한 사상과 저술을 남기게 되었다.[55] 그는 기독교의 신앙을 유대교의 율법적인 기반 위에 구축하였을 뿐만 아니라 헬라 철학의 논리와 사고를 빌어 로마서, 갈라디아서, 고린도전후서, 데살로니가전후서 등 양적으로도 신약성경의 절반을 차지하고 있으며 질적으로도 사상의 핵심을 이루고 있다.

6. 기독교와 중세 문명과의 만남

중세 교회가 시작되다

중세의 시작은 여러 학자들의 주장이 다양하지만 일반적으로 로마 감독 그레고리(Gregory the Great, A.D. 590-504)가 교황의 직위를 받은 해로부터 시작되었다고 본다. 그는 중세교회의 조직에 있어서 큰 역할을 하였다. 그는 로마 귀족 출신으로 로마 대사로 콘스탄티노플에 갔다가 다시 돌아와 직접 수도원을 설립하여 수도원장이 되었다. 그가 로마 황제가 될 무렵 로마 성에는 기근과 질병으로 고통을 당하고 있었고, 성 밖으로는 룸비니 족의 위협을 받고 있었다. 그리고 교회 내의 부패로 인해 사람들로부터 교회의 권위가 떨어졌다. 그는 교황이 되자 친히 군대를 조직하여 룸비니 족들과 전쟁을 하여 불가결 협정을 맺었으며, 교회 내의 부패를 척결하고 예배 의식 등을 개선하였다.

55 종교교재편찬위원회 편, **성서와 기독교** (서울: 연세대학교 출판부. 1985), 306.

중세교회는 어거스틴(351-430 B.C.)[56] 이후부터 루터의 종교 개혁 때(1517 B.C.)까지 약 1,000년간을 말한다. 중세시대는 종교가 그 사회의 중심을 이루었다. 중세교회는 어거스틴(Augustine, 354-430)의 '신의 도성'을 그들의 이상으로 정하고 '지상을 천국화'하려고 하였다. 고대문화가 헬라와 로마의 문화라고 한다면 중세문화는 여기에다 게르만 문화를 첨가되었다.

교회중심의 문화가 발달하다

중세 문화의 특징은 기독교 교리의 성격을 강하게 나타내고 있었다. 중세 시대는 신학이 중시되었고, 스콜라 철학이 발달하였다. 따라서 중세시대의 문학은 지식의 깊이와 합리적인 논리 체계를 세운 스콜라 철학과 천국을 소망하는 중세인의 신앙을 상징하는 고딕 성당 등 고대의 전통과 기독교의 독자적인 문화 그리고 게르만 문화가 융합되어 만들어 낸 중요한 시기이다.[57] 중세 문화의 가장 두드러진 특징은 기독교 중심의 문화라는 것이다. 중세 사람들은 교회를 중심으로 한 생활이었고, 교회를 떠나서는 생활을 할 수 없었다. 그러므로 중세는 교회를 중심으로 한 신앙생활이 중세 문화와 특징을 이루었다. 이러한 중세 문화와 특징이 르네상스가 일어나는 데 큰 원동력이 되었다.

중세 시대는 교회를 중심으로 학문과 문학이 이루어졌기 때문에 최고의 학문은 신학이었고, 다른 학문들은 모두 신학에 종속되어 있었다. 교회가 가르치는

56 어거스틴(Augustine, 354-430) 저서로는 **고백론, 삼위일체에 대하여, 노나티스트파에 대항해서, 펠라기우스파에 대항해서, 신의 도성** 등이 있다. 어거스틴은 고대에 문제되었던 여러 신학적 논쟁을 정리하고 집대성한 고대 신학의 마지막 최고봉으로 볼 수 있다. 특히 그의 저서 **신의 도성**은 세계와 역사는 하나님의 섭리와 목적대로 움직여 나가는 것이며, 이 역사 는 선과 악이 공존하지만 결국에 가서는 하나님의 선하신 뜻이 이 역사 속에 실현될 것이라는 목적론적인 역사관을 제시함으로써 최초의 기독교 역사 철학을 말하고 있다.

57 장충식 · 김원모 · 김연진, **동서양 문화사** (서울: 단국대학교출판부, 1999), 145.

교리는 절대적이었으며, 이성보다 신앙이 더 중요하였다. 특히 성경의 진리를 반대하는 학문 연구는 허용되지 않았다.

인간은 행동하고 신은 이끌어준다

서유럽 같은 경우에는 로마 가톨릭이라는 하나의 신앙으로 통일되어 있었으며, 라틴어를 공용어와 학문적인 언어로 사용하였다. 그래서 중세 시대에는 개별성 보다는 통일성을 중요하게 생각하였다. 또한 중세 시대의 사람들은 말세적인 세계관을 가지고 있었다. 그래서 신학자 아우구스티누스(Augustinus, 354-430)의 사상에 의해 발전된 신학은 민족 대이동의 혼란기에 교회에서 유지되다가, 카롤로스 대제의 카롤링거 르네상스를 거치면서 스콜라 철학으로 발전했다. 이 스콜라 철학은 안셀무스(Anselmus, 1033-1109)에 의해 확립되어, 토마스 아퀴나스(Thomas Aquinas, 1224-1274)에 의해 대성하게 되었다. 스콜라 철학자들은 기독교의 진리는 인간의 이성으로는 설명할 수 없다는 결론을 내렸다. 그들은 이성과 신앙을 구별함으로써 과학적 사고가 싹트게 되는 길을 열어주었다.[58]

58 Ibid.

토마스 아퀴나스[59]

토마스 아퀴나스는 그의 저서『신학대전』그의 역작인 이 책은 1265년에 시작하여 마지막 부분은 완성하지 못하고 죽었다.에서 아우구스티누스의 기독교 신학과 아리스토텔레스의 합리주의 철학을 조화시키려고 노력하였다. 그는 철학과 신학을 구별하면서 그 한계를 지적하고 신의 인간에 대한 우월을 역설하였다. 그는 "인간은 행동하고, 신은 이를 이끌어 주고 있다."라고 믿었다. 이러한 그의 신앙은 중세인의 정신이기도 하였다. 특히

그는 철학과 신학 사이의 관계를 아리스토텔레스의 형태(Form)와 물체(Matter)에 대한 개념을 적용하여 상호 모순된 것이 아니라 각각 독립된 범주로서 조화가 되었다고 하였다. 그에 의하면 "철학은 이성으로 자연적 질서를 모색하며 신학은 계시된 하나님의 말씀으로 초자연적 질서를 연구한다. 자연적 진리나 초자연적 진리는 다 하나님께로부터 온 것이므로 그것을 연구하는 철학

59 웹사이트, www.sinanch.or.kr. 2010년 5월 19일 검색.

과 신학 사이에도 모순이 있을 수 없다. 그러므로 초자연적이라 함은 결코 반이성적인 것이 아니다"라고 하였다. 그는 신앙이 이성으로 옹호될 수 있다는 원칙을 보여주었다. 더욱 중요한 것은, 그는 자연 지식 및 피조물 세계에 대한 연구가 신학적 지혜에 접근하는 정당한 방법이라고 확신했다. 이러한 조화는 스콜라 철학의 완성일 뿐만 아니라 그 후 로마 가톨릭 신학의 전형이 되었다.

예술은 하나님의 영광을 위하여

중세 시대 사람들은 하나님이 사람을 만들었기 때문에 모든 학문과 예술은 하나님을 위하여 있어야 한다고 생각하였다. 따라서 예술은 사람에게 어울리는 것이 아니라 하나님에게 어울리는 것이어야 한다고 생각하였다. 그래서 중세 사람들은 예술은 하나님의 영광을 드러내는 것이어야 한다는 신념이 있었다. 이러한 신념은 단테가 "예술은 신의 손자이다"라고 말한 것에 잘 나타나 있다.

중세시대를 대표하는 미술은 교회와 수도원 등의 건축 양식이었다. 중세 초기 시대의 교회 건축은 장방향의 천장을 올린 바실리카(Basilica)식 교회 건축이었다. 그러나 중세 중반 시대에 이르러서는 로마식 아치를 이용한 로마네스크(Romanesque) 양식이 발달하였다.

로마네스크 양식은 10세기에 시작되어 12세기 전반에 완숙된 것이다. 이 건축 양식의 특징은 둥근 아치, 돌로 쌓은 거대한 벽, 커다란 창과 창 사이의 벽, 작은 창문, 그리고 수평선의 강조 등을 들 수 있다. 단조로운 내부 장식은 밝은 색조의 모자이크나 프레스코 벽화로 보완되었다. 또한 건물 내 외부의 조각 장식을 하였으며, 실물 크기의 인물상이 건물 전명에 등장했다. 이러한 교회 건축물을 통해 하나님의 영광을 드러내고자하는 데 목적을 두고 있었다.

11세기에서 12세기 사이에 건립된 보름스 대성당[60]

12세기 후반에 이르러서 중세 미술의 핵심이라 할 수 있는 고딕(Gothic)식 건축이었다. 고딕 건축은 가장 복잡한 건축 양식 중의 하나이다. 고딕 건축의 기본 양식은 뾰조한 둥근아치, 둥근 천장, 그리고 두 벽 사이를 가로 지른 플라잉 버트레스 등 수 많은 창문들로 에워싸인 석조 골격 구조라고 할 수 있다. 그 밖에도 높은 첨탑과 장미꽃 무늬 창문, 스테인드 글라스로 장식된 큰 창문을 가지고 있는 것이 특징이다.

60 웹사이트 www.kcm.kr. 2020년 3월 31일 검색.

파리 노트르담 성당[61]

이러한 것들은 하늘로 치솟는 갈망, 종교적 장엄성 등의 특성을 갖추고 있다. 천국을 향한 중세 사람의 종교적 염원을 표현하고 있다.[62] 고딕 건축물에는 예수, 마리아, 성인 등의 조각상들이 자연스럽게 표현되고 있다. 더욱이 고딕 건축은 당시 지적인 중심을 표현하였다. 성당에 있는 수많은 상징적인 모습들은 글을 읽을 줄 모르는 사람들을 위해 돌에 새겨 놓은 일종의 중세 지식 백과사전이기도 했다.

61 웹사이트. www.eons.com 2010년 5월 20일 검색
62 Ibid., 149

7. 기독교와 근대 문명과의 만남

중세는 통일성을 지녔던 사회이다. 정치적으로 로마제국이 통치하고, 종교적으로는 기독교가 지배하고, 경제적으로는 봉건제도에 의지하고 있었다. 그러나 중세 말기에 오면서 정치적으로 민족주의가 일어나고 경제적으로는 산업사회로 바뀌면서 봉건제도가 무너지고 13세기에 절정을 이루었던 중세교회의 스콜라 신학이 도전을 받고 허물어지기 시작하였다. 그리하여 통일성의 중세는 당야성의 근세로 접어들게 된다.

1) 르네상스 문명과 기독교

이탈리아에서 르네상스가 시작되다

르네상스(Renaissance)는 14세기 이탈리아에서 시작되었다. 성지 예루살렘을 회교도로부터 탈환하기 위한 7차에 걸친 십자군 전쟁(1095-1272)이 실패로 끝이 나기는 했지만 이 전쟁으로 말미암아 회교도인 터키군의 유럽진출을 저지시켰고 동방과 서방의 교류가 이루어졌으며 동방 희랍의 학문과 문화가 서방으로 흘러 들어옴으로써 유럽의 문예부흥 운동을 일으키게 되었다. 특히 이탈리아는 옛 로마 제국의 본토로서, 옛 문명의 유적, 건물, 서적 등이 많이 남아 있었던 곳으로서 문예 부흥 운동의 적절한 발생지가 되었다.

이탈리아에서 일어난 르네상스는 재생 내지는 복고 운동이었다. 고대 헬라와 로마의 찬란했던 문화로 돌아가자는 운동이었다. 이민족의 대이동으로 고대 헬라와 로마 문화가 파괴되고 일부만이 중세의 수도원을 통해 보존되어 왔다. 그러나 그것도 기독교 신앙의 통제 안에서 기독교 신앙을 설명하기 위해 존재하였다. 철학, 미술, 음악 등은 기독교 신앙을 표현하는 역할을 했으며, 심지어 과

학까지도 기독교 신앙의 범위 안에서 이루어졌다. 이렇게 된 배경은 중세는 모든 것이 신(神)중심의 사고 안에서 이루어졌기 때문이다. 그러나 근대에서는 인간중심의 인본주의 사상이 싹트면서 모든 학문이 기독교 신앙의 범주 안에서 독립을 시도했다. 중세 기독교 신앙 안에서 간섭 받던 이전의 헬라와 로마의 학문을 그리워하며 그것에 대한 부흥운동이 일어났다.

이 운동의 선구자들은 주로 문학가들과 교육자들이었다. 그들은 대부분 지식층이었다. 선구자였던 페트라카(Petraca)도 아비뇽(Avignon) 사람으로 문학과 교육에 종사하였다. 그는 아리스토텔레스의 논리학과 타율적인 신앙을 종합시키는 스콜라 신학보다 좀 더 현세적이요, 인간성을 띤 고전에 열중하였다. 특히 그는 고전인 키케로(Cicero)의 저서를 탐독하였으며, 단순히 이성 면을 치중한 지식보다 삶에 기초한 지혜를 목표로 하였다.[63]

> 르네상스 문명의 특징은 첫째, 고대 헬라와 로마 문명의 재생이었다. 중세의 대작가들은 기독교의 이해를 깊이 하는 수단으로서 고전을 번역 모방하였지만 르네상스 시대에는 인본주의 입장에서 고전을 부활시켰다. 둘째, 인간중심의 문예였다. 중세의 문명이 신 중심, 종교 중심, 금욕적인데 비하여 르네상스 문명은 인간성과 자연의 선성을 찬미하였고 쾌락주의를 바탕으로 하였다. 셋째, 개성적 표현이었다. 중세 문명의 특색은 각각의 개성이 드러나 있지 않은 점인데 르네상스 문명은 인간의 성격, 열정, 염원 등 개성적 표현이 강하게 나타나 있다. 넷째, 국민적 특색을 나타낸 국민문예였다. 중세 문명은 어느 것이나 기독교 입장에서 라틴어로 기술하여 각국의 통일성이 현저하였지만 르네상스 문명은 자국어로서 국민적 감정을 표현하여 근대 국민 문학의 선구자가 된 것이다. 다섯째, 수사

63 성서교재편찬위원회, op. cit. 331.

적 방면에 힘써 세련된 문체를 존중하였다. 그래서 라틴 문학을 모방하는 경향이 많아 신선한 자유의 기풍은 희박하였다.[64]

벽화에 신앙을 표현하다

르네상스 시대에 레오나르드 다빈치, 미켈란젤로와 보티첼리 등의 거장들이 배출되었다. 특히 다빈치의 걸작으로는 '암굴의 성모', '최후의 만찬', 그리고 '모나리자'가 있다. 밀라노의 산타 마리아 델레 그라치에 성당의 식당 벽에 그려진 '최후의 만찬'은 심리 반응을 연구한 작품이다. 자신에게 닥칠 참혹한 운명에 순종할 평정을 견지하던 예수는 이제 막 제자들에게 그들 중 하나가 배반할 것이라고 선언하던 참이었다. 화가인 레오나르도 다빈치는 제자들이 점차 예수의 의도를 이해하게 되면서 그들의 얼굴에 감돈 놀라움과 두려움과 죄의식이 뒤섞인 감정을 그리려고 했다.

최후의 만찬[65] 최후의 만찬은 레오나르드 다빈치 작품으로 기독교의 신약성경에 나오는 이야기 가운데 하나이다. 이 이야기는 예수가 십자가의 수난을 당하기 전날 밤, 열두 제자들과 함께 가진 저녁 식사 또는 그 저녁 식사 자리에서 일어났던 일을 말한다.

64 장충식 · 김원모 · 김연진, op. cit.,182.
65 웹사이트, www.hanbithouston.org. 2010년 5월 20일 검색.

르네상스 전성기의 마지막 인물은 피렌체의 미켈란젤로(1475-1564)이다. 만일 레오나르드 다빈치가 자연주의자라면 미켈란젤로는 이상주의자였다. 미켈란젤로의 가장 위대한 미술 작품은 로마의 시스티나 예배당에 모여 있다. 가장 유명한 것은 미켈란젤로가 시스티나 예배당 천장과 제단 벽면에 그린 벽화이다. '빛과 어둠을 가르는 신', '아담의 창조', '홍수'등과 함께 1536년에 예배당의 제단 벽면에 그린 '최후의 심판' 등이 있다.

아담의 창조[66] 아담의 창조 그림은 미켈란젤로 로마 시스티나 성당 천장 벽화 중 일부이다. 인생과 우주의 의미에 대한 철학적 탐구를 연상시키면서 르네상스 사실주의를 가장 잘 보여준다.

66 웹사이트. www.petrus.kr. 2010년 5월 20일 검색

르네상스는 종교적이고 사회비판적이다

이탈리아에서 시작된 문예 부흥 운동이 알프스 산을 넘어 독일, 화란, 영국, 프랑스 등지에 퍼져 나갔다. 이 때 북유럽의 문학가들은 교회와 사회의 부패를 날카롭게 풍유적으로 비판하였다. 특히 이 시대에 중세를 지배해오던 라틴어에서 벗어나 각자 자기 나라의 은어로 문학 작품을 쓰기 시작하였다.

독일에는 이시기에 17개의 대학이 새로 설립되었고, 많은 학자들은 알프스 산을 왕래하면서 고전 문학을 배워 본국에 돌아가 보급시켰다. 그러나 문예부흥은 운동은 주로 지식층과 상류 계급에 한하여 전개되었고, 일반 대중들은 그 영향을 받지 못하였으므로 그들은 아직도 성자나 숭배하고, 경건한 사람들이라면 **그리스도를 본받아**와 같은 종류의 책을 읽고 있었다. 이러한 것들은 그 당시 대중들이 교황청의 오류와 타락을 벗어나 좀 더 신선하고 생명 있는 종교 생활을 시도해 보려는 표현이라고 볼 수 있다.

문예 부흥과 더불어 인쇄술의 발명, 신대륙의 발견이 있었다. 인쇄술은 각국에 급속히 퍼져 전에 소수지식층이 소유하던 책들을 일반 대중도 읽을 수 있게 하였고, 신대륙의 발견과 신항로의 개척으로 지중해 연안에서 벗어나 넓고 광활한 대서양을 무대로 활약하게 되었다.

2) 종교개혁과 기독교

종교개혁은 신앙과 양심 운동이다

앞에서 살펴보았듯이 서구문명은 초대교부들에 의해서 이루어진 교부문명과 중세 기독교가 이룩한 중세문명, 그리고 중세기독교에 대한 개혁을 부르짖던 루터, 칼뱅, 쯔빙글리, 멜랑톤 등 종교개혁자들에 의해 이루어 놓은 프로테스탄트[67] 문명을 생각하지 않고는 서구 문명을 생각할 수 없을 것이다.

르네상스는 중세에서 현대로 옮겨 오는 획기적으로 중요한 계기가 되었다. 이러한 변혁을 이어 종교도 새롭게 살아나기 시작하였다. 이것이 종교 개혁 운동이었다. 르네상스가 고대 헬라와 로마로의 복귀 또는 재생이라고 한다면, 종교개혁은 중세교회에서 탈피하여 초대 예수의 교훈과 사도시대의 이상적인 교회의 모습으로의 복고 내지는 재생을 원했던 것이다. 즉 르네상스는 인간성의 회복과 인간의 해방을 목표로 하는 정신문화 운동이었다. 이러한 정신문화 운동은 그 당시 지식인, 귀족 등 특권층을 중심으로 개인적, 자기 수양적인 인간 중심이었다면, 종교개혁은 신분을 막라하고 모든 계층을 중심으로 한 신앙과 양심의 운동이었다. 개혁이라는 것은 신선하고 새로운 것이다.

루터가 종교개혁을 시작하다

1517년 교황청은 성 베드로 성당 건축을 위하여 면죄부 판매하였다. 로마 교회에서는 면죄부를 사기만 하면 속죄의 뉘우침 유무에 상관없이 살아 있는 사람이나 또는 이미 죽어 여옥에 있는 사람들까지도 즉각 천국으로 가게 할 수 있다고 하였다. 면죄부 판매는 경건하고 독실한 신자들의 큰 비난을 받았다. 그 당시 비텐베르크대학 신학교수였던 마틴 루터(Martin Luther)는 1517년 10월에 가톨릭의 면죄부를 반박하는 '95개조의 항의문'을 비텐베르크 성 교회에 못으로 박아 내걸었다. 프로테스탄트 종교개혁은 바로 이 행동에서부터 출발되었다.

67 프로테스탄트(protestant)라는 말은 원래 1529년 독일 제국 의회의 조치에 항의한 루터파에게 적용되었던 용어였지만, 나중에는 가톨릭도 아니고 동방 정교회에도 속하지 않는 모든 기독교인들을 일컫는 말이 되었다.

'95개조의 항의문'에 담겨 있는 내용의 핵심은 기독교 신자의 회개란 일시적인 행동이 아니요, 신자의 전생애가 계속적인 참회의 생활이어야 한다. 참 회개란 회심의 내적 변화를 동반하는 것으로 속죄권이 없이도 죄 사함을 받을 수 있다. 구원은 우리의 공로에 의해 되는 것이 아니라 오직 하나님의 은혜에 의해서만 가능하다. 하나님만이 생명의 주인이 되시고, 교회는 죽은 자를 치리할 범위 밖에 있기 때문에 연옥에 있는 영혼을 위하여 교회에서 속죄권을 사는 것은 효과가 없는 일이라고 하였다.

루터가 처음에 이 항의문을 작성할 때의 목적은 대학교 내에서 학문적인 토론을 위한 것이었다. 그래서 그는 이 항의문을 독일어가 아닌 라틴어로 기록하였다. 그러나 누군가 이 라틴어로 된 항의문을 독일어로 번역하여 출간하면서 지금껏 이름이 없었던 한 수도사를 일약 유명인사로 만들었다.[68] 이에 대해 교황은 루터의 이러한 행동을 좌시하지 않고 그에게 조항문을 곧 철회하라고 했다. 그러나 루터는 자신의 논제를 철회하기는 커녕 오리혀 더욱 더 강하게 부패한 교회에 대해 공격하였다. 그래서 1519년에 라이프치히(Leipzig) 토론에서 그는 담대하게 교황과 성직자들도 오류를 범할 수 있는 한 인간에 불과하며, 한 개인의 양심을 지배하는 최고의 권위는 오직 '성경'의 진리뿐이라고 주장했다.

그 후 루터는 그의 사상의 정당성을 변화하기 위해 1520년부터 "독일 기독자, 귀족에게 보내는 글" "교회의 바벨론 포수" "기독교인의 자유" 세 단편을 집필하였다. 그는 이러한 글에서 하나님을 믿는 자는 성직자와 평신도가 분리될 수 없으며 성직자들은 성례를 통해 평신도와 속권을 통치하며 위협할 것이 아니라고 하였다. 신자는 누구나 다같은 하나님의 제사장이므로 제후들은 비록 속권의 소유자이나 교히의 운명이 부패로 인해 위기에 처할 때 고대교회의 전례에 따라 총회를 소집하여 시정해야 한다고 하였다. 기독교인의 자유"라는 책에

68 Edward M. Burns, Robert E. Lerner & Standish Meacham, op. cit., 568.

서는 "신자는 모든 사람의 군왕으로 아무에게도 속하지 않는 절대의 자유인이다. 신자는 믿음으로 말미암아 의롭다 하심을 받았으나 이제는 법률 아래 있지 않고 그리스도와 새로운 관계를 맺은 자유인이 되었다. 그러나 그는 모든 사람의 종인 것은 사랑으로 얽매임을 받고 하나님의 뜻을 좇아 이웃에 봉사하는 책임을 가졌기 때문이다."라고 하였다.

루터의 이러한 신념과 전제들은 기독교 문화에 많은 영향을 끼쳤다. 선행 자체가 구원에 이르는 길이 아니라고 하였기 때문에 루터는 금식이나 순례, 유물 경배 같은 형식적인 관행을 폐지했다. 루터는 예식의 의미를 모든 사람에게 분명히 알리기 위해 교회의 모든 예배를 라틴어 대신 독일어로 할 것을 제안했다. 그리고 성직자들의 초자연적 권위가 없음을 알기 위해서 성직자들을 사제라 부르는 대신 목사 또는 목자라고 부를 것을 주장했다. 이와 같은 맥락에서 교황이나 어느 누구도 천국의 열쇠를 가지고 있지 않으므로, 교회에는 계급 조직이 있어서는 안 된다고 하였다. 그리고 수도원 제도는 아무런 가능도 없는 것이므로 폐지되어야만 했다. 루터는 성직자와 평신도 사이에 아무런 성스러운 구별도 없다는 확고한 신념으로 목사도 결혼할 수 있다고 주장했다. 실제로 그는 1525년에 결혼을 하였다.

루터와 그의 아내 카타리나 폰 보라(Katharina von Bora) 결혼할 당시의 초상의 모습[69]

종교개혁의 다섯 가지 핵심

신학적으로 볼 때 루터의 종교개혁의 일반적인 사상들의 특징들을 몇 가지로 요약할 수 있다.

- 오직 성경(Sola scriptura) : 모든 진리의 최종 판단 권위는 오직 성경이다.
- 오직 믿음(Sola fide) : 구원은 오직 믿음으로 얻게 된다.
- 오직 은혜(Sola gratia) : 구원은 인간의 종교적 행위로 얻는 것이 아니라 오직 하나님 은혜의 선물이다.
- 오직 예수(Sola Christus) : 인간은 스스로 구원할 수 없고, 오직 예수가 십자가에서 보여준 희생으로 말미암아 구원을 받을 수 있다.

69 웹 사이트. www.people.fas.harvard.edu. 2010년 5월 25일 검색

● 오직 주만 영광 받으심(Soli Deo gloria) : 하나님이 구원을 시작하고 완성하기 때문에 모든 영광은 오직 하나님만이 받으신다.

칼뱅에 의해 종교개혁이 진행되다

종교개혁의 큰 문은 루터에 의하여 열렸지만 개혁사상을 조직적으로 확립시킨 사람은 칼뱅(John Calvin)이었다. 칼뱅은 1509년 7월 10일 프랑스 파리 북쪽 노용(Noyon)에서 태어났다. 그는 1535년 26세에 종교 박해를 피해 스위스 바젤로 피신하여 『기독교 강요』를 출판했다. 그는 이 책을 불어로 썼는데 기독교 신앙의 핵심적인 사상을 총망라한 것으로서 프로테스탄트의 신학을 대변하는 교과서로 사용되었다. 이 책은 프로테스탄트의 신학 저작들 중 가장 체계적이고 영향력이 큰 것이었다. 이 책의 핵심 내용은 인간은 죄로 말미암아 전적으로 부패되어서 선을 행할 수 있는 능력이 없으며 구원은 오직 하나님의 은혜로 되어지는 것이며 예정함을 받은 사람은 구원을 받게 된다는 것이다.

존 칼뱅. 최근에 발견된 작자 미상의 초상화[70]

70 웹 사이트. faculty.etsu.edu. 2010년 5월 25일 검색

8. 기독교와 현대 교회와의 만남

오늘날 세계에는 기독교가 크게 서방교회(구교 또는 성당)와 동방교회(정교회) 그리고 개신교(신교 또는 교회)로 나뉘어져 있다.

서방교회

서방교회는 로마 가톨릭(Roman Catholic)을 말한다. 로마 가톨릭은 로마의 콘스탄티누스 대제 이후로 전해져 내려오는 기독교이다. 가톨릭이라는 말은 그리스어 Katholicos(*καθολικός*)에서 나온 말이다. 가톨릭의 용어는 범세계적 또는 일반적, 보편적이라는 의미이다. 안티오키아의 이냐시오(Ignatius)가 '가톨릭 교회'라는 용어를 최초로 사용하였다. 가톨릭이라는 말은 예수 그리스도 안에 이루어지는 신앙과 사랑의 일치를 가리킨다. 그것은 곧 지역 교회간의 유대를 지칭하는 '하나인 교회'를 강조한다.

로마의 주교가 다른 모든 교회 위에 있는 교황(pope, 아버지)가 되어 교회에 대한 예수 그리스도의 지도권을 대리한다. 주교들이 각 지역의 교회를 담당하며, 로마교회의 주교가 직접적인 책임을 맡아 관리한다. 지위가 높은 대주교들은 다른 주교들의 존경을 받지만, 자기가 맡은 지역 안에서만 권한을 행사한다. 1150년 이후부터 교황에게 조언하는 주교와 대주교를 '추기경'이라 불렀다.[71]

로마 가톨릭 교회의 권위는 교회의 공의회가 해석한 성경이 권위가 있다. 특히 로마 가톨릭 교회는 교회의 전통과 교회와 연합한 주교들이 교권을 가진다. 천주교에서 성당이라고 말하는 것은 성체성사를 하고 성스러운 예수님의 몸을 모셔둔 곳이라는 의미이다.

71 Jones, Timothy Paul, **하루 만에 꿰뚫는 기독교 역사**, 배응준 역 (서울; 규장, 2007), 111.

동방교회

동방교회는 처음에는 서방교회와 하나였으나 기독교 교리에 대한 다른 생각들 때문에 1054년에 분열하게 되었다. 따라서 동방교회(Eastern Orthodoxy)는 서유럽을 중심으로 성장한 서방교회 즉 로마 가톨릭 교회와는 대비되는 교회이다. 동방교회는 정교회(正教會)라고도 부른다. 정교회라는 말은 정통교회(Orthodoxy Church)의 줄인 말이다. '정통교회'라는 용어는 정통교리를 수호하는 진정한 교회라는 것을 강조한다.

정통(Orthodoxy)이라는 단어는 '정확한 영광'이라는 의미이다. 정통이라는 용어에는 예로부터 내려오는 교회의 가르침과 전통에 충실하다는 뜻이 내포되어 있다.[72] 오늘날 동방교회는 자치교회들로 구성되어 있다. 동방정교회 신자들은 콘스탄티노플의 총대주교를 매우 존경한다. 그러나 그도 자신이 담당한 지역을 넘어서는 공적 권력을 행하지 못한다.[73] 동방정교회의 권위는 성경을 통한 사도들의 가르침이 중심이 된다. 이것을 중심으로 초대교회의 교부들과 교회의 일곱 공의회가 교회의 권위를 가진다.

오늘날 동방정교회의 신도들의 숫자는 대략 1억 4천만 명이다. 이들은 대부분 러시아와 동유럽에 살고 있다. 동방정교회가 세계적으로 뻗어나가지 못한 이유는 첫째, 이슬람교도들이 정교회가 번성하던 지역을 500여 년 동안 다스렸기 때문이다. 둘째는 20세기 초반에 러시아 정교회가 속한 러시아 지역이 공산주의 체제가 되면서 기독교에 대한 박해로 인해 확산되지 못했다.

72 Ibid.
73 Ibid.

개신교회

개신교회는 신교protestant라고 한다. 개신교회의 탄생은 부패한 로마 교황청이 면죄부를 판매하는 것을 보고 마틴 루터의 종교개혁으로 생겨난 기독교이다. 청교도, 성공회, 루터교, 장로교, 성결교, 감리교 등이 모두 개신교에 해당한다.

로마가톨릭교회가 교회의 전통과 외경도 신앙의 규범으로 삼고 있는 것에 비해 개신교회는 정경 66권을 신앙의 규범으로 삼고 있다. 예수님께서 교회를 설립한 기초는 베드로의 개인적인 인격 위에 세워졌다고 주장하는 로마 가톨릭과는 달리 개신교회는 베드로가 예수님에게 "주는 그리스도이시오 살아 계시는 하나님의 아들입니다"라고 고백한 이 고백 위에 교회가 세워졌다고 주장한다. 그래서 개신교회는 로마 교황의 권위를 인정하지 않는다. 개신교에서는 종교 의식을 드리는 곳을 예배당이라고 한다. 신자들이 모여 하나님께 예배드리는 곳이라는 의미로 예배당이라 한다.

9. 기독교와 근대 한국의 형성

기독교는 우리나라의 근대 형성에 지대한 영향을 끼쳤다. 기독교는 교육과 문화발전, 문서와 문예활동, 민족 자긍심 갖기, 신분제도 재정립 등 다양한 부분에 영향을 끼쳤다.

교육과 의료 사업

알렌은 1884년 한국에 선교사로 입국하였다. 알렌은 1885년 2월 25일에 알렌은 왕의 윤허를 얻어 한국 최초의 병원인 광혜원(廣惠院)[74] 을 설립하였다. 광혜원은 한국 최초의 신식 의료 기관이었다. 여기에서 의학을 가르치는 학교까지 세워져 서양식 의과 대학이 출발했다. 광혜원은 지금은 세브란스에서 연세대학교 의과대학으로 발전한 고등교육기관의 효시이기도 하였다.

초기 선교사들은 의료 사업과 함께 시도하였던 것이 교육 사업이다. 선교사들은 교육을 통해 새로운 문명을 접하게 하였고, 기독교의 복음을 전파하는 계기를 마련하였다. 교육과 문화 개진에 대한 기독교의 공헌은 실로 한국 역사상 그 유례를 찾아보기 힘들 정도로 엄청난 것이었다. 종교와 교육의 차원 구분이 한국의 정신사에서 일찍이 수행되지 아니한 점이 선교와 교육의 병행을 더 쉽게 실현시키는 바탕이 된 것이 확실하다. 그렇기 때문에 기독교가 한국인들 틈에 나타나기 시작하였을 때, 기독교가 교육을 강조하자 퍽 자연스러운 것으로 받아드려지게 되었으며, 따라서 기독교는 종교로서보다는 위대한 교육자로서 환영 받고 있었던 것이다.[75]

1909년 까지 기독교에 의해서 설립된 학교는 무려 950여 학교에 이르렀다. 이처럼 기독교와가 우리나라의 신교육 제도의 효시가 되었던 것이다.

---

74 이 병원은 그 해 4월 23일에 제중원(濟衆院)이라고 개칭하였다.

75 Report of commission Ⅲ, *Appendix A. World Missionary Conference*, Edinburgh: 1910, 385. 민경배, **한국기독교회사**, 265에서 재인용.

문서와 문예 활동

우리나라의 근대적인 의미의 문화 사업은 기독교에 의해서 시작되었다. 문서와 문예활동이 근대식으로 추진하기 시작한 것은 1989년 10월에 언더우드 선교사의 집에서 조직된 '한국성교서회'이다. 이 성교서회는 오늘날 기독교서회의 전신이다. 이 서회가 한글로 펴낸 책이나 번역서를 통해 민중개화에 허다한 공헌을 하였다.

우리는 여기서 성경과 한글과의 관계를 눈여겨보아야 한다. 기독교 관계의 서적들은 모두 한글로 출판되고, 그 용어도 서민들의 일상 언어들을 사용하였다. 한글학자 최현배는 "한글은 기독교의 새로운 활동에서 그 자체의 생명 확장을 실현하였고, 이 나라 민중문화를 창달하며 이를 유구하게 전승하는 데 절대적인 공헌을 하였다. 세종대왕의 한글 창제의 거룩한 뜻이 여기서 실현된 것"이라고 보았다.[76]

한글도 글이라는 생각을 한국인에게 일으켜 준 것이 바로 기독교였다. 이것은 "혁명적인 불멸의 업적"[77]이었다. 그러나 더 중요한 것은 한글이 세계에서도 얼마나 우수한 글인가 하는 것을 기독교가 보여주었다는 데 있다. 선교사들은 한글의 우수성에 새삼 놀라고 있었다. 그 완벽성 때문에 한국인들은 한글을 쓰게 되면서부터 그들 세계관이 바뀌고 그들 사상의 근본적이 구도가 변하는 기적을 낳았다고 본 것이다.[78]

이에 대해 조연현은 "기독교가 한국에서 두 가지를 구원했는 데, 하나는 수많은 죄인의 영혼이요, 다른 하나는 망각되었던 한글"이었다고 하였다.

---

76 최현배, 기독교와 한글, 『신학논단』, 제7집, 연세대학교 신학회, 1962, 76.

77 김병청, **근대한국번역문학사연구** (서울: 을유문화사, 1975), 71.

78 *The annual report of the board of foreign mission presbyterian church in the U.S.A.*, 1910, 297. 민경배, 278에서 재인용.

여성 인권 신장과 신분 평등

기독교 신앙을 통한 한국 여성의 사회 참여는 짧은 기독교 역사를 가진 나라로서 특수한 것이며 높이 평가되어야 한다. 기독교가 여성을 해방하고 그 사회적 신분과 활동을 신장시킨 추진력은 거대하였다. 그것은 혁신적이었다.

이처럼 기독교는 그 당시 양반과 민중 계층이 함께 할 수 없는 것을 함께 할 수 있는 자리로 만들었다. 이들은 예수를 믿고 변화를 받아 그들이 예수 안에서 '하나님의 아들'임을 깨닫고, 기독교 진리 안에서 두 계층이 만나 서로 교제하게 되었다. 그래서 기독교는 민중들에게 인간화, 즉 사람 대접하는 종교로 받아들여졌다.

나가는 글

왜 우리는 기독교의 문명과 역사를 알아야 하는가? 아놀드 토인비(A. J. Toynbee)는 『역사의 연구』에서 역사상 명멸했던 문명을 추적했다. 그는 문명의 흥망 원리를 '도전과 응전'이라는 간단한 공식으로 설명했다. 문명이 생성되었다가 그 문명의 가치가 없어지고, 새로운 문명이 생성되면 그 문명은 사라지는 것이다. 그러므로 문명이 지속적으로 발전하려면 끊임없이 도전하여야 한다. 도전이 없으면 그 문명은 유약해져 사라지게 되는 것이다.

기독교 문명과 역사를 알면 하나님께서 인류를 위해 어떻게 일하였는지 알게 된다. 그러므로 기독교 문명과 역사 공부는 배우 유익하다. 기독교 문명의 변천사는 기독교 역사를 전체적으로 조망할 수 있는 관점을 갖게 하며, 사람들의 가치관과 기대감에 의해 나타났다가 사라지는 인본주의 사상에 빠지지 않도록 지혜를 줄뿐만 아니라 미래의 삶을 전망할 수 있는 시야를 열어줄 것이다.

생각 나누기

1. 예수는 다만 신화적 인물인가?
2. 4복음서를 찾아 예수의 30세 이전과 이후에 행한 일에 대한 기록을 비교하여 보라.
3. 로마 정부가 기독교인을 박해하게 된 이유는 무엇인가?
4. 오늘날 우리는 중세기의 기독교를 어떻게 평가할 것인가?
5. 종교개혁이 세계 변혁과 사상에 끼친 영향은 무엇인가?
6. 신학과 과학을 같은 방법으로 연구할 수 있는가?
7. 한국 근대화의 과정에서 기독교가 끼친 사회문화적인 구조와 의식의 생성과 변혁은 무엇인가?

참고문헌

김병청. **근대 한국 번역 문학사 연구**. 서울: 을유문화사, 1975.

김호경. **동방 기독교와 동서문명**. 서울: 까치, 2002.

민경배. **한국기독교회사**. 서울: 연세대학교 출판부, 1993

장충식 · 김원모 · 김연진. **동서양 문화사**. 서울: 단국대학교출판부, 1999.

종교교재편찬위원회 편. **성서와 기독교**. 서울: 연세대학교 출판부. 1985.

주경철. **문화로 읽는 세계사**. 파주 : 사계절, 2006.

한국 교회사학 연구원. **한국 기독교 사상**. 서울 : 연세대학교 출판부, 1998.

Anderson, Bernhard W. *Understanding the Old Testament*, 4th ed. Englewood Cliff, N.J. : Princeton-Hall, 1986.

Brown, Peter. 이종경 역, **기독교 세계의 등장**. 서울: 새물결, 2004.

Burns, Edward M., Robert E. Lerner & Standish Meacham. 손세호 역, **서양 문명의 역사**. 서울: 소나무, 2007.

Jones, Timothy Paul. 배응준 역, **하루 만에 꿰뚫는 기독교 역사**. 서울; 규장, 2007.

Wells, H. G. 지명관 역, **웰스의 세계문화사**. 서울: 가람기획, 2003.

멀티미디어 자료

- 한국영화

  사람의 아들 (1980)

  YMCA야구단(2002)

- 외국영화

  쿼바디스(Quo Vadis, 1951)

  은술잔(The Silver Chalice, 1954)

  벤허(Ben-Hur, 1959)

  왕중왕(King of Kings, 1961)

  지저스 크라이스트 슈퍼스타(Jesus Christ Superstar, 1973)

  나자렛 예수(Jesus of Nazareth, 1977)

  패션 오브 크라이스트(The Passion of The Christ, 2004)

  네이티비티 스토리 - 위대한 탄생 (The Nativity Story, 2006)

제4장
이슬람교

정중호

World religions and civilizations

이슬람교는 14억의 신도를 가진 세계적 종교이며 50여개 나라에 분포되어 있다. 이슬람문명은 아랍의 전통문명과 고대 중동의 문명을 바탕으로 그리스-로마문명, 페르시아 문명 등과 융화되어 창출된 문명으로 특히 중세시대에 그 문명이 활짝 꽃을 피웠다.

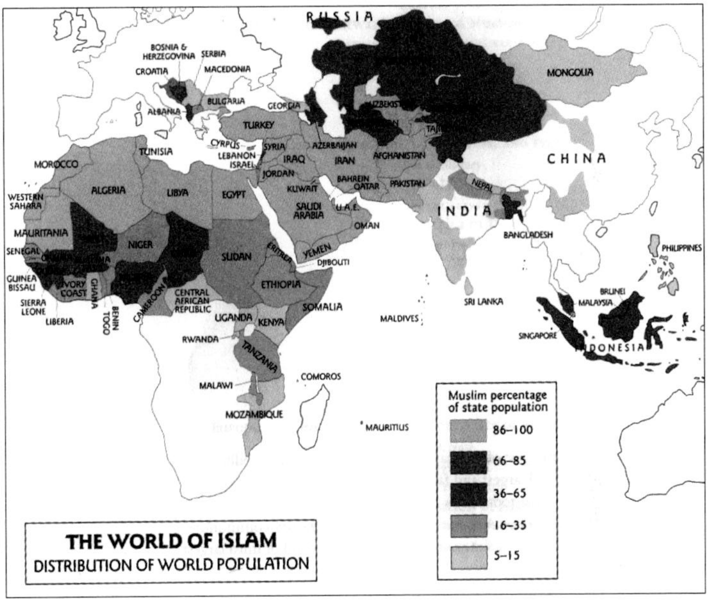

〈이슬람 세계: 무슬림의 분포도〉[79]

중세에 이슬람문명은 중국의 중화문명과 교류하면서 동서문명 교류의 핵심적 역할을 담당하였다. 인도가 발명한 영(zero)의 개념을 활용하여 수학의 혁

79 http://theneosr.egloos.com/1226388 2010. 6. 2 검색

명을 일으킨 이슬람은 아라비아 숫자를 포함한 수학적 지식을 유럽에 전파하였으며 중국의 4대 발명품과 동방의 특산물을 유럽에 전해 주었다.

8세기 말경에 중국의 종이를 받아들인 아랍 사람들은 더욱 질 좋은 종이를 만들어 12세기 중반 유럽에 수출하였다. 중국의 목판인쇄술은 113-14세기 몽골제국 치하에서 이슬람을 통해 유럽에 전해졌다. 그리고 중국의 화약과 화기 제조법은 13세기 아랍에 전파되었으며 유럽에는 13세기 말엽에 전파되었다. 중국 북송 때 만들어진 항해용 나침반도 13세기 말엽에 아랍에 전해 진 후 이어서 유럽에 전파되었다. 이처럼 이슬람 문명은 동방문명을 적극 수용하고 발전시켰으며 유럽에 선진문명을 전달하는 문명중개자의 역할을 하였다.

1. 한국에 전래된 이슬람 문화와 이슬람교

한국에도 이슬람교와 이슬람 문화를 찾아볼 수 있을까? 현재 한국에 있는 이슬람교를 신앙하는 무슬림의 수는 약 14만명으로 추산된다. KAIST에 이슬람교 예배실을 설치할 정도로 이제는 곳곳에서 이슬람에 대한 배려도 발견할 수도 있다.

〈서울 한남동에 있는 이슬람 사원〉[80]

그러면 언제부터 이슬람교와 이슬람 문화가 한국에 왔을까?

아랍과의 교류는 신라에서 찾아볼 수 있다. 경상도에서 비누를 '사분'이라고 하는데 '사분'은 아랍어로 '비누'라는 뜻이다.

---

80 http://sf.christianitydaily.com/view.htm?code=mw&id=184722 2010. 6. 2 검색

아랍과의 교류를 확인할 수 있는 가장 오래된 문헌은 신라의 고승 혜초의 **왕오천축국전**이다. 혜초는 719년 중국의 광주로 갔으며, 그 후 723년 구법차 인도(천축)에 갔다가 아랍(대식)을 방문하고 727년 돌아왔다. 그 후 이러한 방문 여정을 기록한 견문록 **왕오천축국전**을 남겼다. 비록 그는 아랍을 방문한 후 중국에 남았지만 그의 여행기록은 아랍 세계에 대한 신라인의 관심을 말해주고 있다. 그는 중국에서 출발하여 배를 타고 동남아시아 해안을 돌아 인도를 거쳐 아랍으로 향했다. 이 외에도 혜초보다 60-70년 전에 10년 동안 당나라에 가서 유학한 의상대사라든가 또 다른 여러 승려들이 중국과 인도를 방문한 흔적을 찾아 볼 수 있다. 이러한 여행과 유학을 통해 이슬람 세계에 대한 견문을 넓혔으리라는 것을 쉽게 짐작할 수 있다.

아랍과 신라 간의 교역에 대한 것은 이븐 쿠르다지바가 기록한 **제도로 및 제왕국지**(845년)가 있다. 그는 이 책에 신라에서 수입한 물품으로는 비단, 검, 사향, 침향, 말안장, 초피, 도기, 범포, 육계 등을 나열하고 있다.[81]

신라시대의 것으로 발굴된 것을 보면, 아랍에서 수입한 유리기구와 서역산 보석 등이 있다. 신라 원성왕릉인 괘릉에는 특이한 무인석상이 무덤을 지키고 있는데 자세히 보면 아랍인의 얼굴모양을 하고 아랍인의 복장을 한 것을 알 수 있다.

일본의 저명한 유리 전문가이자 고미술사가인 요시미즈 쯔네오는 최근 **로마문화의 왕국, 신라**(2002)라는 역작을 내놓았다.[82] 4-6세기 신라 유적에서 다양한 로마 관련 유물들이 발굴되었다. 그리스-로마의 전통적인 누금세공 장신구, 황금보검을 비롯한 금은제품, 말머리 등을 장식한 뿔잔, 손잡이 달린 컵 등의 로마적 유물 등이다. 로마문화가 들어왔다면 이와 더불어 신라와 더 가까운 지역인 중동의 이슬람교와 이슬람 문화도 유입되었을 가능성이 있다.

81 정수일, **이슬람 문명**(서울: 창작과 비평, 2002) 333

82 요시미즈 쯔네오, 오근영 역, **로마문화의 왕국, 신라** (서울: 씨앗을 뿌리는 사람, 2002)

851년 아랍상인인 쑬라이만은 아랍상인이 동양에 다녀 온 체험기인 **중국과 인도 소식**을 기록하였는데 그 가운데 신라가 중국의 동쪽에 있음을 알려주었다. 그는 인도와 중국에 관한 보고서에서 '신라'라는 이름을 기술하고 있다.

> 중국은 바다를 두고 신라라는 섬과 경계를 이룬다. 그 주민의 피부색은 희고, 중국 황제와 선물을 교환한다. 그들은 황제와 선물을 교환하지 않으면 신라 땅에 비가 내리지 않는다고 믿는다. 어떤 아랍인도 아직 이 나라에서 여행을 하지 않아서 아랍인들에게 이 민족에 관해 아무런 내용도 알려줄 수가 없다.[83]

그 후 1154년 아랍인들의 지도에는 신라의 위치를 정확하게 기록하였는데 중세 아랍 지리학의 태두인 이드리씨(al-Idrisi)가 기록하였다.[84] 지리학자이며 신라를 최초로 지도에 기록한 이드리씨는 신라에 대해 다음과 같이 기록하였다;

> 그곳(신라)를 방문한 여행자는 누구나 정착하여 다시 나오고 싶어하지 않는다. 그 이유는 그곳이 매우 풍족하고 이로운 것이 많은 데 있다. 그 가운데서도 금은 너무나 흔한바, 심지어 그곳 주민들은 개나 원숭이의 목을 묶는 줄도 금으로 만든다[85]

966년 지리학자 마끄다씨가 저술한 **창세와 역사서**에는 다음과 같이 신라에 대한 것을 기록하였다.

---

83 헤르만 라우텐자흐, 김종규 외 역, **코레아 1. 답사와 문헌에 기초한 1930년대의 한국 지리, 지지, 지형**, (서울: 민음사, 1998) 67

84 정수일, **소걸음으로 천리를 가다**, (서울: 창작과비평, 2004) 36; 김영자 편저, 조선왕국 이야기(경기: 서문당, 1997) 19 〈자료 1〉 참조.

85 정수일, **이슬람 문명**, 331-332

"중국의 동쪽에 신라라고 하는 나라가 있는데, 그 곳에 들어간 사람은 공기가 맑고 부가 많으며 땅이 기름지고 물이 좋을 뿐만 아니라, 주민의 성격 또한 양순하기 때문에 그곳을 떠나려 하지 않는다"[86]

경주에서 신라시대 관복을 입은 아랍인의 모습이 출토되었다. 아랍인이 관직에까지 올랐다는 것이다. 처용이 만일 아랍인이었다면 관직에 올랐을 것이다. 그리고 불국사 석가탑에서 아랍산 유향이 발굴되었으며, 서역문물인 '입수쌍조문 석조유물'이 경주에서 발견되었다.[87] 아랍과의 교류가 활발했음을 확인할 수 있는 유물들이다.

고려시대에는 고려와 아랍간의 교류가 더욱 왕성해졌다. 고려사에 보면, 1024-1040년에 걸쳐 아랍 상인들이 100여명씩 개경을 방문하였다고 기록되어 있다. 고려시대에 아랍 문명과의 본격적인 교류가 일어난 것은 몽고와의 만남 때문이다. 몽고의 원나라에서 아랍인들은 여러 중요한 역할을 했는데 몽고의 영향을 받은 고려에서는 자연스럽게 아랍의 영향권에 들게 된 것이다. 그 가운데서는 고려에 귀화한 아랍인도 있었다. 삼가 장순룡인데 그는 1274년 고려 충렬왕 때 몽고 공주의 수행원으로 고려에 왔으며 고려 여인과 결혼하여 정착하였다.

고려시대에는 개경 부근에 이슬람 사원도 있었다. '예궁(禮宮)'이라고 불렀는데 13-15세기에는 이 사원을 중심으로 무슬림 촌락도 형성되어 있었다.[88] 또한 고려속요인 '쌍화점'에는 무슬림의 모습이 등장하고 있는 것을 볼 수 있다; "쌍화점에 쌍화를 사러 가니 회회(回回)아비가 내 손목을 잡았다. 이 소문이 상점 밖으로 퍼진다면 조그마한 새끼광대인 네가 퍼뜨린 것인 줄 알리라."

86 정수일, **이슬람 문명**, 331

87 정수일, **한국 속의 세계**, (서울: 창작과비평, 2005) 224.

88 정수일, **이슬람 문명**, 338

조선시대에도 아랍과의 교류가 활발했는데 후반기에는 단절되다시피 하였다. 아랍인들은 조정에 배려 속에 궁정의례에도 참여했고 조정의 녹을 받는 신분이 되기도 하였다. 조선에서는 이슬람 역법을 도입하였고 도자기의 안료인 회청(回靑, muslim blue)을 수입하여 청화백자를 생산하기도 하였다. 그러나 조선 후기에는 대내외적인 여건 때문에 아랍과의 교류가 단절되다시피 하였다. 이슬람으로의 공급원 역할을 해오던 원나라가 망하였고, 조선의 쇄국정책으로 인해 교류가 어렵게 되었다.

현대에 이르러 1909년에는 러시아 투르크족 출신의 종교지도자 압둘 라쉬드 이브라임이 한국을 방문한 후 **이슬람세계**라는 저서를 출판했는데 그 가운데 '조선편'에 한국 상황을 기록하였다. 한국의 무슬림이 새롭게 일어난 계기는 6.25 전쟁이었다. 터키군이 연합군의 일부로 한국에 참전한 후 고아원을 운영하기도 하였다. 1955년에는 '한국이슬람협회'가 결성되었고 서울중앙사원을 비롯한 전국의 5개 사원을 건립하게 되었다. 특히 1970년대 중동진출이 활발할 때는 이슬람에 대한 관심이 높아졌다.

2. 이슬람교 출현의 배경

이슬람교가 출현한 지역인 아라비아 사막은 유목민과 오아시스 정착민으로 구성된 이중적 사회구조가 있었다. 유목민은 가족과 씨족 중심으로 움직이며 조직은 수평적이고 느슨한 면이 있었다. 반면 오아시스 정착민은 국제무역이 활발해지면서 많은 부를 축적하게 되었고 교역로를 확보하기 위한 쟁탈 전쟁이 빈번해졌다. 전쟁에 승리하기 위해서는 보다 더 큰 조직이 필요해졌고 부족 연맹체가 탄생되었다. 이로 인해 종래에 유지되었던 씨족적 평화나 평등 및 선린 관계에 바탕을 둔 사회조직은 쇠퇴해져 갔다. 그리고 권력과 빈부 격차도 심해지면서 사회구조도 계층적인 구조로 변해갔다.

특히 주전 6세기 후반에는 사산조 페르시아와 서쪽의 비잔틴 제국 간의 장기적인 대결로 말미암아 무역로가 차단되면서 메카와 메디나가 교역의 중심지로 크게 부상하였다. 따라서 이 도시들은 사회 경제적 격변의 핵이 되었으며 경쟁과 갈등과 보복의 소용돌이 속으로 들어가게 되었다.

당시 아라비아 사막 지역에서는 바위나 나무에 정령이 있다고 믿는 물신신앙이 만연했고 각종 신을 숭배하는 상황이었다. 한편 유대교와 기독교와 같은 선진종교가 이 지역에 전파되어 개종자들이 늘어나고 있었다. 이러한 현상은 종래의 종교가 사회적 격변 상황에 해답을 주지 못하였고 구습에 얽매여서 희망을 주지 못하였는데, 유대교와 기독교가 일신교로서 구습을 타파하고 새로운 희망을 제시해 주었기 때문이다.

이러한 상황에서 이슬람교가 유대교와 기독교의 영향을 크게 받으면서 일어난 것은 아주 자연스러운 일이었다. 이슬람교의 경전을 살펴보면 구약의 내용뿐 만 아니라 신약의 복음서 내용과도 연결되는 점이 참으로 많다는 것을 발견할 수 있다. 이러한 유사성이 있기 때문에 종교학자들은 기독교를 유대교의 장자로, 이슬람교를 그 둘째 아들로 비유하기도 한다.

- 예루살렘 성전 터에 세워진 이슬람교의 사원 -[89]

3. 창시자 무함마드

이슬람교의 창시자로 알려진 무함마드는 6세 때 고아가 되었다. 그는 청년 때 대상을 따라 여러 지역을 다녔고 시리아까지 다녀왔다. 이 시기에 그는 유대교와 기독교를 비롯한 여러 종교들을 접할 수 있는 기회를 가졌다. 그는 과부이며 부자였던 카디자의 대상무역에 대인으로 성실히 일하였다. 25세 때 무함마

89 http://www.mmtc.or.kr/8513 2010. 6. 2 검색

드는 이 연상의 여인과 결혼하였고 이 후에는 명상과 기도의 생활을 할 수 있었다.

40세가 되던 610년 무함마드는 종교체험을 하게 되었는데, "그대는 하느님의 사자다"와 "읽으라, 하느님께서 사람들에게 계시하신 것을!"이라는 음성을 천사 가브리엘을 통해 듣게 되었다. 이러한 체험이 있은 후 심판의 임박, 평등과 박애의 윤리적 삶 등을 가르치면서 영아 살해와 우상 숭배를 금하라고 외쳤다. 그러나 이러한 외침을 받아들이는 사람보다 적대시하는 사람들이 많아 메디나로 피신하였다. 메디나로 피신한 622년은 그 후 이슬람 달력의 기원 원년이 되었으며 이 이주를 '히즈라'라고 한다.

무함마드의 활동을 메카 시대(610-622)와 메디나 시대(622-632)로 나눌 수 있는데, 계시의 성격도 시대별로 차이가 나기 때문에 꾸란을 크게 메카편(86장)과 메디나편(28장)으로 나누기도 한다.

메디나에서 무함마드는 이슬람 공동체 '움마'를 건립하고 여러 전투에서 승리하여 새로운 국가를 일으켰다. 여기서 주목할 것은 무함마드의 지휘에 따라 투쟁할 것을 호소하였기 때문에 군사동맹체 성격이 있었다는 점이다. 무함마드는 종교인이면서 행정과 사법의 권한을 가지게 되어 왕관 없는 왕이 된 것이다. 이처럼 이슬람교에서는 종교와 정치를 분리하지 않고 합일체로 본다.

이 때 무함마드와 따르던 사람들이 서약을 했는데 그 내용은 다음과 같으며 십계명과 비슷한 면이 있다;

(1) 우리는 한 분 하나님(알라) 외에 다른 신을 경배하지 않는다.[90]

(2) 우리는 도둑질하지 않는다.

90 성서를 아랍어로 번역할 때 하나님을 '알라'로 번역한다. 그리고 꾸란의 '알라'를 한글로 번역할 때 '하나님'으로 번역한다. 꾸란을 번역한 최영길도 '하나님'으로 번역하였다. 최영길 역, **성 꾸란: 의미의 한국어 번역** (파하드 국왕 꾸란 출판청, 1996)

(3) 우리는 간음하지 않는다.

(4) 우리는 영아 살해를 하지 않는다.

(5) 우리는 나쁜 말을 하지 않는다.

(6) 우리는 정당한 일에 있어서 예언자에게 불순종하지 않는다.[91]

무함마드는 메디나에 '기도하는 집'인 모스크를 지었으며 하루에 다섯 번씩 예루살렘을 향해 기도하도록 하였다. 무함마드의 세력은 더욱 강대해졌으며 630년에는 메카도 그의 지배 하에 들어왔다. 그 후에는 메카를 향해 기도하도록 변경하였다. 그리고 그는 632년에 죽었다.

중요한 것은 이슬람교에서 무함마드를 신격화 시키지 않았고 종교의 창시자라고 주장하지도 않는다. 이슬람적 사고에 의하면 이슬람은 절대신 알라가 우주를 창조하던 그 시각부터 있었지만 사람들의 그 사실을 잘 알지 못했다는 것이다. 그러던 중 마지막 예언자인 무함마드에 의해 알라의 계시가 완전무결하게 전달되었다는 것이다.

무함마드는 여러 부족을 하나로 연결하여 아라비아 반도를 이슬람화하였고 통일 아랍민족을 일으켜 세웠다. 그리고 이슬람교는 중세시대 가장 선진 문명을 발전시켰으며 특히 동서 문명교류에 크게 기여하였다.

---

91 오강남, **세계 종교 둘러보기** (서울: 현암사, 2003) 303

4. 이슬람교의 빠른 확산과 분파

이슬람교는 불과 100년 안에 세계적인 종교가 되었다. 시리아, 페르시아(이란), 팔레스타인, 아프리카 등 거침없이 퍼져 나갔다. 그 이유가 무엇일까? 첫째, 사람을 차별하지 않고 모두 형제와 자매로 여기기 때문이다. 성직자도 없고 권력의 차이와 빈부 차이를 두지 않고 모두 하느님 앞에서 평등하게 여기기 때문이다. 유일신 알라와 인간 사이에 어떠한 중재자의 존재도 인정하지 않는다. 통치자인 칼리파도 인간에 불과하다고 여긴다. '이맘'이라 불려지는 사람이 있는데 주로 예배를 인도하며 사원인 모스코에 고용되어 모스코 지기 역할을 하는 경우도 있다. 그러나 모든 사람이 '이맘'이 될 수 있으며 '이맘'이 되기 위한 특별한 교육과 의식을 요구하지도 않는다. 무슬림 개개인은 직접 알라에게 나아갈 수 있으며 알라의 명령을 지켜야 하고 선교사의 역할을 해야 한다. 즉 평신도의 역할을 특별히 강화시킨 종교가 바로 이슬람교이다. 이러한 보편성 때문에 평범한 상인들이나 여행자들이 예배를 인도하고 사원을 건립하며 교단을 꾸려 종교를 지도하는 경우가 많았다.

둘째, 내세와 현세 모두를 중요하게 여기며 정치와 종교를 하나의 합일체로 보았다. 즉 생활 속에 신앙을 실천할 수 있도록 적극 격려하기 때문이다.

셋째, 관용성이다. 주변의 문화와 정신을 수용할 수 있는 포용적인 태도가 있기에 널리 퍼져 나갈 수 있었다. 이슬람교는 그리스-로마 문명, 페르시아 문명, 인도 문명, 유대교와 기독교 정신 등을 적극적으로 수용하였기에 새로운 세계적인 종교로 급성장 한 것이다.

세계 문명사에서 이슬람이 공헌한 부분을 든다면 중세 시대를 들 수 있다. 중세에 유럽은 그리스-로마 문명을 소홀히 여겼지만 이슬람은 이 문명을 받아들이고 발전시켜 이슬람 문명으로 만들었다. 그 결과 이슬람 문명은 지리학 · 천문학 · 의학 · 수학 분야에서 괄목할 만한 발전을 이룩하였으며 13세기를 전후하여 유럽에 이슬람 문명을 수출하게 되었다. 유럽은 이러한 이슬람 문명을 받아들여 르네쌍스를 이룬 것이다.

이슬람교 확산의 1단계는 메카에서 메디나로 옮긴 이슬람의 기원 원년부터 약 40년의 기간이다. 즉 622-662년 기간을 의미한다. 무함마드 이 후 전통을 이어받은 칼리파들이 4대에 걸쳐 이슬람을 확산시켰다. 이슬람세력은 동으로는 중앙아시아로 서로는 북아프리카 리비아까지 정복전쟁을 실시했으며, 남으로는 아라비아 반도에서 북으로는 아르메니아에 이르기까지 확대되었다.

이슬람교 확산의 2단계는 정착기다. 세습적인 전제군주적 권력구조를 가진 우마위야조 아랍제국(661-750년)의 건립에서 압바스조 이슬람제국(750-1258년)의 멸망까지 약 600년의 기간을 가리킨다. 이 시기에 이슬람교가 신학적으로 정립되었으며 유라시아와 아프리카에 이슬람 문명권이 확고히 정착되었다.

이슬람 확산의 제3단계는 확전기다. 몽골의 침략으로 이슬람의 압바스조가 멸망당한 후 이슬람은 더욱 확산되었다. 몽골제국은 이슬람에 대해 관대했으며 오히려 무슬림을 대거 중용하였다. 이에 편성하여 원나라 시대에는 고려에까지 이슬람 문명이 활발히 전파되었다.

이 시기에 일어났던 이슬람의 티무르제국(1370-1507년)은 볼가강까지 진출했다. 그리고 뒤를 이은 오스만제국은 이슬람의 세계적 확산을 주도하였다. 특히 인도대륙과 동남아시아까지 이슬람을 확산시켰다.

이슬람교인의 85%는 '순니파'이다. '순니파'는 '전승주의파'라는 뜻이며 종교적 권위를 꾸란과 하디스에서 찾는다. 그리고 이슬람교인의 10-15%는 '시아파'다. 이란이 시아파의 중심지이며 이라크도 삼분의 이가 시아파다. 이러한 종파의 분포상황을 보면 이란과 이라크의 전쟁을 종교적 갈등으로 설명할 수 없다. 이란과 이라크 사이에 일어나는 전쟁은 권력투쟁과 정치적인 갈등에서 나온 것이지 결코 종교적 갈등에서 일어난 것이 아니다.

- 인도의 대표적 이슬람 사원 타지마할 - [92]

5. 이슬람교의 경전 꾸란

이슬람교의 중요한 경전은 꾸란이다. '꾸란'이 경전 명칭이 된 것은 '꾸란'의 첫 마디가 '읽어라(까라아)'이기 때문이다. '꾸란'은 아랍어 '까라어(qara, 읽다, 읊다)'의 동명사 즉 '읽기'이다. 이처럼 이슬람교는 처음부터 기록된 문서인 책의 종교이고 신자들은 그 책을 읽어야 한다. 단순히 눈으로 읽는 것이 아니라 소리내어 읽도록 한다. 꾸란은 전체 114장으로 배열되어 있고 6천여 절로 구성

92 http://blog.joins.com/media/index.asp?page= &uid=mugyoung&folder=23&viewType=1 2010. 6. 2 검색

되어 있다. 소리내어 읽도록 되어 있기 때문에 준시어체로 다듬어져 있는 꾸란은 아랍어의 아름다움을 느낄 수 있게 해주는 문장이기도 하다.

꾸란의 특징은 꾸란의 내용이 철저히 알라의 계시임을 강조한 것이다. 인간의 말이나 글은 전혀 포함되어 있지 않다고 무슬림은 믿고 있다. 따라서 무함마드의 언행을 기록한 '하디스'는 경전을 보완하는 준경전으로 인정될 뿐이다.

꾸란의 두 번째 특징은 일관성이다. 꾸란은 알라의 계시를 받은 무함마드가 죽은 후 바로 편집이 시작되어 약 20년 후 정본으로, 아랍어로 기록된 경전이 완성되었다. 그리고 오늘날에 이르기까지 1400여년 동안 유일본인 꾸란이 보존되어 왔다. 다른 어떤 종교의 경전보다 꾸란은 이처럼 일관성을 유지한 경전이라 할 수 있다.

- 이슬람교의 경전 꾸란 -[93]

93 http://koreamac.blogspot.com/2007/12/blog-post_01.html 2010. 6. 2 검색

1) 꾸란과 성경

꾸란에는 구약성경에 나오는 아담과 이브, 노아의 방주, 아브라함과 요셉, 소돔과 고모라, 다윗과 솔로몬 등의 내용이 고스란히 담겨있다. 그리고 신약에 나오는 예수와 성모 마리아에 대한 내용도 꾸란에 담겨있다.

꾸란은 모세를 163번, 아브라함을 69번, 사탄을 68번, 이스라엘을 47번, 솔로몬을 17번, 다윗을 16번 꾸란에 언급하고 있다.[94] 또한 꾸란 구절 6346개 가운데 성서의 기사가 언급된 구절이 876절이나 된다.[95] 그리고 꾸란에서 이름이 거론된 예언자 28명 중 구약의 인물이 18명, 신약의 인물이 3명인 것만 보아도 얼마만큼 공통점이 있는지 충분히 짐작할 수 있다. 아담, 노아, 아브라함, 이스마엘, 이삭, 모세, 다윗, 솔로몬, 엘리야, 요나, 사가랴, 세례요한, 예수 등이 예언자로 거명되었다.

무슬림들이 믿는 것은, 원래 104권의 계시된 책들이 있었으나 100권은 소실되었고 4권만 남았다고 믿는다. 그 4권들은 '꾸란,' 모세를 통해 내려 주신 '토라트', 선지자 다윗을 통해 주신 '자부르,' 예언자 예수를 통해 내려주신 '인질' 등이다. 다시 말하면 기독교와 유대교의 경전인 구약성경과 기독교의 경전인 신약성경을 경전으로 여기는 것이다. 다만 이러한 경전들은 비록 알라의 계시이기는 하지만 가장 완전하고 최후의 경전은 '꾸란'임을 강조한다.

> 쇼캣 모우캐리는 네 권의 경전에 대해 다음과 같이 설명한다;
> '토라트'는 모세를 통해 계시된 것으로(3:93; 6:154) '인간을 위한 빛과 복음'. '자부르'는 다윗을 통해 계시되었다(4:163; 17:55; 21:105). '인질'은 예수를 통해 계시된 것으로, 이 또한 빛이요 복음이며 토라를

94 압둘 마시흐, 이동주 역, **무슬림과의 대화**(서울: 기독교문서선교회, 2001) 157
95 마크 A. 가브리엘, 김명신 역, **끝나지 않은 2000년의 전쟁: 기독교 vs 이슬람**(서울: 퉁크, 2006) 114

확증하는 것이다(5:46). '꾸란'은 무함마드를 통해 계신된 것으로 '복음과 자비'이다(6:157).[96]

꾸란의 기록 가운데 성경에 대해 말한 부분을 살펴보면 다음과 같다.

(1) 무슬림은 성경이 알라의 거룩한 계시의 말씀이라는 사실을 믿어야 한다.

믿는 자들이여 하나님과 선지자 그리고 선지자에게 계시된 성서와 너희 이전에 계시된 성서를 믿어라 했거늘 하나님과 천사들과 성서들과 선지자들과 내세를 부정하는 자 있다면 그는 크게 방황하리라(4:136)

우리는 하나님을 믿고 우리에게 내려진 계시와 아브라함과 이스마엘과 이삭과 야곱과 그 자손들에게 내려진 율법을 믿으며 모세와 예수와 예언자들에게 내려진 율법을 믿으며 예언자들을 구별하지 아니하며 하나님만을 믿는다 말하라(3:84).

너희는 그들을 사랑하느뇨? 그러나 너희가 그들의 모든 성서를 믿는 데도 그들은 너희를 사랑하지 않도다(3:119).

하나님은 구약과 신약을 내리셨고 앞서 온 것을 진리로 확증하면서 그대에게 그 책을 계시하노라(3:3)

(2) 성경이 하나님의 계시의 말씀이며 그 안에 복음과 진리와 광명과 안내와 인도를 담고 있다고 꾸란은 말해 준다.

96 쇼캣 모우캐리, 한국이슬람연구소 역, **기독교와 이슬람의 대화**(서울: 예영커뮤니케이션, 2003) 31

하나님이 구약을 내리사 복음과 빛이 그 안에 있음이라...(5:46).

하나님은 마리아의 아들 예수로 하여금 그 이전에 계시된 구약을 확증하면서 그들의 발자취를 따르도록 했노라. 또한 하나님은 신약을 계시하여 그 이전에 계시된 구약을 확증하면서 그 안에 복음과 광명을 주었으니 이는 복음이요 정의에 사는 자들의 교훈이라(5:46).

그들이(성서의 백성들) 구약과 신약과 그들 주님이 계시한 것을 준수했다면 그들은 그 이상의 참된 진리를 맛보았을 것이라(5:66).

일러 가로되 성서의 백성들이여 너희가 구약과 신약과 너희 주님으로부터 계시된 것을 준수할 때까지 너희는 아무런 인도됨을 받지 못할 것이라. 주님으로부터 그대에게 계시도니 것이 분명 많은 무리에게 적의와 불신을 증가시키나 신앙이 없는 무리를 보고 슬퍼하지 말라(5:68).

(3) 성서의 백성들, 즉 유대인과 그리스도인은 토라와 복음서, 즉 성서를 가지고 판단하라고 강권한다.

하나님이 구약을 내리사 복음과 빛이 그 안에 있음이라. 그리하여 이슬람을 믿는 예언자들은 그것으로 하여 유대인들을 판결하였으며, 율법학자들과 유대학자들도 하나님의 성서에 의존함이라. …하나님이 계시한 것으로 판결치 못하는 자 그들은 불신자들이라(5:44. 45 참고).

그리고 신약의 백성들로 하여금 하나님이 계시한 대로 판결케 하라 했으니 하나님이 계시한 대로 판결치 아니한 자 그들은 죄인들이라(5:47).

…이전에 내려 보낸 계시를 믿으라. 이를 불신하는 우두머리가 되지 말 것이며 나의 계시를 어떠한 것과도 교환하지 말고 나만을 두려워하라(2:41).

성서의 내용을 활용한 흔적, 혹은 성서와 동일한 비유를 꾸란에서도 사용한 흔적이 있다. 성서에는 부자가 천국에 들어가기가 얼마나 어려운지 '낙타가 바늘귀로 들어가는 것과 같다'라는 비유가 기록되어 있다(마태복음 19:24). 그런데 꾸란에서는 이 비유를 활용하여 알라의 말을 거역하는 불신자들이 천국에 들어가기가 마치 낙타가 바늘귀로 들어가는 것과 같이 도저히 불가능하다고 기록되어 있다(7:40). 또한 한 알의 밀알이 땅에 떨어져 썩을 때 많은 열매를 맺는다고 성서에 기록되어 있는데(요한복음 12:24), 꾸란에서는 희사하는 자에게 수백 배의 보상이 알라에 의해 내려진다는 의미에서 이 비유가 활용되어졌다(2:261).

2) 꾸란의 편집

꾸란에 대해서는 "하나님과 그의 사자를 믿고 하나님이 그의 사자에게 전해주신 그 책 즉 하나님께서 미리 전해주신 그 책을 믿으라"고 기록되어 있다(꾸란 4:136). 여기서 "그의 사자"는 무함마드를 가리킨다. 구체적으로 꾸란이 완성된 과정을 살펴보자

우선 구약성경과 꾸란을 비교해 보자. 구약의 정경화는 2세기경, 그리고 신약의 정경화는 4세기에 이루어졌다. 구약은 천 년이 넘는 오랜 세월 동안 전해 내려 오던 것을 수집하고 편찬하여 경전이 되었으며, 하나님의 직접적인 말씀도 있지만 예언자의 예언(설교)과 지혜자의 가르침도 들어있고 찬송가격인 시편과 기도문도 들어있다. 그리고 신약에는 예수의 가르침도 있지만 바울의 편지를 비롯한 사도들의 권면이 들어있다. 비록 다양한 내용이 들어있지만 유대교와 기독교 모두 성경이 하나님의 계시인 것으로 믿는다.

이슬람교인들도 '꾸란'을 신의 계시로 믿는다. 그런데 차이가 있다. 사람이 하나님의 영감을 받아 저술한 것이 아니라 천사를 통해 전해들은 신의 말씀을 기록한 것으로 믿는 것이다. 꾸란은 전적으로 무함마드의 어록집이다. 무함마드가 40세부터 죽을 때까지 23년 동안(610-632) 행한 말들로 이루어져 있다.

그러나 무함마드의 말이 무함마드 생전에 완성되어 꾸란이 된 것은 아니다. 무함마드 사후 무함마드의 후계자였던 아부 바크르(초대 칼리프, 632-634) 통치 시기에 오마르(2대 칼리프)의 제안으로 이루어졌다. 그는 "잎이 떨어진 대추야자 나무의 줄기에서, 가죽 조각에서, 돌멩이에서, (꾸란을 외우고 있는 사람의) 가슴에서 꾸란을 모았다."[97]

무함마드의 말이 성문화 된 것은 오트만 아판(3대 칼리프, 644-656)에 의해서였다. 무함마드 사후 약 20년 후에야 최초의 통일된 꾸란 편집본이 탄생했다. 그 후 7세기 말에 문자 구분 표시점과 모음 표시 부호 등이 첨가되었다. 현재의 꾸란은 1919년 이집트 왕실의 후원으로 카이로에서 출간된 것이며 표준 이집트판이 공식적으로 통용되고 있다.

97 Bukhari, Volune 9, 301. 김대옥, **이슬람의 성경변질론** (서울: 기독교문서선교회, 2009) 147

3) 꾸란의 내용

만물의 창조주는 알라이며 존재하는 모든 것의 주인은 알라라는 사실이 강조되어 있다. 따라서 인간은 유일신 알라에게 전적으로 복종해야 한다는 것이다. 유대교와 기독교도 유일신을 강조하지만 이슬람교는 더더욱 유일신임을 강조한다. 그리고 우상숭배를 철저히 배격한다.

그리고 알라가 파견한 거룩한 사자 즉 성사(聖使, 라쑬룰 라)는 무함마드라는 것이 근본 교리로 되어 있다. 무함마드야말로 마지막 예언자라는 것이다.

이슬람의 근본 교리가 꾸란에 기록되어 있는데 '6가지 종교적 신앙' '5가지 종교적 의무'로 구성되어 있으며 이 외에도 종교적 윤리도덕도 포함하고 있다. 꾸란에는 근본 교리뿐만 아니라 여러 가지 사회적 문제가 일어날 때 마다 그것을 해결하는 내용도 포함되어 있다. 예를 들면 전쟁문제를 다루고 있는데 전리품과 전쟁포로의 처리를 포함하여 소위 '지하드'라 불려지는 '거룩한 전쟁(聖戰)'의 개념도 포함되어 있다. 이와 더불어 사회경제적 문제도 다루고 있는데 결혼문제, 유산상속, 고아 부양, 가난한 사람들에 대한 구제대책, 노예 해방, 사회평등, 공정한 상거래 등에 대해서 규정하고 있다.

이슬람 사원 마다 높은 첨탑형의 망대와 같은 것이 있는 것을 발견할 수 있다. 그리고 시간에 맞추어 꾸란을 읽는 소리가 망대에서 울려 퍼지는 것을 들을 수 있다. 꾸란의 문장구조는 소리내어 읽기에 적합하도록 구성되어 있다. 꾸란을 읽을 때는 "소리를 높이지 말되 너무 낮추어도 안되며 그 중간을 택하라" (17:110)고 구체적으로 지시하고 있다.

특히 꾸란의 문장은 아랍어의 최고 수작이라 할 수 있을 정도로 아름다운 문장들이다. 마지막 단어의 끝 음이 동일한 각운(脚韻)이 맞추어져 있기 때문에 한편의 시를 연상케 할 정도로 리듬감과 박력을 느낄 수 있는 문장들이다.

또한 절기나 특별한 기간 동안 꾸란을 통독할 수 있도록 꾸란을 나누기도 한다. 예를 들면 금식월 기간 동안 꾸란을 통독할 수 있도록 30권으로 나누기도하고, 7일간 통독할 수 있도록 7등분 하기도 한다.

4) 꾸란 해석과 번역

꾸란은 한 순간에 이루어진 것이라기보다 시대적 상황에 따라 오랜 세월 동안 이루어진 것이다. 따라서 꾸란을 이해하기 위해서는 시대적 배경을 먼저 파악할 필요가 있다. 이러한 필요에서 꾸란 해석학이 발전된 것이다. 심지어 꾸란이 알라의 계시이지만 시대가 변했기 때문에 특정 구절은 정지되어야 한다는 주장까지 제기되었다. 이렇게 정지된 절 수는 5개, 많게는 500개까지 보고 있다.

또한 여러 교파와 학파가 난립하여 서로 다른 해석을 쏟아놓고 있고 결국 꾸란의 내용이 혼란스러운 상태에 빠지게 되자, 통일된 꾸란 해석학이 절실히 필요해졌다. 이러한 필요성에 의해 해석학이 중요해졌고 3가지 형태로 발전되었다.

첫째, 전승주석학(傳承註釋學)이다. 알라의 계시를 받은 무함마드의 언행을 근거로 한 주석인데 가장 권위있는 해석이다.

둘째, 의견주석학(意見註釋學)이다. 이것은 해석자 개인의 이해를 서술한 해석인데 편견과 오류가 있을 수 있기 때문에 환영받지 못하는 경우도 있다.

셋째, 이스라엘식 주석학이다. 유대교와 기독교의 전설과 이야기를 바탕으로 해석하는 방식이다. 사실 꾸란의 상당 부분이 구약성서와 신약성서에 기초해 있기 때문에 해석도 성서를 바탕으로 해석할 수 밖에 없다. 이러한 해석이 중요한 이유는 꾸란의 기록 가운데 이러한 해석을 가르치는 부분이 있기 때문이다. 꾸란에 대해 알기를 원한다면 이미 하나님의 말씀을 받아 알고 있는 유대인과 그리스도인에게 묻도록 명령 하고 있다.

> 하나님이 그대 이전에 계시를 내린 선지자들도 사람이었거늘 백성들이며 너희가 알지 못한다면 메시지를 아는 이들에게 물어보라(21:7).

> 하나님이 그대에게 계시한 것에 그대가 의심한다면 그대 이전에 성서를 읽은 자들에게 물어보라. 실로 주님으로부터 그대에게 진리가 이르렀나니 의심하지 말라(10:94).

> 하나님이 그대 이전에도 선지자들을 보냈으되 그들은 하나님에게서 계시를 받은 인간이라. 너희가 알지 못한다면(유대인과 그리스도인) 학자들에게 물어보라 하셨노라(16:43).

꾸란은 아랍어로 기록된 것이며 번역이 허용되지 않았다. 왜냐하면 번역하는 과정에서 의미가 왜곡될 수 있기 때문이다. 그리고 꾸란은 아랍어로 내려진 계시이기에 아랍어로 읽은 것이야말로 알라에 대한 경건한 정성의 표시라 여겼기 때문이다. 이러한 전통에 의해 초기 500여년 동안 꾸란은 다른 언어로 번역되지 않았다.

그러나 이슬람교가 널리 전파되고 이슬람 문명이 여러 나라로 확산되자 꾸란은 여러 언어로 번역되기 시작했다. 1143년 영국의 로버트와 독일의 헤르만이 꾸란을 라틴어로 번역했으나 공개하지 못했는데 1543년에 처음으로 출간되었다. 그 후 독일어 역본은 1616년에 출간되었으며 영역본도 1734년에 출간되었다. 중국의 경우는 13세기 원(元)제국 때 이슬람교가 널리 전파되었는데 꾸란은 17세기부터 부분적으로 번역되었다. 한글로 꾸란이 처음으로 번역된 것은 1981년이다. 이렇게 꾸란이 다른 언어로 번역되었지만 무슬림은 그것을 꾸란으로 인정하지 않고 '꾸란 해설'로 여긴다.

6. 이슬람교의 교리

이슬람의 교리는 단순 명료하다. 이슬람교는 '6가지 종교적 신앙'인 '이만'과 '5가지 종교적 의무'인 '이바다'가 그 핵심이다. 특히 '이바다'는 무슬림의 신앙생활을 받치고 있는 기둥이라고 하기도 한다. '이만'은 알라와 천사, 경전, 예언자, 최후의 심판, 정명(定命)에 대한 여섯 가지의 믿음을 말한다. 교리의 핵심은 "신은 오로지 알라 뿐이고, 무함마드는 알라가 보낸 사람이다"라는 말에 함축되어 있다. '알라'라는 이름은 원래 메카 꾸라이쉬 부족의 주신인 창조신의 이름이었다.

이슬람교는 이 땅에서의 삶을 긍정적으로 바라본다. 따라서 삶의 아름다움을 구가하고 현세에서 선행으로 생을 오래 즐길 것을 권장한다.

메카의 카바신전에서 기도드리는 무슬림들 [98]

98 http://blog.chosun.com/blog.log.view.screen?userId=pastor1126&logId=2901002 2010. 6. 11 검색

- 6가지 종교적 신앙 -

1) 유일신 알라

알라에 대한 유일신 신앙은 이슬라 신앙에서 가장 중요한 내용이다. 무슬림이 되기 위한 신앙고백도 "알라 외에는 다른 신이 없다"는 선언이다. 사실 유일신론은 아라비아 지역에서는 생소한 신관이었다. 성서에 바탕을 둔 것이었다.

이슬람교는 유일신 알라를 숭배하면서도 유대교의 야웨나 기독교의 하나님 같은 유일신을 배척하지 않고 숭배하라고 권한다. 이 점만 보아도 이슬람교가 얼마나 유대교와 기독교와 가까운 종교인지 알 수 있다. 그러나 이슬람교의 유일신관에는 독특한 점이 있다. 알라는 제물을 필요치 않으며 웃음이나 눈물도 없다는 등 인간과 비슷한 모습을 찾아볼 수 없다. 초월성과 유일성이 극도로 강조된 것을 볼 수 있다.

알라의 또 다른 면은 시 · 공간 제한 없이 모든 사물과 모든 곳에 존재한다는 점이다. 따라서 모든 사람들에게 "목에 혈관보다도 더 가까이에 함께 있다"(꾸란 50:16)고 하면서 인간은 알라 앞에 모두 평등하다고 외친다.

꾸란은 창조주 알라와 자비로운 알라를 부각시킨다. 알라는 우주만물을 창조하고 그것을 인간에게 맡겼기 때문에 인간은 언제나 알라에게 감사해야 함을 강조한다. 감사하지 않는 자를 '배교자'로 본다. 그래서 꾸란에는 9장을 제외한 모든 장이 "인자하고 자애로우신 알라의 이름으로"라는 찬양으로 시작된다.

2) 천사

유일신을 강조하면서도 다른 신적인 존재인 '진느'를 인정한다. '진느'는 그 실체가 모호하다. 그래서 "인간이 가지고 있는 영혼이 외계의 사물에 적용된 것"이라는 말로 설명하기도 한다. '진느'는 알라의 피조물이지만 알라에게 복종하는 무리와 알라에게 불복하는 무리로 나누어지는데 '사탄'이 바로 불복하는 무리다.

알라는 인간보다 먼저 천사를 창조했다. 천사의 역할은 알라의 명령을 집행하는 것이며 신과 인간의 중개자의 역할을 감당한다. 예를 들어 가브리엘 천사는 수석 천사로서 알라의 계시를 전달한다. 미카엘은 유대인 보호자로 물을 관리한다. 천사를 '말아크'라고 하는데 구약에서도 천사를 '말아크'라고 하며, 가브리엘이나 미카엘도 모두 성경에 등장하는 천사의 이름들이다.

3) 경전

이슬람교의 경전은 꾸란으로 알려져 있다. 그러나 자세히 보면 원래 이슬람교의 경전은 4종류이다. 무슬림은 원래 104권의 계시된 책들이 있었으나 100권은 소실되었고 4권만 남았다고 믿는다. 그 4권들은 '꾸란,' 구약성서의 2권, 신약성서 등이다. 다만 무함마드가 마지막 예언자임을 강조하면서 최후의 알라의 계시가 '꾸란'에 기록되어 있다는 점을 강조한다. 무슬림은 꾸란을 신성시하며 철저하게 알라의 계시임을 믿는다.

무슬림은 경전을 소리내어 읽도록 되어 있다. 그리고 짐승을 도살할 때나 결혼할 때나 장례식 때 혹은 다양한 삶의 상황에서 꾸란을 소리내어 읽도록 규정되어 있다. 예를 들어 짐승을 도살할 때는 도살자가 "인자하시고 자애로우신 알라의 이름으로!"를 외우고 칼을 댄다. 음식을 먹을 때나 음식을 먹고 난 후에도 꾸란을 외운다. 이처럼 무슬림은 생활의 모든 영역에서 꾸란을 외우면서 살아간다. 참으로 무슬림은 꾸란의 백성이요 경전의 사람들이라 할 수 있다. 그리고 성서를 함께 경전으로 인정하는 유대교인과 기독교인을 경전의 사람들이라 부른다.

4) 예언자

알라가 인류에게 보낸 예언자들은 모두 124,000명인데 여러 민족들에게 여러 종교의 형태로 보냈다고 한다. 따라서 이슬람은 타종교에 대해 상당히 포용적인 태도를 보이고 있다. 특히 유대교와 기독교와의 관계를 가장 친밀한 관계로 규정하고 있다. '꾸란'에서 이름이 거론된 예언자 28명 중 구약의 인물이 18명, 신약의 인물이 3명인 것만 보아도 얼마만큼 공통점이 있는지 충분히 짐작할 수 있다. 아담, 노아, 아브라함, 이스마엘, 이삭, 모세, 다윗, 솔로몬, 엘리야, 요나, 사가랴, 세례요한, 예수 등이 예언자로 거명되었다. 그 중에서도 아브라함, 모세, 예수, 무함마드 등 4명만을 알라가 직접 파견한 예언자, 곧 성사(聖使)라고 하면서 크게 우대하고 있다.

5) 최후심판

구약의 창세기에 나타난 것과 같이 알라가 인간인 아담을 흙으로 빚어 창조한 후 인간은 이 땅에서 대대손손 살아가는데 사람이 원래 선하다는 성선설(性善說)을 주장한다. 그러나 인간이 만일 죄를 지으면 그것은 인간의 잘못이며 용서를 받을 수 있는 길은 알라에게 참회하는 것이다. 이러한 내용은 구약의 내용과 거의 같다.

그리고 말일과 최후심판의 내용도 유대교와 기독교와 거의 비슷하다. 말일에는 영혼이 다시 육신과 합해져서 심판을 받게 되는데 천국과 지옥으로 가게 된다고 한다. 천국은 8층에 위치하며 아주 화려한 곳으로 묘사되어 있다. 지옥은 7층에 위치해 있는데 잔혹하고 무시무시한 광경이 펼쳐진다. 그리고 카톨릭과 같이 '연옥'도 인정한다. 천국과 지옥 사이에 위치한 연옥은 경미한 죄를 저지른 죄인들이 회개하여 용서를 기원할 수 있는 곳이다.

꾸란 75장은 '부활의 장'으로 부활은 최후 심판이 있기 전에 영혼이 육체와 결합해서 다시 살아나게 된다고 하였다.

6) 정명관(定命觀)

'정명' 혹은 '숙명'이라고 하는 이러한 주장은 알라를 향한 절대적인 믿음에 기초하고 있다. 즉 알라가 정해준 운명대로 삶을 살아간다는 것이다. 정통파인 '순니파'는 정명을 특별히 강조한다. 인간에게 자유의지가 있지만 그 자유는 알라가 결정하며 알라의 창조에 의지해야 한다는 주장이다. 결국 정명은 절대적이고 자유의지는 상대적이라는 관점이다. 이에 반해 또 다른 학파는 자유의지를 좀 더 강조하기도 하였다.

- 5가지 종교적 의무 - 5가지 기둥 -

이슬람교인은 의무적으로 '다섯 기둥' 즉 '이바다'를 준수해야 한다. 이것은 매일 매일 행동으로 실천해야 하는 것들이다. 즉 1) "하나님 외에는 신이 없으며 무함마드는 그의 예언자"라는 고백을 해야 한다. 2) 하루에 다섯 번 기도해야 한다. 기도하 전에는 세수하고 손과 발을 씻는 정결례를 실시해야 한다. 3) 재산의 2.5%를 헌금해야 한다. 4) '라마단' 한 달 동안에는 낮 동안 단식을 해야 한다. 5) 모든 이슬람교인들은 일생에 한번은 메카로 순례해야 한다.

그리고 '지하드'를 성전(聖戰)으로 번역할 수 있지만 본래 의미는 "하느님의 길에서 힘씀"이라는 뜻이다. 따라서 '지하드'는 모스크를 짓는 일, 혹은 멀리 떠나서 전도하는 일 등 광범위한 종교활동을 가리킨다.

1) 신앙고백

소리내어 신앙고백하는 것을 중요하게 여긴다. 즉 "하나님 외에는 신이 없으며 무함마드는 그의 예언자"라는 고백을 소리내어 외워야 한다. 이 고백은 갓난아기가 엄마에게 듣는 첫 소리이며, 대통령의 엄숙한 취임사도 이 고백으로 시작된다. 또한 이 고백만 하면 그 자리에서 이슬람교인으로 인정된다.

2) 예배

이슬람 예배는 기복적인 의미보다 자기 정화의 의미가 더 강조되어 있다. 즉 하루에 다섯 번 기도하는 예배를 통해 모든 죄악을 씻는 것이다. 이외에도 절기마다 드리는 예배와 자유롭게 드리는 예배가 있다. 매일 드리는 다섯 번의 예배는 의무적인 예배인데, 해뜨기 전 새벽예배, 정오예배, 오후예배, 해가 진 후 드리는 저녁예배, 잠들기 전 드리는 밤예배 등이다. 그러나 예외도 있다. 병약자나 여행자는 단축하거나 미루어 보충할 수 있다. 또한 이러한 의무적인 예배 외에 원하는 사람들은 더 자주 예배를 드릴 수 있다. 참으로 바쁜 일상생활을 살고 있는 현대인의 눈으로 볼 때 매일 일정한 시간을 내어 하루에 다섯 번 씩 예배를 드린다는 것은 비합리적이고 무모하게 보일 수도 있다. 그러나 무슬림은 담배 피우는 시간이면 충분하다고 반박하면서 묵묵히 자발적으로 예배에 참여한다. 예배시간이 되면 사원에서 시간을 알려주는데 반드시 사람의 목소리로 알린다.

금요일에는 집단 예배를 드리는데 이 날에는 전신세정을 하고 사원에 모여서 예배를 드린다. 이슬람의 3대 사원은 메카의 금사(禁寺), 메디나의 성사(聖寺), 무함마드가 야행승천(夜行昇天)했다는 예루살렘의 원사(遠寺)다. 보통 사원에 상주하는 이맘이 예배를 인도하고 설교도 하지만 누구나 예배를 인도하고 설교할 수 있다. 이슬람교는 성직자를 인정하지 않는다. 예배를 드릴 때 두 사람 이상이면 반드시 한 사람이 인도자가 된다.

이슬람교는 성직자를 인정하지 않는다. 따라서 성직자의 중재없이 예배는 알라와 직접적인 만남이기 때문에 신앙인들이 적극적으로 참여한다.

예배를 드릴 때는 준비해야 하는 것이 있는데 그것은 마음의 안정과 몸의 정결이다. 정결례는 부분세정과 전신세정으로 나눌 수 있다. 부분세정은 얼굴과 팔꿈치, 양손, 머리카락, 발목 등을 흐르는 물에 씻는다. 만일 물이 귀할 때는 깨끗한 모래나 돌로 세정을 하는 경우도 있다. 전신세정을 해야 하는 경우는 성교를 했거나 불결한 동물을 만졌거나 장기 여행을 했을 경우이며, 금요예배나 절기 예배일 경우이다.

예배를 할 때는 선 자세로 두 손을 귀 위까지 올리면서 "알라는 가장 위대하시다"라는 찬양을 드리면서 꾸란의 개경장을 외운다. 그리고 허리를 반쯤 굽혔다가 펴는 반절을 하고서는 다시 무릎을 꿇고 땅바닥에 엎드려 이마가 바닥에 닿도록 두 번 절한 다음 일어나서 바른 자세로 돌아온다.

3) 종교부금

무슬림은 모든 재물의 소유권은 알라에게 있다고 고백하면서 이 땅에서 사는 동안 잠정적으로 사용권을 넘겨받았다고 믿는다. 그래서 재물의 일부를 알라가 원하는 일에 써야 한다. 이러한 종교부금을 '자카트'라고 하는데 '의무적 자카트'와 '자발적 자카트'로 나누어진다. 자카트는 사원이나 학교건설 등에 사용할 수 없고 반드시 가난한 사람들, 채무환급 불능자, 새 입교자 등의 구제에만 사용되어야 한다. 자카트를 일년에 한번씩 내는데 연간 수입의 2.5%, 그리고 각종 자산의 일정 부분을 종교부금으로 낸다. 과거에는 자카트를 사원이나 종교기관에 맡겼으나 현대에는 정부에서 관리하고 있다. 그리고 현대에는 세금을 따로 거두고 있기 때문에 의무적이 아니라 자유헌납의 형태로 많이 변경되었다.

4) 금식

이슬람력으로 9월, 라마단 월을 금식월로 정하고 한달 내내 낮에는 음식 뿐만 아니라 물도 마시지 않는다. 이 달을 무슬림은 축제의 달로 여기며 신성한 달로 여긴다. 평화롭고 즐거운 달이기에 전쟁 때도 이 달에는 휴전을 한다. 그러나 병약한 사람이나 노약자와 어린이는 지키지 않아도 된다.

금식은 종교적 훈련뿐만 아니라 정신적이며 사회적 훈련이기도 하다. 가난한 사람과 약한 사람에 대한 동정과 모든 무슬림들의 연대의식과 동등의식을 권장하는 집단훈련인 것이다. 또한 개인의 육체적 훈련이기도 하다.

라마단 기간 중 기도하는 무슬림[99]

99 http://missionmagazine.com/main/php/search_view.php?idx=269 2010. 6. 2 검색

5) 성지순례

다섯 기둥 가운데 가장 실천하기 힘든 것이 순례다. 수만리 먼 거리를 여행해야 하고 여러 날 동안 순례에 전념해야 하기 때문이다. 그런데 수백만명의 사람들이 왜 매년 메카로 순례를 할까? 무함마드가 순례를 일생에 한번이라도 하도록 규정한 것은 이슬람의 일체성과 유대를 유지시키고 강화하기 위해서였다. 순례가 힘들기는 하지만 순례는 범세계적인 무슬림들의 모임이며 무슬림의 국제회의나 다름이 없다. 오늘날에도 순례는 이슬람 문명의 아주 중요한 요소라 말할 수 있다.

순례자들은 세정을 하여 몸을 깨끗이 한 후 평복을 벗고 바느질을 하지 않은 두 조각의 흰 천인 '이흐람'으로 몸의 아래위를 가린 채 성지에 들어간다. 순례자는 "주여 내가 왔나이다. 명을 받들어 왔나이다"라고 수없이 되뇌이면서 정결한 마음으로 오로지 순례에만 전념한다. 메카에는 노천사원이 있는데 그 중앙에는 '카바'라는 검은 돌이 놓여있다. 순례자는 이 신성한 돌 주위를 7번 돌아야 한다. 그리고 수십억의 무슬림은 매일 매일 이 신성한 돌 사원을 향해 기도를 드린다.

7. 이슬람 사회와 문명

이슬람 문명은 고대 메소포타미아 문명을 바탕으로 하면서 다양한 세계문명을 받아들여 창의적으로 개발한 문명이었고 유럽에 르네쌍스를 일으킬 수 있는 원동력을 제공해 주었다. 비록 1789년 나폴레옹의 침략을 시작으로 서구 유럽의 침략을 받아 식민지화되는 멍에를 걸머졌지만 새로운 이슬람 사회를 꿈꾸는 노력을 멈추지 않고 있다. 현대에 이르러 석유가 생산되면서 주목을 받고 있는 중동지역은 또 다시 세계 굴지의 석유회사의 손아귀에 들어가 있지만 서구식 물질주의에 항거하는 정신적 운동은 계속되고 있다. 이러한 노력과 움직임의 중앙에는 이슬람교의 정신과 꾸란의 정신이 자리잡고 있다.

1) 이슬람 사회의 정치관

정치와 종교는 분리되어야 한다는 것은 다종교 사회인 현대 사회에서 당연한 것으로 받아들여지고 있다. 그러나 이슬람 사회는 이슬람법(샤리아)에 의해 통치되는 정교일치(政教一致)의 사회다.

이슬람의 창시자 무함마드는 처음부터 종교를 바탕으로 하는 이슬람공동체를 건설하였다. 그리고 무함마드는 최고의 종교 지도자이며 동시에 통치자였고 군대사령관이었다. 그의 뒤를 이은 칼리파들도 동일하게 통치자로서 종교와 정치를 모두 통솔하였다. 꾸란은 이러한 통치자를 따르라고 지시하고 있다; "오, 믿는 자들이여, 알라께 복종하라. 그리고 알라의 사자와 너희들 가운데 권위를 지닌 자들에게 복종하라"(4:59).

이슬람의 정치 원리 중 첫 번째는 '슈라'(협의제)이다. 칼리파도 슈라를 통해서 정치를 해야 하며 칼리파를 계승하는 계승자도 슈라를 통해 선출되어야한다. 따라서 이슬람 학자들은 현대 민주주의의 뿌리를 슈라에서 찾고 있으며 이슬람 민주주의의 기반이라 여기고 있다. 그러나 칼리파 세습제가 도입되면서 빛을 잃어갔다. 그리고 삼권분립이 되지 않고 칼리파에게 모든 권한이 집중되는 제도는 현대 정치에서 유지되기 힘든 제도이다. 따라서 현대 이슬람 국가에는 왕정도 있고 공화제도 있는 등 다양한 형태가 나타나고 있다.

두 번째 원리는 '아들'(정의)이다. 꾸란은 "알라는 정의와 선행을 명하셨고... 부정과 악행을 금하셨다"(16:90)라고 하면서 정의구현을 통치자의 가장 중요한 덕목으로 여긴다.

세 번째 원리는 '홀리야'(자유)이다. 이슬람은 인간의 자유의지를 존중하며 자유는 하나님이 인간에게 부여한 것으로 본다. 심지어 신앙도 자유선택에 맡긴다. 꾸란에도 "종교는 강제가 있을 수 없다"(2:256)라고 기록되어 있다. 그러나 이러한 자유도 이슬람법인 샤리아의 범위 안에서의 자유라는 점을 또한 강조하고 있다.

네 번째 원리는 '무싸와'(자유)이다. 이슬람은 평등을 인간의 기본권으로 인정하고 있다. 왜냐하면 아담과 하와에서 태어난 인류는 모두 평등하기 때문이다.

아마도 이슬람이라면 많은 사람들이 '지하드'라는 단어를 떠올린다. 왜냐하면 '지하드'를 전쟁 개념으로만 이해하고 '성전(聖戰)'이라 오역하였기 때문이다. 그러나 아랍어 '지하드'는 원래 "신의 길에서 헌신적으로 노력(분투)함"이란 신앙적인 의미의 단어이다. '지하드'에는 평화적이고 개인적인 신앙 차원의 노력을 기울인다는 뜻도 있고, 이슬람 영역의 발전이나 방어 및 확대를 위해 공헌하는 분투의 노력을 뜻하기도 한다. 후자의 경우에는 다분히 전투적일 수가 있다. 이슬람 경전은 지하드를 마음으로, 입으로, 손으로, 검으로 수행해야 한다고 가르치고 있다. 물론 지하드에는 전투의 개념이 포함되어 있기는 하지만, 기본적으로 평화적이고 신앙적인 노력을 기울인다는 의미가 핵심임을 이해해야 한다.

2) 이슬람의 경제관

이슬람 국가에만 있는 특이한 형태의 은행이 있다. 즉 무이자 은행이다. 돈을 예금해도 이자를 주지 않고 돈을 대출할 때도 이자를 물지 않는 은행인 것이다. 이것은 이자를 받지 않아야 한다는 이슬람의 경제관에 충실했기 때문에 나타난 현상이다.

이슬람 경제관의 첫째 원리는 모든 부(富)는 알라에게 속한다는 것이다. 인간이 소유하는 것은 알라의 위탁으로 한시적으로 관리하는 것일 뿐이다. 그리고 알라가 하사한 재물을 서로 인정하여야 한다고 하면서 개인의 사유재산권을 존중하고 있다.

두 번째 원리는 합법적인 부의 축적과 향유를 장려하는 것이다. 무함마드는 "가난은 이슬람을 부인하는 것과 같다"고 하면서 부의 축적을 격려하였다. 동시에 부정하게 돈을 버는 것을 강도 높게 비판한다. 그 가운데 이자놀이를 해서 돈을 버는 것을 금하는 것도 포함된다.

세 번째 원리는 사회경제적 평등이다. 꾸란에도 "가진 자의 재산 중에는 못 가진 자의 몫도 있다"(51:19)고 하면서 서로 나누면서 빈부의 차이를 줄일 것을 권하고 있다.

물론 이러한 원리가 이슬람 외의 다른 나라에도 있다. 차이점은 다른 나라에서는 윤리적인 규범이지만, 이슬람 사회에서는 정교합일의 원칙이 있기 때문에 실제로 정치적으로 제도적으로 이 원리가 시행될 수 있다는 점이다.

이슬람 경제관의 또 다른 특징은 중용적(中庸적) 경제관이라는 점이다. 열심히 노력해서 재산을 모으는 것을 장려하면서도 빈부의 격차를 좁히려고 한다. 즐겁게 소비하며 살기를 권장하면서도 사치나 인색함을 경계한다. 투자자와 사용자 쌍방이 이득과 손실을 공동으로 분담하는 손익분배제도를 도입하여, 어느 한쪽이 과도하게 이득을 보거나 손실을 당하는 것을 막으려고 하였다.

3) 이슬람과 학문

중세 시대 유럽이 다양한 학문을 발전시키지 못하고 지지부진하고 있을 때 이슬람은 문명의 꽃을 피우고 있었다. 어떻게 사막에서 이러한 문명을 발전시킬 수 있었을까? 여러 가지로 답을 찾아볼 수 있겠지만 한 가지 예를 들면서 답을 찾고자 한다. 이슬람에서는 전쟁에서 포로로 잡힌 자가 무슬림 어린이 10명에게 읽고 쓰기를 깨우쳐 주기만 하면 곧 석방시켜 주었다고 한다.

무함마드의 언행록인 '하디스'에는 "그 누가 현세를 원한다면 지식을 얻어야 하고, 그 누가 내세를 원한다 해도 지식을 얻어야 하고, 또 그 누가 이 두 가지를 다 원한다 해도 역시 지식을 얻어야 한다"라고 말하면서 가르치고 배우는 일이 얼마나 중요한 것인지를 누누이 강조하였다. 무함마드는 글을 읽고 쓰기를 배우는 것이 얼마나 중요한 지를 거듭 강조하였다. 바로 경전 읽기를 중심한 교육에 대한 열정이 이슬람 문명을 발전시킨 원동력이 되었다.

교육을 중시하는 이슬람의 기본 정신은 이슬람 사원 안에서도 발견할 수 있는데 사원에는 도서관과 학교가 설립되어 있다. 이러한 전통을 바탕으로 10세기 중엽에는 스페인 남부에 꼬르도바 대학이 설립되었다. 세계에서 가장 오래된 대학은 983년에 개교하였으며 이슬람 문명의 견인차 역할을 한 카이로의 아즈하라 대학이다. 특히 830년에 바그다드에 설립된 최초의 고등교육기관인 '지혜의 집'에서 많은 서적들을 번역한 것이 학문 발전의 밑거름이 되었다.

이슬람 학문 발전을 살펴보면, 신학을 제외한 모든 분야에서 종교를 불문하고 주저 없이 외국의 것을 수입하고 번역하여 능동적으로 활용한 개방정신과 창의성을 발견할 수 있다. 이러한 학문적인 업적은 유럽에 전수되어 르네쌍스를 일으키는 기반이 되었다.

이러한 이슬람 학문을 이끈 학자들을 먼저 주목해보자. 중세 이슬람 역사학의 태두인 마쓰우디는 인도를 거쳐 중국까지 여행을 하였고 소아시아와 이집트까지 여행하였다. 그는 30권 분량의 세계역사전서 **황금초원과 보석광**을 저술하였다. 주목할 점은 신라에 대해 기술하였는데 "신라는 공기가 맑고 물이 좋으며 토지가 비옥하다"고 기록하였다.[100] 그리고 신라는 중국과 더불어 노아의 아들인 야벳의 아들 아무르의 자손들이라고 기록하였다.

100 정수일, 이슬람 문명, 220

이슬람 학문은 지리학과 천문학 분야에도 눈부신 발전을 이룩하였다. 지구가 둥글다는 점을 알고 세계지도를 제작하였는데 신라의 위치도 지도에 기록하였다. 이러한 지식을 활용하여 세계를 누비며 무역을 하였고 이슬람의 세력을 확장해 나갔다. 페르시아 지리학자 까즈위니(1203-1283)는 그의 저서 **피조물의 기적과 존재물의 기이**에 신라에 대해 다음과 같이 기록하였다.[101]

> 신라는 중국의 맨 끝에 있는 절호의 나라다. 그곳에서는 공기가 순수하고 물이 맑고 토질이 비옥해서 불구자를 볼 수 없다. 만약 그들의 집에 물을 뿌리면 용연향이 풍긴다고 한다. 전염병이나 질병은 드물며 파리나 갈증도 적다. 다른 곳에서 병에 걸린 사람이 그곳에 오면 말끔히 치유된다.

이슬람 문명이 유럽에 공헌한 것 가운데 가장 중요한 것을 든다면 단연 의학이라 할 수 있다. 이슬람은 페르시아와 그리스-로마, 아프리카의 의학 지식을 받아들여 새롭게 발전시켰으며 여러 의학 서적을 통해 집대성하였다. 특히 의학 이론과 임상을 결합하였으며, 천연두와 홍역을 규명하였고 혈액순환, 식이요법, 병리와 심리의 결합, 각종 염증의 병원과 전염성 규명, 약의 제조 등에서 괄목할 만한 발전을 이룩하였다.[102]

심리학을 의학과 접목하기도 하였는데 예를 들면 상사병은 사모하는 상대방과 결혼하는 방법밖에 없다고 진단하기도 하였다. 또한 암에는 치료약이 없으니 절제수술을 해야 한다고 단호하게 말하였다.

수많은 의학서적들을 간행했는데, 초기에는 힙포크라테스의 저서, 알렉산드리아의 기독교 의학자 아론의 **의학총론** 등 외국 의학서들을 번역하였다. 중요

101 정수일, **이슬람 문명**, 225

102 정수일, **이슬람 문명**, 231

한 의학서적들을 살펴보면, 라지(865-925)의 **의학집성**, 인술을 강조한 유대인 이쓰하끄(850-932)의 **의사의 길잡이**, 이븐 싸나의 **의학전범**, 이븐 루슈드(1126-1198)의 **의학대전** 등이 있다.[103]

수학 분야에서는 수학의 혁명이라 할 수 있는 영(zero)의 개념을 도입하였는데 이 개념은 원래 인도에서 수입한 것이었다. 그리고 대수학을 정립하였다.

또한 연금술을 발전시켰는데 연금술은 귀금속 제조 기술과 선약 제조 기술로 나눌 수 있다. 기독교 수사이며 연금술사인 마리아주스를 알렉산드리아에서 불러들여 연금술을 개발하였다. 그리고 금가루 같은 고구려의 약재를 포함한 동방의 선약 제조 기술을 도입하여 발전시켰다.

순례자들로 가득찬 메카의 카바 신전[104]

103 정수일, **이슬람 문명**, 226-230

104 www.dubaikorea.co.kr/zboard/zboa...0f034801 2010. 6. 2 검색

4) 이슬람 문학과 예술

인도에 있는 이슬람의 타지마할은 이슬람 건축의 백미라 할 수 있다. 독특한 양식에 화려한 건축술은 세계의 이목을 끌기에 충분하다. 이슬람 사원의 돔은 신성함을 상징하고, 높이 솟아 있는 첨탑에서는 꾸란을 독경하는 소리가 들려온다.

형상을 만들지 말라는 가르침에 따라 조각물은 제한되었지만 미술은 화려하게 꽃을 피웠다. 음악은 필수적이었으며 종교와 더불어 발전해왔다. 꾸란을 곡조에 맞추어 독송하기도 하고 춤을 병행하기도 한다. 특히 수피즘(신비주의) 교단에서는 음악과 춤을 발전시켰다.

이슬람 하면 천일야화(千一夜話)를 떠올릴 정도로 이 이야기는 유명해졌다. 종교와 문학이 어우러져 독특한 문학을 발전시킨 이슬람 문학은 그 전통을 면면히 이어가고 있다. 1988년 이집트의 나지브 마흐푸즈가 노벨문학상을 수상하기도 하였다.

5) 이슬람의 생활문화

우리의 "안녕하세요"라는 인사말에 해당하는 것은 '앗쌀람 알라이 쿰'(평화가 당신에게!)이며 대답으로는 '알라이 쿰 쌀람'(당신에게도 평화를)이다. 이슬람 문명은 삶을 낙천적으로 바라보며 즐겁게 살기를 장려한다. 아랍 속담에 "빨리 하는 것은 사탄이나 하는 짓이고, 천천히 하는 것이라야 알라가 기뻐하신다"라는 속담이 있다. 정확하게 시간을 지키고 약속을 지켜야 하는 빠듯한 현대인들에게는 잘 이해되지 않는 면이 있고 게으름과 약속불이행의 변명으로 들릴 수도 있지만 여유를 가지면서 삶을 음미하는 태도를 장려하는 이슬람의 생활태도를 볼 수 있는 단면이기도 하다. 또한 극단에 치우치지 않고 중용의 의식구조를 가지고 있다. 예를 들어 알라의 뜻과 인간의 자유의지를 절묘하게 조화시키고 있다. 만일 굶주려 죽게 될 상황이면 금지되어 있는 돼지고기를 먹어도 된다고 지도한다. 한편 무슬림들은 유목사회의 전통이 남아있기 때문에 체면의식이 남달리 강하고 명예와 품위, 자존심을 매우 중요시 여긴다. 비록 이슬람 교리는 남녀의 차별이 없고 동등하다고 강조하지만 세계의 많은 사람들은 이슬람 여성이 부당하게 대우받고 있다고 생각한다. 과연 그럴까? 종교적으로 남녀 평등이 보장되고 있고, 여자가 상속권을 가지고 있으며, 결혼할 때는 남자가 여자에게 선물을 주는데 여자의 재산권이 보장된다. 결혼하면 남편 성을 따르는 관행도 없지만 얼굴을 가리는 '히자브'로 인해 많은 오해를 받고 있다. '히자브'는 여성을 보호하기 위해 시행된 것이지만 오늘날 많은 사람들은 여전히 여성의 사회적 활동을 방해하고 있다고 생각한다.

생각나누기

1. 이슬람교와 유대교의 공통점은?
2. 이슬람교에서 강조하는 제정일치는 어떤 것이며 장단점은 무엇인가?
3. 이슬람교는 남녀 차별을 하고 있는가?
4. 이슬람교의 빠른 확산의 이유는 무엇인가?
5. 이슬람교와 이슬람 문화가 한국에 미친 영향은?
6. 메카에 운집한 순례자들의 모습을 본 소감은?
7. 이슬람교의 경전과 그 핵심적인 내용은?
8. 이슬람교는 테러에 대해 어떻게 이야기하고 있는가?
9. 이슬람 문명이 세계사에 미친 영향은?

참고문헌

김대옥, **이슬람의 성경변질론**. 서울: 기독교문서선교회, 2009.

김영자 편저, **조선왕국 이야기**. 경기: 서문당, 1997

마크 A. 가브리엘, 김명신 역, **끝나지 않은 2000년의 전쟁: 기독교 vs 이슬람**. 서울: 퉁크, 2006.

쇼캣 모우캐리, 한국이슬람연구소 역, **기독교와 이슬람의 대화**. 서울: 예영커뮤니케이션, 2003

압둘 마시흐, 이동주 역, **무슬림과의 대화**. 서울: 기독교문서선교회, 2001

오강남, **세계 종교 둘러보기**. 서울: 현암사, 2003.

요시미즈 쯔네오, 오근영 역, **로마문화의 왕국, 신라**. 서울: 씨앗을 뿌리는 사람, 2002.

요하힘 그닐카, 오희천 역, **성경과 코란: 무엇이 같으며 무엇이 다른가**. 서울: 중심, 2005.

정수일, **소걸음으로 천리를 가다**. 서울: 창작과비평, 2004

——, **이슬람 문명**. 서울: 창작과 비평, 2002.

——, **한국 속의 세계**. 서울: 창작과비평, 2005.

최영길 역, **성 꾸란: 의미의 한국어 번역**. 파하드 국왕 꾸란 출판청, 1996.

헤르만 라우텐자흐, 김종규 외 역, **코레아 1. 답사와 문헌에 기초한 1930년대의 한국 지리, 지지, 지형**. 서울: 민음사, 1998.

멀티미디어 자료

천국의 아이들

참새들의 합창

Islam: Empire of Faith - PBC 방송이 만든 다큐
http://www.pbs.org/empires/islam/

KBS 다큐멘타리 3일 - 이태원 이슬람 사원의 라마단 3일

EBS 다큐 - 이슬람 문화 기행

이슬람교 - 한스큉의 해설

MBC 창사 특집 다큐 - 이슬람

알라를 부르는 소리, 코란 - 이슬람 문화기행4

제5장

힌두교

황재범

World
religions
and
civilizations

1. 사나타나 다르마(영원한 법도)로서의 힌두교

힌두교(Hinduism)는 인도뿐만 아니라, 서아시아 여러 국가에서 약 10억 명(인도: 약 8억 3천만 명, 네팔: 2천3백만 명, 방글라데시: 1천4백만 명, 발리: 3백3십만 명 등)의 사람이 신봉하는 바의 세계에서 3번째로(기독교, 이슬람 다음으로) 추종자가 많은 종교이다. 힌두교는 서방사람들이 붙인 이름이며, 힌두교 신도들은 산스크리트어로 '영원한 법도'를 의미하는 '사나타나 다르마'(Sanatana Dharma)라고 부른다. 힌두교는 기독교, 이슬람, 불교에서처럼 창시자가 없을 뿐만 아니라, 기독교의 '사도신경'과 같은 신조(信條)의 형식으로 조문화된 통일적인 신념체계도 없다. 그러므로 힌두교는 수천 년간 집성되어 온 다양한 전통들로 구성되며, 이런 점에서 '가장 고대적 종교'이면서 '가장 다양한 종교'라고 보겠다. 힌두교는 수천년간 인도인들의 지배적인 종교가 되어 왔다는 점뿐만 아니라, 그로부터 불교, 자이나교(Jainism), 그리고 시크교(Sikhism)가 파생해왔다는 점에서도 중요하다.

인도인들에게 있어서 힌두교는 하나의 종교가 아니라 자신들의 삶의 전부를 규정하고 있는 삶의 방식이다. 인도인들은 자신들의 종교로서 힌두교 혹은 그들 자신이 부르는 대로 사나타마 다르마를 따르지만, 어떻게 본다면 그들은 자신들의 종교가 사나타마 다르마라고 불리는 것도 모르고 그것을 실천해왔다고 보겠다. 사실 인도인들의 대다수는 요가도 모르고 살아가는 것처럼, 사나타나 다르마에 대하여 의식하지도 못한 채 그것을 실천하며 따라 살아가고 있는 것이다. 이것을 서양인들이 어쩔 수 없이 자신들의 범주에 맞추어 종교라는 하나의 지식체계에 넣어서 파악하면서 "힌두이즘"(Hinduism)이라고 명명했는데, 이 명명법이 그렇게 적절한 것은 아니었다. 사나타나 다르마는 인도인들에게 종교라고 하는 하나의 영역을 차지하는 것이 아니라, 그들의 삶이요 전체다. 오늘날 종교가 삶에 있어서 전체가 되지 못하고, 다만 한 영역을 차지하고 있는 우리들에게 있어서 사나타나 다르마는 생소할 수도 있다.

2. 인더스 문명

힌두교란 말에서 '힌두'(hindu)라는 말은 인더스 강 지역의 고대 명칭인 '신두'(sindhu)에서 유래했는데, 이 말에서 인디아(India), 인더스(Indus), 힌두(Hindu) 등의 말이 파생했다. 그러므로 힌두교라는 말은 사실 인도교 혹은 인도인들의 종교라는 말이다. 그러나 오늘날에 있어서는 힌두교가 좁은 의미로 이해되어 "베다의 권위를 인정하는 전통적 종교만을 일컬어 힌두교라고 한다."[105]

힌두교는 고대 인도의 토착종교와 기원전 1500년경에 '아리안'(Aryan)이라고 하는 이민족의 '베다'(Veda) 종교의 혼합물이라고 볼 수 있다.[106] 여기서는 고대 인도의 문명으로서 인더스 문명을 먼저 살펴본다. 기원전 3000년에서 2000년 사이에 인도의 말할 수 없이 비옥하고 광대한 인더스 강 주변에는 '인

105 오강남, **세계종교 둘러보기** (서울: 현암사, 2004), 34.

106 "Hinduism," *The Columbia Encyclopedia*, Sixth Edition (New York: Columbia University Press, 2004), 22087.

더스 문명'(the Indus Valley Civilization)이 존재하고 있었다. 이 문명은 '모헨조 다로'(Mohenjo Daro)와 '하라파'(Harappa)라고 하는 그 지역 최대의 두 도시를 중심으로 형성되었기 때문에 모헨조 다로 혹은 하라파 문명이라고도 한다. 이 문명은 기원전 1900년에 쇠퇴하기 시작하여 기원전 1500년에 사라졌다고 한다.[107] 인더스 문명은 세계 최초의 도시문명으로서 구운 흙벽돌로 만들어진 거대규모의 건축물, 목욕탕, 관개시설을 가지고 있었다고 한다. 모헨조 다로 발굴지에서는 시바 여신의 원형이 발견된 것으로 미루어봐서 자연 숭배가 있었고, 고대 중국에서처럼 지배적인 종교는 없었던 것으로 보인다. 독일학자 하인리히 짐머(Heinrich Zimmer)에 따르면, 인더스 계곡 문명의 건설자들이었던 인도 원주민들은 만물이 유전한다는 믿음에 근거한 윤회사상을 가졌다고 한다.[108]

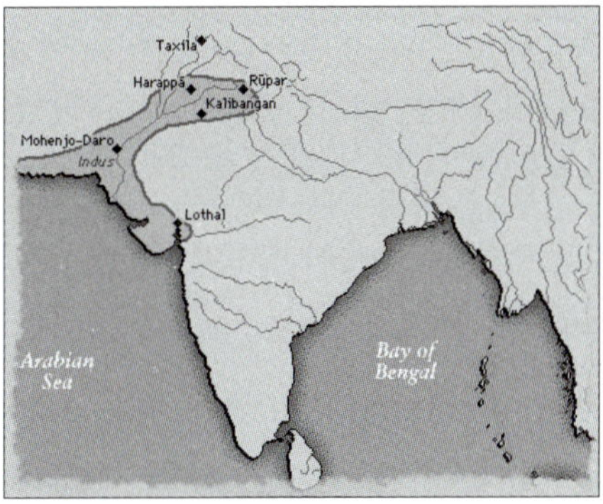

고대 인도의 인더스강 유역에 위치한
"모헨조 다로"(MohenjoDaro)와
"하라파"(Harappa) 문명권
출처: http://www.history-of-india.net/images/mohenjo_daro_map.jpg

모헨조 다로의 도시모습
출처: http://en.wikipedia.org/wiki/Mohenjo-daro

107 Cybelle Shattuck, *Hinduism* (London: Routledge, 1999), 18.
108 오강남, 36.

3. 제사 종교로서의 베다 종교

힌두교는 위에서 살펴본 바의 인더스 문명권에 중동의 이란 지역에 기원을 두었던 아리안(Aryan)족들이 침입해옴으로써 성립되었다. 아리안족은 고대 인도의 문화권에 자신들의 종교였던 베다종교를 정착시키고 발전시키는 가운데서, 그것이 모든 인도인의 종교--힌두교--로 변화되었던 것이다. 고대 아리안족은 브라만이라는 사제계급에 속하는 사제들이 다양한 신들에게 제사를 드리는 제사 중심의 종교를 가지고 있었다. 브라만 사제들은 신들에게 바치는 찬송가를 만들어 '베다'(Veda)라고 했다. 베다는 산스크리트어로 지식(knowledge)을 뜻하며 또한 '들은 것'(that which is heard)을 뜻하는 '수르티'(sruti)라고 불리기도 하는데, B. C. 1400년부터 약 400년까지 약 1000년간에 걸쳐서 구전으로부터 문서로 만들어졌다고 한다. 베다는 네 가지로 구성되는데, '리그 베다'(찬송시의 베다), '삼마 베다'(멜로디 베다), '야주르 베다'(제의의 베다), 그리고 '아타르바 베다'(주문의 베다)가 그것이다.

베다 종교는 한마디로 하늘이나 여러 종류의 신들에게 바치는 제사를 중심으로 하는 종교이다. 베다는 만물이 계층적으로 서로 서로 상응하고 있는 것으로 가르쳤다. 신들 역시 계급이 있어서 높은 하늘의 신, 대기 중에 있는 신, 땅 위의 신이 있는데, 이들은 계급적으로 사제들, 통치자들, 그리고 보통 사람들에 상응한다. 자연의 구조나 신들의 기능, 사회 질서는 신에 의하여 규정된 것으로 상호의존하고 있다. 이와 같은 우주적 질서를 '리타'(rita)라고 하는데, 이는 올바른 질서이며 또한 진리라고 한다. 그런데, 이 리타는 규정된 제사를 엄격하게 수행함으로써 보존되고 강화된다고 한다. 그러므로 베다 종교는 본질상으로 고도로 제의적이다. 동시에 베다는 만물의 질서와 이 질서 안에서의 실질적인 삶을 중시함으로 세속적인 삶을 또한 중시한다. 즉 사람들이 제의를 충실하게 수행할 때는 우주적 질서 안에서 세속적인 행복을 누릴 수 있다는 것이다.

신들과 이 신들이 지배하는 우주적 질서(리타)를 찬양하는 약 1000여개의 찬송시들로 구성되어 있는 것이 바로 저 유명한 '리그 베다'(Rig Veda)이다. 이 찬송시들은 신들이 강림하여 제사를 흠향하게 하도록 신들을 초청하는 것을 주제로 하고 있다. 이런 제의와 관계하여 특별한 주목을 받고 있는 두 신은 '아그니'(Agni)와 '소마'(Soma)라고 한다. 아그니와 소마는 사람들과 신들 사이에 존재하는 일종의 중재자 신들이다. 불을 뜻하는 아그니는 제사 불의 신인데, 그는 제물들을 받아서 연기를 통하여 하늘로 전하는 역할을 한다. 그리고 소마는 신성화된 불멸의 나무인데, 소마 제의에서는 이 소마 나무의 진액을 뽑아내는 의식이 이루어진다. 이 의식이야말로 다양한 브라만들이 행하는 베다 종교의 진수 중의 하나라고 한다. 베다 종교 사제들은 한편으로는 아그니를 통하여 빛(땅위의 불, 공중의 번개, 하늘의 태양)을 통하여 리타(우주 질서)에 대한 계시(조명)를 받는다. 그리고 다른 한편으로는 불멸의 나무 진액인 소마를 통하여 황홀경 상태에서 시적 영감을 받는다고 한다. 이와 같은 상태에서 베다 종교의 시인들은 미래를 보는 예언자(seer)로서 그들의 환상(vision)을 기도문 혹은 주문(呪文: mantra)을 만들었는데, 이것이 베다의 내용을 이루게 되었던 것이다.

4. 베다 종교의 가르침

1) 윤회(輪廻)론

인도 종교는 중동의 유일신교(유대교, 기독교, 이슬람)와는 달리 우주 삼라만상이 시작이나 끝이 없이 영원히 순환한다고 본다. 이 순환, 흐름을 일컬어서 '윤회'(輪回: 삼사라: samsara)'라고 하는데 이 개념은 인도철학과 불교 및 자이나교의 사상체계에 심오한 영향을 미친다. 개인들의 영혼은 시작이 없는 시간부터 존재하여 환생하고 다시 죽음을 거듭한다는 것이다. 어떤 존재로 환생할 지를 결정하는 조건은 바로 전생에서의 업보(業報: 카르마: karma)라고 한다. 나의 현재의 삶은 내가 어떻게 할 수 없는 전생의 업보에 따라 정해진 것이므로 하나의 숙명으로 받아들여야 한다는 것이다. 그러므로 인도인들은 이 끝없는 윤회과정(삶과 죽음을 반복하는)을 불가피한 것으로 받아들였다. 이것이야말로 저들은 이 숙명적 윤회와 이에 수반하는 고통으로부터 벗어나 해탈하는 것(목샤: moksha)을 이상으로 여기고 이를 다양한 방법으로 추구하고자 하는 것에 대한 이유인 것이다.

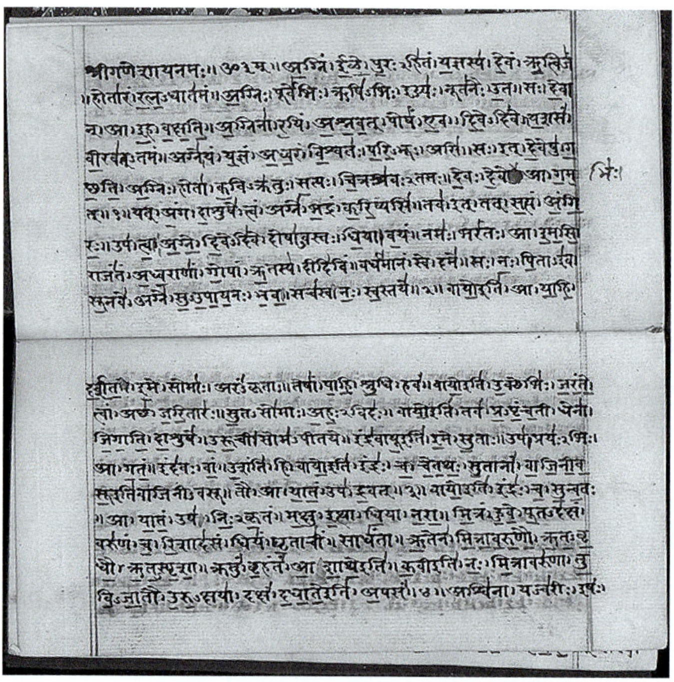

19세기 초에 필사된 리그 베다(산스크리트어로 쓰여진)의 한 부분
출처: http://en.wikipedia.org/wiki/File:Rigveda_MS2097.jpg

인도인들의 우주와 자연 그리고 인간의 윤회사상은 한편으로는 인도의 자연조건에 근거한 것으로 보인다. 인도는 몬순 지대에 속해 있으면서도 북쪽으로는 백년설이 뒤덮여 있는 히말라야 산맥이 있고, 여기서 발원하여 인도 북부 전역을 통과하는 서쪽의 인더스 강과 동쪽의 갠지스 강이 있다. 여름에는 열대권의 더위와 거의 두 달간의 몬순 장마로 인해 기상조건이 매우 심하게 변한다. 옛 인도인들이 경험한 특이한 기상 조건 두 가지는 인더스 강과 갠지스 강의 범람과 풍요다. 이 두 강은 히말라야산맥이라고 하는 광대한 영역과 거기 상존하고 있는 만년설로부터 발원한다. 그러므로 이 두 강은 몬순기에 한번 범람을 하면 그 하류 유역은 거의 초토화된다. 그러나 이와 같은 파괴력을 지닌 범람은 또한 두 강의 광대한 유역에 풍요를 가져다준다. 그러므로 인도인들은 파괴는 생산의 다른 측면이라고 하는 것을 깨닫게 되었던 것이며, 우주는 이렇게 파괴와 (재)생산의 과정을 순환하는 것이라는 이해를 갖게 되었다고 볼 수 있다.

2) 브라흐만=아트만(범아일여: 梵我一如): 우파니샤드의 가르침

B. C. 8세기경부터는 제의 중심의 베다 종교가 계속 발전하면서도, 새로운 흐름으로써 철학적, 신학적, 명상적 활동이 대두하게 되는데, 이는 후대의 본격적인 힌두교(또한 불교 및 자이나교)의 발전에 지대한 영향을 미치게 된다. 베다 종교의 철학적, 신학적, 명상적 발전은 B. C. 500년 전부터 시작하여 A. D. 200년경까지 만들어진 '우파니샤드'(Upanishad)와 깊은 연관이 있다. 우파니샤드라는 말은 '스승 곁에 앉아서 비밀스런 진리를 듣는 것'을 뜻하는 것처럼, 진리와 그에 들음과 깨달음 중시한다. 리그 베다가 신들에 대한 찬송과 제사를 가르친다면, 우파니샤드는 '앎' 혹은 '깨달음'을 가르친다고 할 수 있다.

우파니샤드가 가르치는 앎 혹은 깨달음의 대상은 일반적인 존재가 아니라, 궁극적 실재, 즉 우주의 삼라만상을 초월해 있는 브라흐만(Brahman = 梵)이다. 베다는 우주의 삼라만상은 서로 연결시켜주고, 서로 조화시키고 있는 리타(우주 질서)가 있다고 가르쳤는데, 우파니샤드는 나아가서 만물을 창조하고 보존하는 신적인 의식(divine consciousness)이 있는데, 이 의식이 바로 브라흐만(Brahman, 사제인 브라만과의 혼동을 피하기 위하여 '브라흐만'으로 발음하며, 창조신인 브라흐마[Brahma]와도 다름)이라는 것이다. 그러므로 이 브라흐만은 지속적인 신적 힘으로써 우주의 전체 구조에 퍼져 있고 또한 그것을 지탱하는 존재이다.

이 브라흐만은 여러 신들의 모습으로 나타날 수 있고, 또한 물, 나무, 등의 자연에도 스며있다고 한다. 이는 인간에게도 현존하고 있는데, 이를 아트만(atman, 진아: 眞我)라고 한다. 우파니샤드는 아트만이 브라흐만과 동일하다(범아일여: 梵我一如)는 것을 가르치는데, 이로써 아트만(진아)은 가시적이며 무상한 어떤 현상이 아니라, 이 현상을 넘어서 있는 참 실재, 즉 브라흐만이라는 것을 깨달아야 한다는 것이다. 여기서 우파니샤드는 이 깨달음을 얻기 위한 수행으로서 명상과 관조와 이 깨달음을 통하여 얻게 되는 해탈 즉 목샤(moksha)를 강조했다. 이로써 인도인들의 명상과 관조(특히 즈나나 요가)를 통한 목샤 추구는 오늘날까지 이어져 오고 또한 세계화를 이루고 있는 추세에 있다.

힌두교는 궁극적 실재로서 단지 브라흐만을 가르치고 끝나는 것이 아니며, 다양한 신들을 말한다. 사실 힌두교는 3억 3천만의 신들을 가지고 있고, 이 신들을 그림, 혹은 형상으로 나타내고 있다. 물론 이 신들의 대표는 삼신(三神: trimurti)으로서 브라흐마(창조의 신), 쉬바(파괴의 신, 여성신으로서 칼리가 있음), 그리고 비쉬누(보존의 신, 여성신으로서 락시미)가 있다. 또한 이들을 대표하면서도 사람들이 쉽게 다가갈 수 있게 제시된 신으로서 여러 가지 종류의 아바타(avatar)가 있다.

이렇게 많은 신들과 아바타가 있는가 하면, 물, 나무, 동물들 역시 신으로 간주되는 것을 생각한다면 인도에는 수십억의 신들이 있다고 봐도 과언이 아닐 것이다. 그렇다면, 인도인들은 왜 이렇게 많은 신들이 있는가? 물론 우상적 신들이 많은데 따라서 문제도 있지만, 여기서 중요한 것은 인도인들은 온갖 신들을 상정하고, 또한 자연에도 신성을 부여하여 그들을 숭배하는 신심(信心)이 강하다고 하는 것이다. 그렇다면, 인도인들은 왜 신들에게 그토록 헌신(devotion)하는가?

신들을 예배하고 헌신하는 것은 하나의 요가(특히 박티 요가) 혹은 도(道: marga)로서 그것을 통하여 인생의 목적인 바의 해탈(목샤)을 이룰 수 있기 때문이다. 목샤(moksa)는 산스크리트어에서 '해방' 혹은 '방면'(release or liberation)이라는 뜻을 가지고 있는데, 특별히 끊임없이 윤회로부터의 해방 즉 해탈을 의미한다. 인도인들은 윤회를 통하여 존재를 지속하는 것, 즉 윤회를 통하여 끊임없이 생멸을 거듭하는 것을 악한 것으로 받아들인다. 그러므로 그들은 이 윤회의 고리로부터 해탈하는 것이야말로 지복(至福)의 상태이므로 그들이 궁극적으로 추구해야 할 목표로 간주하는 것이다.

5. 제사장 계급인 브라만족의 역할과 네 가지 계급(카스트)제도

사나타마 다르마는 인도인들이 그것에 대하여 의식조차 못한 채 삶으로서 실천해온 종교적 진리체계이지만 이것을 하나의 종교체계, 특히 종교적 제의를 구성하고, 수행해온 주체는 제사장직을 맡은 브라만 계급이었다. 그러므로 브라만은 인도문명의 토대를 놓은 제일의 계급을 이루게 되었다. 사나타마 다르마는 하나의 제의 종교이므로, 불교 혹은 유교에서와 다르게, 이 제의를 수행하는 주체로서의 브라만들의 역할은 결정적으로 중요할 수밖에 없었던 것이다. 힌두교는 원래 "브라만 종교(Brahmanic religion)"였다[109]고 할 수 있을 만큼 브라만 계급이 결정적 영향을 미쳤다.

브라만(Brahman: '신성한 지식의 소유자'를 의미함, 한국에서는 '바라문'이라고 불림, 이 말이 브라흐만[궁극적 실재]과 혼동되지 않도록 영어권에서는 Brahmin을 씀)은 신들과 일반 대중사이의 중재자--제사장--였다. 오직 그들만이 신들에게 바치는 제사를 드릴 수 있었고 또한 신들에 관한 지식을 독점적으로 가진 것으로 받아들여졌다. 그들은 유일하게 교육받은 계층으로서 백성들의 관혼상제를 주관하고, 교육 및 의료활동을 해온 인도사회의 정신적 지도자였던 것이다. 그러나 브라만 계급의 사람들은 사제뿐만 아니라, 의사, 변호사, 군인, 시인, 공무원 등의 역할도 감당했다.

이렇게 인도사회는 브라만 계급을 최상급으로 하고, 그 아래로 3계급(카스트: caste)이 형성됨으로써, 소위 카스트 제도 혹은 사성(四姓)제도가 형성되어 수천 년간 지속되어 왔다. 브라만 계급 다음은 왕족으로 구성된 바의 국가를 지키는 전사계급(크샤트리아: Kshatriya)이 있고, 그 다음은 주로 정복민인 아리아인들로 구성된 상인 및 농부계층(바이샤: Vaishya)이 있다. 브라만, 크샤트리아, 바이샤의 세 카스트는 모두 고귀한 아리아인들로 구성되었고, "두번 태어난(twice-born)" 사람들로 불렸다. 마지막으로 제4의 계급은 피정복자들인 원주민들의 후손들을 포함하는 노예들로서 단순 노동자 계층인 수드라(Shudra)가 있다. 그리고 네 번째 계급에도 속하지 못한 천민으로서 '불가촉 천민'(달릿: Dalit)도 있다.

인도 사회는 전통적으로 철두철미하게 카스트제도에 의하여 유지되어 왔으므로, 이에 대하여 조금만 더 살펴보자. 사제 계급인 브라만의 의무와 권리에

109 Keith Crim (ed.), *The Perennial Dictionary of World Religions* (San Francisco: Harper and Row, 1989), 307.

대하여 특별히 강조하는 경전은 "마누 법전"인데, 여기서 우리는 카스트제도가 엄청난 불평등의 문제점들이 있음에도 불구하고 영속화해올 수 있었던 이유들을 살펴볼 수 있다. 첫째 이유는 브라만을 중심으로 하여 수립된 하는 카스트제도는 브라만들이 쓴 힌두교의 경전을 통하여, 브라만들의 교육을 통하여 신성화(神聖化), 합법화되어 왔다는 점이다. "마누 법전"은 브라만은 신의 입(교육담당), 크샤트리아는 신의 팔(방어담당), 바이샤는 신의 무릎(아기 양육담당), 그리고 수드라는 신의 발(짐을 지는 역할)이라는 것을 가르친다. 둘째 이유는 윤회 및 업보 사상에 따라 인도인들은 자신의 현재의 카스트 및 다른 삶의 조건이 이미 전생의 업보에 따라서 숙명적으로 정해졌다고 받아들이기 때문이다. 이로써 저들은 자신의 카스트를 부정하거나 철폐하고자 하는 생각을 하는 것조차 어려운 것이다. 셋째 이유는 브라만들이 자신들의 계급을 독점적으로 유지하기 위하여 각 카스트를 철두철미하게 세습적(世襲的)으로 만들되, 특별히 카스트 간 결혼을 통한 교류를 금지함으로써 특정한 가문에 의한 각 카스트의 독점을 영속화 해왔다는 것이다. 넷째 이유는 각 카스트의 사람들은 그들의 의무를 다 하는 것이 곧 그들의 삶의 목적을 달성하는 것이라고 가르쳤는데(다르마 요가), 이는 각 카스트를 사회적으로 뿐만 아니라 종교적으로도 인정해주는 결과를 낳음으로써 사회적 안정을 기할 수 있었기 때문이다. 카스트 제도는 한편으로 불평등성 및 폐쇄성을 가지고 있어서, 붕괴 가능성이 있었음에도 불구하고, 수천 년간이나 인도사회에 고착되어 올 수 있었던 것이다.

브라만

크샤트리아

바이샤

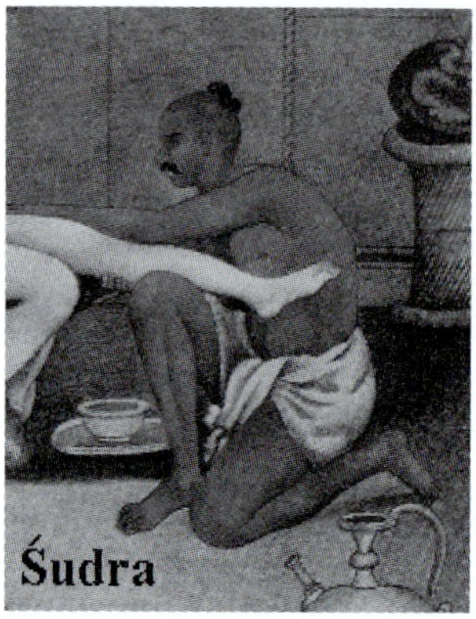

수드라

출처 : http://www.friesian.com/caste.htm

6. 삶의 네 가지 목적들

앞에서 잠시 언급한 바지만, 인도 사회는 브라만 계급 중심의 네 가지 카스트로 편성되면서 카스트 간 갈등이 심각했음에도 불구하고, 각 계급이 추구하는 다양한 목적들이 용인됨으로써 인도문명이 유지되어 올 수 있었다. 이러는 과정에서 인도의 사성(네 가지 카스트)제도가 나은 부산물로서의 "삶의 네 가지 목적들"을 살펴볼 필요가 있다. 인도인들의 "삶의 네 가지 목적들"은 크게 본다면, 세 가지의 긍정적인 목적들과 하나의 부정적인 목적으로 이루어져 있다. 이 목적들은 첫째 의무(다르마: dharma), 둘째 재산(아르타: artha), 셋째 쾌락(kama), 넷째 해탈(목샤: moksha)이다.

첫 번째 삶의 목적은 의무의 수행인데, 의무란 것은 주로 각 카스트에 따른 의무를 말한다. 그러므로 브라만은 그의 의무에 따라서 최선을 다하여 제사를 드려야 하며, 대장간 일을 맡은 바이샤는 최선을 다하여 그릇이나 기구를 아름답고 유용하게 만들어야 한다.

두 번째 삶의 목적은 재산의 추구인데, 이는 특히 크사트리아 및 바이샤 카스트가 추구한 것이다. 군인 및 공무원을 주로 담당하는 크샤트리아 계급은 권력을, 상인 및 농부 계층인 바이샤는 재산을 그들의 인생의 목적으로 추구했다. 권력과 재산은 보통 다른 종교(특히 불교, 기독교, 부분적으로 유교 등)에서는 인생의 목적이 아니라 수단으로 간주되어온 것과 비교해본다면, 힌두교는 이를 상당히 부정적으로 본 유교와 달리 매우 현실적, 세속적이었다고 보겠다.

세 번째 삶의 목적은 쾌락의 추구이다. 재산과 권력을 획득한 사람들은 그 대가로 육체적 쾌락을 추구할 수 있는데, 이것을 또한 인생의 하나의 정당한 목적으로 인정해주는 것이다. 인도인들은 성적 쾌락을 추구하는 것을 정당한 행위로 인정해주기에 이를 효과적으로 추구하는 것을 가르치기 위한 경전("카마수트라")까지도 만들어 냈을 정도이다. 그러나 의무는 현실적인 즐거움이 없고, 재산은 쾌락을 추구하기 위한 수단이 되지만, 쾌락은 연로하면서 오래 머물러 있지 않는다. 그러므로 삶에 있어서 저들은 영원하지 못하다는 것을 깨닫게 되고, 저들을 오히려 버리는 것이 더 큰 행복이라는 것을 깨닫게 된다. 그러므로 저와 같은 세 가지의 목적 위에 있는 것으로서 네 번째로는 해탈을 얻는 것이 가장 이상적인 삶의 목적이라고 한다. 이를 성취하기 위하여 인도인들은 저 세 가지의 목적을 부정하면서 온갖 안락한 것과 가정을 버리고 명상에 침잠함으로써 무상한 현상(색)세계 넘어서서 범아일여(브라흐마와 아트만의 일체)를 성취할 것을 강조한다.

7. 삶의 네 단계

인도인들의 삶의 단계는 앞서 말한 삶의 네 가지 목적들에 상응하는 식으로 규정된다. 삶의 네 단계 역시 세 가지의 긍정적인 것과 한 가지의 부정적인 것으로 이루어진다. 인도인들은 먼저 유년 및 청년 시절에는 "의무"를 추구해야 하고, 중년에는 "재산" 및 "쾌락"을 추구하며, 중년 이후에는 "해탈"을 추구하도록 권장된다. 그러므로 힌두교 카스트 제도의 상위 세 계급에 속하는 사람들은 대략 다음과 같은 4 단계의 삶을 사는 것이 관행으로 되어 있다. 특히 삶의 4가지 목적 중에서 가장 고상한 해탈를 추구하도록 권장된다고 한다. 이를 위하여 사람들(특별히 브라만)은 다음과 같은 삶의 4단계가 권장된다.

1) 학생(學生: 10대): 명상 및 공부의 단계로 스승(guru)과 함께 거하며 "베다"경전을 배우고 의무를 익힌다.
2) 재가자(在家者: 20대): 의무를 수행하면서 가정을 꾸리며, "재산"과 "쾌락"을 추구한다.

3) 은둔자(隱遁者, 숲속 거주자: 30대): 사회적 의무가 끝나면, 은둔하여 명상하고, 제사도 지낸다.
4) 출가수행자(出家修行者: 40대): 가정과 결별하고, 걸식(乞食)하면서 고행(苦行)과 명상(冥想)에 전념하는 산야신(sannyasin) 혹은 사두(sadhu)가 되어 해탈을 추구한다.

걸식을 하면서 수행하는 출가수행자들(산야신)
출처: http://de.academic.ru/pictures/dewiki/98/babasteve-sadhu.jpg

8. 해탈하여 신성(神性)을 추구하는 네 가지 방법(요가)

삶의 네 가지 목적들 중에서 최종적이면서도 가장 고상한 목적인 해탈(목샤)를 추구하기 위한 방법을 일컬어서 보통 요가(yoga)라고 한다. 요가는 영어의 yoke(멍에, 굴레)와 같은 어근에서 나온 말로써 몸과 마음에 멍에를 메어 신성을 추구하게 하는 방법을 뜻한다. 즉 "마음의 움직임을 중지시키는" 멍에를 짐으로써 윤회(존재하는 것은 나쁜 것임)로부터 벗어남(해탈함)으로써 무상한 현실세계를 극복하면서 영원한 신들의 세계로 나아가는 것을 의미한다. 요가는 보통 네 가지로 나뉘는데, 처음 세 가지는 "바가바드 기타"(Bhagavad Gita)경에서 말하는 것으로 즈나나(Jnana) 요가, 박티(Bhakti) 요가, 카르마(Karma) 요가이며, 마지막 하나는 "요가경"(Yoga Sutra)에서 말하는 라자(Raja) 요가이다.

1) 박티(신애: 神愛) 요가

박티(bhakti)는 신에 대한 사랑 혹은 헌신을 뜻하므로 박티 요가는 신을 참으로 사랑함으로써 신성을 얻을 수 있음을 가르친다. 누구나 쉽게 실천할 수 있는 것으로서 4가지 요가 중에서 대중들이 가장 많이 따르는 것이다. 가령 어떤 사람이 비쉬누 신을 사랑한다는 것은 단순히 혼자서 말로만 그 신을 찬양해서는 안 되고, 그 신을 모시고 있는 절에 가서 공적인 예배에 참석하고 또한 헌금 혹은 헌물을 바치며, 또한 그 신의 이름을 일상생활에서 계속 찬양해야 한다. 이와 같은 신에 대한 사랑으로서의 박티의 목적은 신과 일체가 되려는 것이 아니라, 진심으로 그리고 순수하게 신을 사랑하는 것, 즉 사랑 외의 다른 목적을 두지 않고 사랑하는 것이라고 한다.

거대한 쉬바(Shiva)신상 앞에서 박티 요가를 하고는 인도 여성의 모습
출처: http://yoga911.ru/images/shiva.jpg

2) 카르마(행동) 요가

카르마(karma)는 행동 혹은 업보(業報)를 뜻하는 것처럼, 카르마 요가는 일을 함으로써 해탈을 얻을 수 있다는 것을 가르친다. 그러나 여기서 일을 한다는 것은 자신의 의무(dharma)를 행하되, 보상을 바라지 않고 신에 대한 희생제사를 바치는 것처럼 행해야 한다는 것을 의미한다. 힌두교에서 하나의 행위는 또 다른 행위를 낳으므로, 윤회(악한 것으로 받아들여지고 있는)의 근거인 업보가 된다. 그러나 어떤 사람이 보상을 바라지 않고서 신에게 하는 것처럼 행동할 때, 이 행위는 업보가 되지 않음으로, 윤회의 가능성을 약화시킴으로, 보상을 바라지 않는 행위는 해탈을 가져올 수 있다는 것이다.

여성들이 하는 가정일도 카르마 요가로 받아들여진다
출처: http://www.vivekananda.btinternet.co.uk/secondaryschoolspage3_files/image005.jpg

3) 즈나나(지혜) 요가

즈나나(jnana)는 실천적인 앎 및 기술(특별히 군인에 있어서 전투기술 혹은 농부에게 있어서 농사기술과 같이)을 의미하므로, 단순히 지적인 앎이라기보다는 실천적인 지식 즉 지혜에 가깝다. 그러므로 즈나나 요가는 궁극적 실재(브라흐만)에 대한 앎과 그와 하나 되는 실제적인 기술을 가르친다. 즉 나의 진아(아트만)가 곧 궁극적 실재(브라흐만)와 동일하다는 것(범아일여: 梵我一如)을 깨닫는 것이 즈나나 요가의 목표이다. 이 요가에 있어서 중요한 것은 학생이 자신의 무한한 진아(아트만)는 자신의 유한한 자아(무상하고 덧없는 몸에 갇혀있는)와 다르다는 것을 깨닫는 것이다. 이것이 잘 이루어지면, 결국 나의 진아는 브라흐만과 하나라는 것을 깨닫게 된다고 한다.

즈나나 요가에 몰두하고 있는 인도인들
출처: http://www.jiva.org/culture/images/yoga.jpg

4) 라자(심신수련) 요가

파탄잘리의 요가경(Yoga Sutra)에서 특별히 발전된 요가로서, 왕적인(raja=royal) 요가라는 뜻에서 "라자 요가"라고 일컬어져 왔다. 라자 요가는 또한 라자 요가는 또한 8단계로 구성되기에 아쉬탕가(Ashtanga: 8단계) 요가라고 불리기도 한다. 세계를 의식하는 주체(the conscious subject)와 현상(색)계로 예리하게 나누는 이원론적 삼키야(Samkhya) 철학에 근거해 있는 라자 요가는 수도자 자신의 주체적 의식을 중시하면서, 이를 무상한 현상세계에 대한 의식으로부터 분리시키는 훈련(요가)인 것이다. 그러므로 라자 요가에서 요가는 "마음의 동요를 중지시키는 것"(the cessation of mental fluctuations)이다. 이를 위하여 라자 요가는 8가지의 단계를 제시한다.

(1) 금제(禁制): 절제사항

1. 비폭력(아힘사), 2. 거짓말 하지 않기, 3. 훔치지 않음, 4. 성욕억제(독신생활), 5. 무소유.

(2) 권제(權制): 준수사항

1. 순결, 2. 자족, 3. 고행, 4. 경전 공부, 5. 신에게 헌신.

(3) 정좌(定座): 가부좌(跏趺坐, 연꽃 자세)하고, 척추를 바로 세우며, 눈은 코끝을 응시함. 긴장을 풀고, 편안함을 느끼며 명상에 이름.

(4). 조식(彫飾): 호흡조절훈련

편안한 상태에서 호흡의 과정을 의식하면서 수행하여 결국에는 최소한의 공기로 숨을 쉼으로써 정신이 몸에서 분리되어 나가는 경지(탈아[脫我]: 엑스타시)까지 이를 수 있다고 함. 보통 숨을 16호간(30초) 들이쉬고, 64호간(2분) 정지해 있다가, 32호간(1분) 내쉬는 과정을 따름.

(5). 제감(制感): 호흡이 조절되면, 명상에 몰두하여 내면(아트만)에 집중함으로, 외부의 자극에 신경을 쓰지 않도록 함.

(6). 집지(執持): 생각을 마음에 집중하는 것. 보통 마음을 코끝, 불꽃, 신상 등에 집중함으로써 자신의 갈망, 의식, 감각이 정지되게 함.

(7). 정려(停慮): 집지의 심화과정. 개별적 주체의 자기의식이 사라지게 함.

(8). 삼매경(三昧境=사마디, samadhi): 정려 가운데서, 인간의 의식적 주체(아트만)가 온전히 신 가운데서 함몰되는 것. 나(주체)와 신(객체)과의 일체를 이룸(범아일여의 완성).

라자 요가를 하고 있는 인도 여성
출처:http://www.kosyoga.com/wp-content/uploads/2010/02/IMG_0873.jpg

9. 힌두교의 도전과 응전

1) 힌두교의 일반적인 문제들

지금까지 살펴본 바와 같이 힌두교는 '가장 고대적'이지만, '영원한 법도'(사나타마 다르마)로서 인도인들이 수천 년간 결정적 변화 없이 지켜온 종교이다. 그러나 힌두교는 그 동안 내외적으로 큰 도전을 받아왔고, 이 과정에서 불교(Buddhism), 자이나교(Jainism), 그리고 시크교(Sikhism)라고 하는 세계 종교를 파생시켜왔다. 여기서는 먼저 간략하게 힌두교가 과연 어떤 문제점들을 가지고 있었는지를 살펴보고자 한다. 그리고 저 세 가지의 새로운 종교들이 과연 이 문제점들을 어떻게 개혁하고자 했는지를 반성해보고자 한다.

첫째는 불평등주의의 문제이다. 힌두교는 태생적으로 엄격한 카스트 제도를 유지하고 있기에 정치 · 사회적으로 뿐만 아니라, 종교적으로도 본질적인 불평등의 문제를 내포하고 있다. 힌두교는 카스트 제도에 힘입어 유지되기에 브라만 계층을 포함하는 상위 세 계급의 사람들이 주로 구원(목샤)을 받을 수 있다고 가르칠 수밖에 없다. 그러므로 다른 계급의 사람들은 비교적 평등해야할 종교의 영역에서마저 설 곳이 없으므로 숙명적으로 될 수밖에 없었을 것이다.

둘째, 엄격한 보수주의의 문제다. 힌두교는 또한 태생적으로 고대적 경전 및 전통(B. C. 16세기에 형성된 베다경)을 엄격하게 지키는 것을 중시했다. 여기에 이 경전과 전통을 해석하는 문제에 있어서 전문성이 떨어지는 세습적 브라만들이 독점을 함으로써 힌두교의 보수성을 가중되는 것이다. 이에 비하여 유대교, 기독교, 이슬람, 불교에 있어서는 성직자들(종교적 전문가들)이 세습성이 약하기에 창조적인 성직자들이 등장하기가 쉽고 그들은 또한 경전과 전통을 새롭게 해석할 수가 있었던 것이다. 힌두교는 성직자들이 수천 년간 세습적인 브라만들로 이루어져 변화가 쉽지 않기에 과거의 것들을 보수적으로 지켜오는 우를 범할 수밖에 없었다.

셋째, 규범성 및 통일성이 약하다는 문제다. 힌두교는 물론 상위 세 가지의 카스트 계급이 관행적으로 따르는 것으로서, 우리가 위에서 살펴본 바의 사성(카스트) 제도, 삶의 네 가지 목적, 삶의 네 가지 단계, 네 가지의 요가 등을 가르쳐 왔다. 그러나 이는 아직 규정성이 약하고, 또한 그저 관행적으로 이루어짐으로 개인들의 구체적 행동의 규범이 되기 어렵다. 그리고 이런 가르침은 종교적 가르침이라기보다는 그저 삶 자체가 되어왔기에 종교적 규정이 약하다. 또한 힌두교를 지도하는 브라만 계급도 종교적 기관이기도 하지만, 동시에 사회 정치적 지도층이기에 종교적 측면에만 강력하게 개입하기 어려웠다. 여기에 비하여 다른 종교는 가르침을 단순화하고 또한 통일화해온 경향이 강하다. 기독교는 사도신경, 이슬람은 다섯 기둥, 불교는 사성제 팔정도, 유교는 삼강오륜 등의 단순하면서도 통일된 교리를 가르쳐왔다. 그리고 이들 종교는 또한 기독교는 교회, 불교는 상가(sangha: 승가)와 전문 종교단체, 그리고 유대교는 랍비, 이슬람은 이맘과 같은 종교전문가 있어서 국민들의 종교영역을 감독해올 수 있었다. 그러나 힌두교의 브라만 계급은 일반적으로 하나의 종교기관이기도 하지만 동시에 사회정치적 지도계급이기도 하여 종교문제들에 유연하게 대할 수밖에 없었다. 이로 인하여 힌두교는 '삶의 네 가지 목적'에서 살펴본 바와 같이 특정한 삶의 방식(예를 들면, 불교, 이슬람, 기독교는 상당한 금욕주의를 주장함)을 주장하지 않고, 거의 모든 방식이 가능하다는 식으로 방치하고 있다. 그러므로 힌두교에서는 특별히 신들에 대하여 규범적인 것이 없으므로 온갖 다양한 신들이 모두 신들로 인정받는다. 이와 같은 다신주의의 대척점에 있는 것이 바로 아브라함 종교(Abrahamic religions)로서 유대교, 기독교, 이슬람이라고 보겠다. 아브라함 종교는 흔히 유일신을 섬김으로써, 다신론을 철두철미하게 배격함으로써 힌두교가 내포하고 있는 바의 무규정성 및 불일치의 문제를 극복하고 있다. 그러나 힌두교는 모든 개인들의 신들을 인정함으로써 통일성을 기하기가 매우 어렵고, 이것은 개인들에게 뿐만 아니라, 국가적으로 끊임없는 혼란을 야기하게 된다.

2) 힌두교를 개혁하고자 한 운동들로서의 새로운 인도 종교들

위에서 살펴본 문제들 중에서 특히 첫 번째 및 두 번째 문제들 즉 힌두교의 불평등주의와 엄격한 보수주의는 불교의 탄생의 빌미를 제공했다. 불교의 창시자 붇다(Gotama Siddhartha, **B. C.** 563-483 경)는 힌두교의 불평등의 문제를 분명하게 인식하고, 그것을 개혁하는 형식으로 불교를 발전시켰다. 그는 무엇보다도 먼저 힌두교에서 중시하는 권위가 종교의 세계에서는 오히려 방해가 되는 것으로 가르쳤다. 이것이야말로 그가 이미 살아서 그의 제자들에게 다음과 같이 말한 이유이다.

남의 이야기에 솔깃하거나 전통을 답습하지 말아라. 경전에 있다고 곧이 듣지 말아라. 너의 선생이 말했다고 해서 따라가지 말아라. 너 스스로 길을 밝혀 나가라. 지금이나 내가 죽은 후에도, 자기 스스로 곧추 나가는 이들, 자신 외에 어느 누구에게도 의지하지 않는 이들은 최고의 경지에 이를 것이다.[110]

이렇게 힌두교에서 절대적으로 중시되던 권위(특히 브라만의)를 배제하면서 붇다는 강력한 자력 종교 즉 카스트에 상관없이 그 스스로 노력하는 자는 누구든지 해탈을 얻을 수 있다고 역설했던 것이다. 이런 점에 있어서 유명한 종교학자 휴스톤 스미드는 불교가 "힌두교의 프로테스탄티즘"(개신교)라는 주장을 하는데, 이는 매우 통찰력이 있는 주장이라고 본다.[111]

위에서 말한 세 번째의 문제 즉 힌두교의 무규정성의 문제는 자이교의 탄생의 빌미를 제공했다. 자이나교는 마하비라(Mahavira, B.C. 599-527)에 의하여 주도된 일종의 힌두교 개혁운동이었다. 자이나 교인들이 주창한 것은 규정성이 약한 힌두교의 규율들을 단순화하고 철저화해야 한다는 것이었다. 그러므로 그들을 힌두교의 규정성이 약한 규율들을 소위 오계(五戒)로 단순화하되 특히 불살생(不殺生: ahimsa)의 철저한 준수를 중심으로 힌두교를 재구성하고자 했다. 자이나교의 오계는 다음과 같다. **(1)불살생(ahimsa), (2) 거짓말 하지 말 것, (3) 주어진 것 외에 취하지 말 것(훔치지 말 것), (4) 성관계를 가지지 말 것(브람마차리아), (5) 재산을 가지지 말 것.** 이처럼 자이나교도들은 힌두교 가르침의 단순화 그리고 그것의 철저한 준수를 강조하는 것을 외쳤지만, 이것이 브라만들에 의하여 받아들여지지 않자 새로운 종교로서 자이나교를 발전시켰던 것이다. 이 과정에서 자이나 교도들은 신에 대한 신앙을 배격하고, 오직

110 휴스톤 스미드, 이종찬 역, 세계의 종교 (서울: 은성, 2001), 139에서 재인용.
111 위의 책, 137.

오계 특히 불살생을 엄격히 준수함으로써 윤회로부터 해탈을 할 수 있다고 가르쳤다. 그들은 현재의 업보 중에서 살생이야말로 나의 내생의 조건을 가장 나쁘게 하는 것이라고 받아들여서 살생을 피하려는 노력을 철두철미하게 해왔다. 그러므로 그들은 살생을 적게 하기 위하여 농업이 아니라, 상업에 종사하며, 엄격한 채식주의를 실천하고(식물의 뿌리도 먹지 않음), 자주 금식을 한다고 한다. 또한 나아가서 여름에는 모기나 하루살이 등의 살생을 막기 위해 마스크를 쓰고, 길을 갈 때는 지렁이나 개미 등 곤충들의 살생을 막기 위해 빗자루로 쓸면서 간다고 한다. 그뿐만 아니라, 저들은 옷을 만들 때 또한 살생(목화나 마 등의 식물의)을 해야 함으로 이를 피하기 위하여 아예 옷을 입지 않거나(천의파) 아니면 최소한의 옷으로서 흰 옷을 입는다(백의파)고 한다. 이것은 힌두교의 규정성이 없는 교리와 그 교리의 느슨한 실천에 대한 반동에 다름 아닌 것이다.

마지막으로 우리는 16세기경에 당시 인도의 서북부 펀잡(Punjab) 지역을 지배하고 있던 이슬람의 영향으로 성립된 시크교(Sikhism)에 성립에 있어서 드러난 힌두교의 문제점들을 생각해 볼 수 있다. 앞서 살펴 본 바와 같이 힌두교는 불평등주의와 무규정성을 강조함으로써 여러 가지의 혼란의 씨앗을 가지고 있었다. 이런 상황에서 인도의 이슬람교도들은 힌두교의 모든 신들을 넘어서 있는 유일한 초월신을 예배할 것과 모든 힌두신들의 철폐를 주장했다. 그리고 그들은 이 유일한 초월신 앞에서의 평등 즉 모든 사람은 그 신 앞에서 동일한 형제자매라는 것을 강조했다. 이것은 힌두교를 뿌리 채 부정하는 것이었지만, 그만큼 평등정신과 통일성을 가져다주는 이점들이 있기에 새로운 종교 즉 시크교로 성립하여 발전해올 수 있었던 것이다.

생각나누기

1. 힌두교의 신들이 널리 받아들여지게 되는 자연조건은 무엇인가?
2. 윤회 및 업보는 과연 존재하는가?
3. 윤회와 업보를 통하여 성립하는 존재 자체를 반드시 부정적으로 봐야 하는가?
4. 브라만 계급이 등장하게 되는 배경은 무엇인가?
5. 인도의 카스트 제도가 영속화되어온 이유는 무엇인가?
6. "삶의 네 단계"에서 "은둔자" 및 "출가수행자"의 단계는 반드시 필요한가?
7. 요가(특히 라자 요가)는 과연 어떤 도움을 주는가?
8. 불교는 힌두교의 어떤 점을 개혁하려고 했는가?
9. 자이나교는 힌두교의 어떤 점을 개혁하려고 했는가?

읽을거리:

간디, 함석헌 역, **간디 자서전**, 서울: 삼성출판사, 1993.

볼거리:

영화 "간디"

제6장
불교: 평화와 합일의 종교

정희원

World religions and civilizations

1. 들어가는 말

불교는 지난 2500년간 서양의 종교와 달리 인격적 신의 존재를 단언하지 않고 어떤 절대자의 섭리에 기대지 않으면서도 인간의 삶에 즐거움, 위안, 의미를 제공해왔다. 또한 불교는 서구의 역사가 증명하듯 종교적 신념의 차이로 인한 혼돈과 갈등 그리고 대립과 전쟁의 역사로 점철된 서양의 종교사와는 달리 자연과 인간, 종교와 종교 그리고 전 인류의 삶 속에서 공생공존의 길을 제시 하였다. 이와 같이 불교 전통은 철저히 인간의 주체 확립과 공동생활의 '상즉상입'(相卽相入), 즉 우주의 삼라만상이 서로 대립하지 않고 융합해 작용하며 무한히 밀접한 관계의 유지를 강력하게 주장한 대표적인 종교이다. 따라서 불교는 시대와 지역을 초월한 인본주의 가치와 자유와 평등, 그리고 자비와 평화를 보편적 가치로 주장하는 종교라 할 수 있다.

이러한 특이성에 감화되어 수많은 현대 지성들은 불교에 대해 설파하였다. 앨버트 아인슈타인은 "과학과 종교"라는 주제를 다룬 1935년 프린스턴대학 강연에서 "미래의 종교는 우주적 종교가 돼야한다. 그 동안 종교는 자연세계를 부정해 왔다. 모두 절대자가 만든 것이라고 해왔다. 그러나 앞으로의 종교는 자연세계와 영적인 세계를 똑같이 존중한다는 생각에 기반을 둬야 한다. 자연세계와 영적인 부분의 통합이야말로 진정한 통합이기 때문이다. 나는 불교야말로 이러한 내 생각과 부합한다고 본다. 만약 누군가 나에게 현대의 과학적 요구에 상응하는 종교를 꼽으라고 한다면 그것은 '불교' 라고 말하고 싶다"라고 주장하였다. 또한 위대한 역사학자로 일컬어지는 아놀드 토인비는 옥스퍼드 학술회의에서 20세기 가장 위대한 역사적 사건으로 "동양의 불교가 서양에 유입된 사실"을 역설하며 불교야말로 포용과 관용의 종교로서 인류사회를 공영공존의 길로 인도할 수 있음을 주장하였다. 그리고 노벨 문학상 수상자이자 붓다의 생애를 모티브로 한 소설 **싯다르타**를 발표했던 독일의 문호 헤르만 헤세 역시 전 인류를 합일할 수 있는 사상은 불교뿐이라고 설파하였다.

이렇듯 인도에서 발현되어 오랫동안 아시아인들의 종교였던 불교는 금세기에 이르러서는 아시아라는 지역적 경계를 넘어 서구 사회의 종교와 지성, 그리고 문화전반에 깊은 영향을 끼치고 있다. 초기 불교가 티베트, 스리랑카, 태국, 미얀마, 베트남, 중국, 한국, 일본 등 아시아 각국의 고유한 역사와 문화적 전통과 통섭하여 각국의 고유한 불교 교리와 의례를 형성하며 세상과 인간 실존에 관한 종교적 질문에 답을 제시하며 깊은 영향을 끼쳐왔듯이, 오늘날의 불교 역시 다양한 형식과 사상을 바탕으로 서구 사회로 확산되어 세계 종교 지형의 변화뿐만 아니라 일상적 문화에도 영향을 미치며 자리 매김을 하고 있다.

〈사진설명: 미국 오리건 주 포틀랜드 시 소재 '달마 레인 선 센터'(Dharma Rain Zen Center) 구도자들의 선 수행 장면, 출처: www.dharma-rain.org〉

일례로 불교의 명상 전통은 복잡한 세파에 시달려 삶의 의미를 잃고 방황하는 서구인들의 정신 수양과 생의 의미를 발견하는 방편으로 수용되어 이제는 서구의 대도시 어디에서나 선 (禪) 센터를 쉽게 찾아볼 수 있게 되었다. 예술과 대중문화에서도 다양한 불교적 가치의 반영을 엿볼 수 있는데, 동아시아 불교의 자연관에 영향을 받은 서구의 건축가들이나 예술가들은 불교적 가치를 건축과 조경에 반영하고 있으며 특히 일본식 사찰 건축물과 정원예술은 전 세계 정원조경에 영향을 끼치고 있다. 1990년대 등장해 전 세계 대중음악의 역사를 바꾸어 놓았다고 평가받은 미국의 록 밴드 너바나 (Nirvana)는 그들의 그룹명을 윤회에서 벗어나는 불교적 이상을 의미하는 '열반'이라는 단어에서 차용하였으며, 그들의 앨범인 **네버마인드** (Nevermind)는 불교의 중요한 개념인 '무심 (無心: no-mind)'을 반영하였다. 뿐만 아니라 전 세계 어린이의 사랑을 받고 있는 애니메이션 "드래곤볼"은 여래불, 관음보살 등의 무한한 법력과 불교의 덕목인 자비와 지혜를 형상화한 중국 고전 **서유기**를 원작으로 만들어져 전 세계 어린이들과 청소년들의 흥미를 자아내고 있다. 이렇듯 단순히 종교적 의미를 넘어서 문화적으로 불교를 직간접적으로 수용하고 있는 서구인들이 과연 불교의 전통과 교리를 바르게 이해하고 있는 것인가 하는 질문에는 확실히 답할 수 없다 할지라도, 분명한 사실은 불교가 다양한 방식과 형식으로 전 세계인들의 마음속에 자리 잡고 있다.

그렇다면 유구한 역사동안 아시아인들의 삶에 평안과 위안의 길을 제시하고 근세기 들어 수많은 서구인들로 하여금 불교문화에 관심을 가지게 하는 불교의 '본질' (essence)과 핵심적인 가르침은 무엇일까? 또한 불교도라 규정할 수 있는 유일한 교리나 의례는 무엇일까? 하지만 이러한 질문들에 대해 불교도들은 분명한 답을 제시하는 것을 불편해 할 뿐만 아니라 본질이나 핵심이라는 용어를 사용하여 불교를 설명하지 않는다. 왜냐하면 '본질'에 관한 질문과 탐구는 이원론적 형이상학과 분석적 인식론에 오랫동안 기초한 서구 종교의 세계관과 사고 양식에 따른 것으로 불교인들의 관점에서는 논의의 대상이 되지 않는 질문이기 때문이다. 실제로 불교는 '제행무상' (諸行無常)의 관념을 담지하며 삼라만상이 단 한 순간도 고정된 것은 없이 모든 것들이 변화하며 그 어떤 것도 영원한 본질을 가지고 있지 않다는 변화의 철학을 제시한다. 또한 유식학파 (唯識學派)의 기본적인 가르침인 '삼계유심 만법유식' (三界唯心 萬法唯識)은 우주의 궁극적 실체는 오직 마음뿐으로 외계의 대상은 단지 마음이 나타난 결과라 주장하며, 실체 (essence)라는 것도 없고 실체처럼 보인다 해도 실은 변화무상하여 세상의 모든 실체는 마음에 달려있다고 가르친다.

뿐만 아니라, 불교는 역사적 발전 속에서 많은 상이한 학파와 종파를 형성하여 팔만사천의 법문과 교리를 이루었으며, 그 중에는 자력 수행에 의해 해탈을 추구하는 선종 (禪宗)이 있는가 하면 타력을 중시하는 정토종 (淨土宗)과 밀종(密宗)이 있다. 세속을 떠나 깨달음을 추구하려는 출세(出世) 취향이 뚜렷한 출세간법 (出世間法)이 있는가 하면 세속생활을 도모하는 세간법 (世間法)도 있다. 또한 출세간과 인간세상을 융통하는 대승법 (大乘法)이 있는가 하면 철학적 이치가 극히 심오하고 치밀한 중관(中觀), 유가(瑜伽), 삼론(三論), 화엄(華嚴) 등 다양한 철학사상도 있다. 그리고 석가모니만을 유일한 붓다로 인정하고 보살이라 가르치는 소승불교 (小乘佛敎)가 있는 반면, 수많은 붓다의 존재를 인정하는 대승불교 (大乘佛敎)에서는 대승법을 수행하며 "깨달음을 구하여 노력하는 자" 모두를 '보살'이라 한다.

위와 같이 불교는 역사와 문화적 환경에 따라 인간사회의 수많은 신앙적 요구에 다양한 교리, 의례, 사상을 제시해 왔기에 불교를 이해하기 위해서는 서양의 종교를 이해하는 방식, 즉 세계와 인간의 기원을 밝혀 종교적 실체와 본질을 소개하고 이를 바탕으로 세워진 유일한 교리를 통한 종교적 정체성을 제시하는 방법으로는 불교를 온전히 이해할 수 없다. 따라서 불교와 그 문화를 보다 잘 이해하기 위해서는 시조 고타마 싯다르타의 삶과 그가 고민하고 깨달은 인간 실존의 문제 그리고 그의 깨달음이 어떻게 해석되고 전파되었는지 인류 문명사적 견지에서 그 의의를 조명하는 것이 적절하다.

2. 불교의 탄생 - 문명사적 배경

불교는 고타마 싯다르타라 불린 붓다 석가모니 (Buddha Sakyamuni)의 깨달음과 가르침으로부터 시작된다. 그러나 이 새로운 종교의 출발은 싯다르타가 태어난 기원전 6세기 무렵 인도의 시대 상황과도 무관하지 않다. 당시 인도는 강대한 신흥왕국의 출현과 도시의 형성 등으로 급격한 정치 · 사회적 변화가 나타나고, 이에 따라 종교 및 사상계 또한 매우 복잡하게 전개되고 있었다. 이런 인도문명의 큰 흐름 속에서 일반 대중들의 새로운 시대에 부합하는 종교적 요구 속에서 싯다르타가 탄생했으며 불교가 창시되었다.

인도의 고대 문명은 기원전 3000년경부터 개척되기 시작하여 대략 1000년에 걸쳐 형성된 것으로 추정된다. 이를 인더스 문명이라 하며 오늘날 인더스 강 유역의 하라파 (Harappa)와 모헨조다로 (Mohenjo-Daro)등 도시 유적들에서 그 흔적을 찾아볼 수 있다. 수준 높은 이 고대 문명은 문다(Munda)족 · 드라비다(Dravida)족 등을 비롯하여 일찍부터 인도 대륙에 살아 온 여러 종족들에 의해 이룩되어 왔다. 그러나 이후 인도의 문명은 멀리 코카서스(Caucasus) 지방으로부터 인더스 강 상류의 펀자브(Punjab) 지방에 침입해 온 아리야(Arya)인들에 의해 주도되었다. 이들이 문다족 · 드라비다족과 같은 원주민들을 정복하고 대륙의 중심으로 이동하면서 후기 인도문명의 형성에 새로운 주역이 되었다.

〈인더스 문명 발상 지역, 출처: 두산백과사전 엔사이버, www.encyber.com/search_w/ctdetai...3D129191〉

처음 펀자브 지방에 침입해왔던 아리야인들은 기원전 11~9세기 무렵에는 이미 갠지스 강 상류 지방으로 이주하였고, 계속 동방으로 진출하여 기원전 6~5세기 무렵에는 갠지스 강 중류 지방에 정착하기에 이르렀다. 이에 따라 이 지방에는 정치, 경제, 사회적으로 현저한 변화가 일어나게 되었다. 먼저 당시 기존의 여러 부족이 점차 통합하여 국가형태를 이루었고, 그것은 다시 군소 국가의 병합을 통해 강대한 국가체제를 형성해 나갔다.

초기 불교 경전에 의하면, 이 무렵 인도에는 16대국이 있었다고 전한다. 그 가운데 특히 강성했던 나라는 마가다(Magadha), 코살라(Kosala), 밤사(Vamsa), 아반티(Avanti) 등이었으며, 전제 군주 체제하의 이들 4대국에 의해 군소 국가들은 점차 정복되었다. 싯다르타 시대에 이르러서는 이들 나라는 이미 갠지스 강 중류지방에 각각 강대한 신흥 왕국으로서 자리 잡고 있었다. 신흥왕국의 중심지는 도시였는데, 특히 갠지스 강 중류 지방의 여러 도시가 경제적으로 크게 번성하였다. 처음 이 지방으로 이주해 온 아리야인 사회는 변함없이 종전과 같은 씨족제 농촌사회의 촌락 공동체를 기반으로 하였다. 그러나 점차 농업 생산이 증대되고 인구의 증가 및 상공업의 발달이 촉진됨에 따라 곳곳에 도시를 형성하기에 이르렀다.

이 같은 국가제도의 변화에 함께 사회구성 조직도 점차 변모해갔다. 인도사회의 특징으로 들 수 있는 계급제도는 아리야인들이 갠지스 강 상류지방에 이주한 시기에 확립된 것으로, 일반적으로 사성(四姓) 계급제도라고 한다. 이 제도에 따르면, 사회는 사제들이자 지식인들인 브라만(Brahman), 무사 또는 왕족들인 크샤트리야(Kshatriya), 상인 · 서민들인 바이샤(Vaisya), 노예 · 육체노동자들인 수드라(Sudra)의 네 부류의 거대 집단들, 즉 카스트(cast)로 갈라진다. 따라서 이를 흔히 '카스트제도'라고 부르지만 원래 카스트란 개개의 계급집단을 가리키는 말이다. 어쨌든 이는 인도 아리야인의 사회구성을 특징짓는 계급제도로서, 이에 기반을 두어 브라만교(Brahanism)가 성립하였다. 그런데 싯다르타 탄생시기에 이르러 이러한 계급제도가 점차 변모하고 있었다.

이 같은 사회적 변화와 함께 주목해야 할 사실은 정치적 통치자로서의 국왕과 경제적 실력자들인 자산가들의 등장이다. 왕은 종전의 농촌 사회에서는 단순히 일개 부족의 수장에 지나지 않았지만, 신흥왕국에서는 이들이 국가의 지배자로서 그 지위를 갖기에 이르렀다. 또 자산가는 도시를 배경으로 상업 자본가나 지방의 거대한 토지의 소유자로서 서민 계급과는 구별되는 하나의 사회적 신분으로 간주되게 되었다. 이처럼 국왕이나 자산가가 사회에 커다란 세력을 갖게 됨에 따라 전통적 계급제도는 점차 무너지기 시작하였다. 한편 아리야인들이 동방으로 진출함으로써 증가되기 시작한 원주민과의 혼혈 등으로 인해, 인종적으로도 계급 붕괴의 현상이 가속화되어 갔다. 그리하여 브라만교 문헌에는 사성(四姓)을 열거할 경우 반드시 브라만 · 왕족 · 서민 · 노예의 순서로 하여 브라만을 최상위에 두고 있지만, 초기불교의 성전에는 거의 대부분이 왕족 · 바라문 · 서민 · 노예의 순서로 나타난다. 즉 붓다의 시대에는 이미 브라만과 왕족의 위치가 바뀌어 사회적 계급 서열의 변화가 일어나고 있었다.

원래 브라만 세력은 농촌사회를 중심으로 뿌리를 내려왔다. 따라서 싯다르타 시대에도 여전히 농촌에서는 브라만이 상당한 영향력을 미치고 있었지만, 신흥 도시들을 중심으로 한 사회에서는 그들의 옛날의 권위는 더 이상 지켜지지 않게 되었다. 결국 브라만 지상주의를 설파하고 다른 계급에 대한 자기들의 우월성을 강조해 온 브라만 (사제)이 위주로 생성되었던 종교인 브라만교는 사회구조의 변화와 함께 종교적 권위를 실추하게 되었고 일반 대중에게는 이제 낡은 사상과 미신처럼 느껴졌다. 또한 브라만교의 최고 권위로 여겨졌던 경전 **베다** 역시 그 권위를 상실하게 되었다. 따라서 싯다르타 시대에 이르러서 인도사회는 기존 종교를 대체할 새롭고 변혁의 종교와 사상에 대한 요구가 증대되었고 브라만교의 가르침을 대신하는 자유사상가들이 환영을 받았다. 이들과 마찬가지로 고타마 싯다르타도 이러한 종교, 사회, 정치적 변화의 공기 속에서 태어난 자유사상가의 한사람 이였다.

3. 붓다 (The Buddha): 깨달음을 얻은 자

불교의 역사는 기원전 500년경 현재의 네팔 남부와 인도의 국경 부근인 히말라야 산지의 작은 왕국에 생존했던 고타마 싯다르타의 이야기로 시작된다. 초기 불교 전승에 의하면, 싯다르타는 정치적으로 코살라 왕국에 예속되어 있던 샤카족 (Sakyamuni: 석가)의 왕실 가문에서 태어났다고 전한다. 비록 생후 7일 만에서 어머니를 여의기는 했지만, 그는 한 나라의 왕자로서 모든 것이 완비된

환경 속에서 자랐으며, 왕자로서 갖추어야 할 여러 지식과 학문을 고루 교육 받았다고 전한다. 그리고 싯다르타는 온갖 호화로움을 극진한 보살핌 속에서 청소년 시절을 보냈으며 16세에 결혼을 하게 된다. 하지만 그는 어린 시절부터 그런 부족함이 없는 왕궁의 생활에 마음을 빼앗기기 보다는 인간이나 세계와 같은 문제들에 관해 깊은 사색에 잠기는 일이 많았다. 인생의 여러 가지 문제들 가운데서도 특히 그를 괴롭히는 것은 생 · 노 · 병 · 사와 같은 삶의 근본적인 문제들이었다.

전승에 의하면, 20대 후반 싯다르타는 자신의 거주하던 성문 밖으로 산책을 나가 성문 밖에서 몹시 쇠잔하고 추해진 노인, 괴로움으로 신음하는 병자, 슬픔의 장례 행렬을 차례로 목격한다. 여기서 늙고, 병들고, 죽는 인생의 괴로움의 문제를 세삼 실감하게 된다. 그리고 그는 다시 성문 밖으로 나갔다가 나무 아래 단정히 앉아 수도하는 한 수행자를 만난다. 왕궁의 호화로운 생활도 싯다르타에게는 아무런 의미를 주지 못하고 있을 때, 왕실에서 고대하던 아들을 얻게 되지만 그는 그 아들이 수행에 방해가 된다고 생각하여 그 이름을 '방해'라는 뜻을 가진 라훌라 (Rahula)라 짓는다. 그러나 싯다르타는 곧 태어난 아들이 왕자로서 나라의 대를 이어 자신의 책임을 덜 수 있다고 생각하고 이제 출가를 결행할 때가 왔다고 생각하였다. 드디어 어느 날 밤 싯다르타는 남 몰래 왕궁을 빠져나와 출가 구도(求道)의 길을 나섰다. 그 때 그의 나이 29세였다. 싯다르타가 뒷날 진리를 깨달아 붓다가 된 다음, 그는 자신의 출가 동기를 이렇게 술회하고 있다.

> 내가 출가한 것은 병듦이 없고, 늙음이 없고, 죽음이 없고, 근심 걱정 번뇌가 없고, 더러움이 없는, 가장 안온한 행복의 삶(열반)을 얻기 위해서였다.([증아함] 권56 라마경); 이 세상에 만약 늙고, 병들고, 죽는 이 3가지가 없었다면 여래(如來, 붓다)는 세상에 출현하지 않았을 것이다. ([잡아함] 권14, 346경)

〈파키스탄 라호르 박물관 소재 고행상, 출처: www.hubpages.com/hub/learning-culture〉

이 같은 붓다 자신의 술회는 싯다르타의 절실한 출가 동기가 무엇이었는지 잘 말해주고 있다. 그는 일찍부터 늙고 병들고 죽는 것에 대하여 생각했고, 그 필연적인 인생의 괴로움을 슬퍼하였으며, 불완전한 인간 세상의 모순을 괴로워했다. 이러한 실존적 고민 끝에 마침내 그 질문들을 해결할 수 있는 삶의 길을 찾아 왕궁을 버리고 출가를 단행했던 것이다.

이렇게 출가 구도자가 된 싯다르타는 자신을 가르쳐 줄 스승을 찾기 위해 길을 나섰다. 수많은 수도자들, 사상가들, 브라만을 만났지만 그가 고민했던 생로병사에 대한 근본적인 질문에 대한 답을 찾지 못한다. 구도의 편력을 지속하며 맹렬하게 고행을 수행하기 시작하였다. 하지만 정신의 자유를 얻기 위해 극심한 고행에도 불구하고 싯다르타는 해탈을 얻을 수가 없었다. 그 자신 일찍이 왕궁의 생활에서 경험했던 온갖 즐거움과 쾌락이 인간에게 궁극적인 행복을 가져다주지 못했던 것처럼, 고행 또한 마찬가지였다. 따라서 당시 뛰어난 수도자들의 가르침도 극단의 육체적인 고행도 무익함을 깨닫게 되고 스스로 구도의 길을 개척해 나가야만했다.

결국 그는 혼자서 그늘이 무성한 언덕 훗날 보리수로 알려진 핍팔라(Pippala) 나무 밑에 자리를 잡고 "깨달음 (보리)를 이루지 못하면 결코 이 자리에서 일어나지 않으리라"고 굳게 결심한다. 오랫동안 방황하던 구도자 싯다르타는 구도의 길의 종점에서 자신이 그토록 찾아 헤매던 길을 혼자 개척해 나가기 시작하였다. 그의 수행은 치열하고 철저하게 계속되었다. 그러던 어느 날 새벽, 마침내 싯다르타는 진리를 깨닫게 되고, "깨달은 사람", 즉 붓다(Buddha)가 된다. 왕궁을 떠나 출가하여 구도 수행해온지 6년만이었고, 그의 나이 35세 때였다.

싯다르타의 깨달음은 인간을 괴롭게 하고 자유를 구속하는 것은 결코 외부의 어떤 것이 아니라 각자의 마음에 그 원인이 있음을 발견하였다. 그래서 인간의 "무한한 자유와 고통이 없는 편안함", 즉 '무고안온'(無苦安穩)의 행복을 자신의 마음에 달려있음을 깨달았다. 그는 생로병사에는 근본적인 원인이 있으며, 그 원인은 다름 아닌 인간의 마음 깊숙이 깃들어 있는 '무명'(無明), 즉 진리에 대한 무지와 그것 때문에 발생하게 되는 욕망이었다. 이것을 깨달은 싯다르타는 이 무명과 욕망으로부터 비롯한 인간의 모든 괴로움이 '연기'(緣起), 즉 "모든 것이 인연으로 생겨남"을 체계적으로 관찰하여, 마침내 그 무명과 욕망을 없앰으로써 무고안온(無苦安穩)의 열반(涅槃)을 깨닫는데 성공한 것이다.

불교 전승은 싯다르타의 이러한 깨달음을 수하항마(樹下降魔)라는 설화를 통해 극적으로 묘사한다. 싯다르타가 팝빌라 나무, 보리수나무 아래에 앉아 깨달음을 얻자 이때 마왕 (魔王) 파피야 (Mara Papiya)는 그의 부하들과 함께 온갖 위협과 유혹으로 그의 깨달음을 방해하지만 싯다르타를 이기지 못하고 결국 항복함으로 싯다르타는 붓다가 되었다는 내용이다. 이 일화기 소개하는 극적인 내용으로 인해 많은 학자들은 이 사건의 역사성에 의심을 가지며, 싯다르타를 방훼한 마(魔)를 자기 내면에서 일어나는 심각한 정신적 갈등을 뜻하는 것으로 해석된다. 수하항마의 역사적 사실 여부를 떠나, 싯다르타는 이처럼 외부적인 위협과 자신의 내면에서 끊임없이 일어나는 온갖 욕망과 회의와 불안과 같은 정신적 갈등과도 싸워야 했다. 그리고 마침내 그것을 넘어서서 더없이 참된 깨달음을 이룬 붓다가 된 것이다.

탄생부터 깨달음까지 붓다의 관한 모든 이야기들은 대부분은 불전문학 (佛傳文學)이라 불리는 초기 경전에 기록된 전승과 전설에 기인하고 있으며, 이들 내용들은 모두 붓다의 입멸 후 수 세기를 지나 작성되었다. 그 내용으로 보아 불교의 시조를 찬양할 목적으로 서술된 것으로 다소 과장과 비현실적인 표현들이 나타나고 있기에 사실성과 역사성을 입증하기는 어렵지만, 붓다의 생애와 가르침을 구전(口傳)한 초기 제자들의 열심과 훗날 이를 바탕으로 붓다의 전기를 기록한 사람들의 두터운 신앙심과 그들이 구사하는 풍부한 종교적 상징성은 단편적이지만 붓다의 역사적 생애와 함께 불교가 제기하고 있는 근본적인 인간 실존에 관한 종교적 문제의식과 가르침을 이해하는 원천이라 할 수 있다.

4. 거룩한 붓다의 길

붓다는 깨달음을 통해 사람들이 끝없이 늙고 병들고 죽어가는 고통 속에서, 무엇이 행복이며 어떤 것이 괴로움인지 조차 모르고 살고 있는 이들에게 모든 괴로움으로부터 구제해야 한다는 자비의 빛을 발하기로 하고, 드디어 인류 역사에 새로운 장을 여는 거룩한 붓다의 길을 나섰다.

〈사진설명: 경상북도 청도 운문사 대웅보전 앞에 세워져있는 초전법륜상,
출처: www.unmunsa.or.kr〉

그가 보드가야의 보리수 밑을 떠나 처음으로 향한 곳은 갠지스 강 유역의 바라나시(Varanasi) 근방의 녹야원(鹿野苑)이었다. 그곳에서 예전 싯다르타와 함께 수행하다 포기하고 떠나버린 다섯 수행자들을 다시 만나 고통과 즐거움의 양 극단을 떠난 중도(中道)의 길과, 고(苦) · 집(集) · 멸(滅) · 도(道)의 사성제(四聖諦) 등에 대한 가르침을 폈다. 붓다의 가르침을 듣고 깨달은 이들 다섯 수행자는 붓다의 최초 제자들이 되었다.

녹야원에서 베풀어진 최초의 가르침은 흔히 '초전법륜'(初轉法輪)으로 불리며, '처음으로 법의 수레바퀴를 굴렸다'는 뜻이다. 여기서 말하는 '법'이란 '진리'를 가리키는 것으로, 붓다의 이 첫 설법은 불교 역사상 가장 중요한 의미를 갖는다. 불교의 실질적인 출발이 이 초전법륜으로부터 시작되기 때문이다. 즉 초전법륜을 통해 불(Buddha, 佛, 가르침을 연 붓다) · 법(Dharma, 法, 붓다가 발견한 진리) · 승(Samgha, 僧, 불법을 받들고 실천하는 사람들의 모임)의 교단 구성요소가 모두 갖추어진 것이다. 이 3가지 요소는 불교 교단 구성의 핵심이기 때문에 "3가지 보배" 즉 '3보'(三寶)라고 부른다.

최초의 다섯 수행자들이 붓다의 제자가 된 후, 다른 이들도 붓다의 설법을 듣고 출가하게 되어 총 60명의 출가 제자를 거느리게 된 붓다는 제자들에게 전도의 길을 떠나도록 권하였다. 붓다 역시 전도여행을 떠났으며 그의 가르침을 통해 수많은 이들이 그의 제자가 되었다. 붓다의 가르침은 빠른 속도로 갠지스 강을 걸쳐 사방으로 전파되었고 교세는 점차 확장되었다. 당시 인도의 종교 사상계에서 볼 때 붓다는 한 사람의 출가 수행자에 불가했지만, 붓다의 가르침은 계층에 구별 없이 많은 사람들에게 큰 감화를 끼치면서 급속하게 번져 나갔다. 이에 위협을 느낀 기성 종교인들은 붓다와 그의 교단을 핍박을 하였다. 심지어 그를 죽이려고까지 하였으나, 붓다에 대한 위해는 오히려 그를 더욱 유명하게 만들었고 사람들로 하여금 그의 가르침에 더욱 더 귀 기울이게 하는 결과를 초래하였다. 그의 가르침은 당시 사람들이 고민하던 인간의 근본적인 괴로움을 해결하는 진리의 길로 여겨졌고 행복한 삶을 이루게 하는 가르침이었다.

이러한 전도여행도 붓다가 80세에 이르러 마지막을 맞이하게 되는데, 45년간의 긴 전도 활동을 마감하는 마지막 전도여행 중 병을 얻게 되고 병이 위독해지자 곧 '열반' (Nirvana, 涅槃)에 들 것을 제자에게 예고하였다. 마침내 붓다는 현재 네팔 국경 근처인 쿠시나가라 (Kusinagara)에 있는 사라나무 숲에 이르러 열반을 준비하며 마지막 설법을 하였다.

제자들이여! 그대들은 각자 스스로를 등불로 삼아 스스로를 의지처로 삼아야 한다. 남을 의지해서는 안된다. 이 법을 등불로 삼고 의지처로 삼아야 한다. 다른 가르침을 의지처로 삼아서는 안된다 ……. 제자들이여! 지금은 나의 마지막 시간이다. 그러나 이 죽음은 육신의 죽음임을 잊지 말아라. 육신은 부모로부터 생겨나서 음식으로 유지되는 것이기에 어쩔 수 없이 병들고 상처 나고 부서지는 것이다. 육신이 부처의 본질은 아니다. 본질은 깨달음이다. 육체는 이 자리에서 멸하지만 깨달음은 영원히 법과 진리 속에 살아있다. 그러므로 나의 육체를 보는 자가 나를 보는 것이 아니고, 나의 가르침을 아는 자만이 나를 보는 자이다 ……. 제자들이여! 이제 나의 최후의 시간이 다가왔다. 나는 지금부터 열반에 들리라. 이것이 나의 마지막 가르침이다.
([장아함경] 권2, 유행경)

이 최후의 가르침을 줄여서 '자등명 법등명'(自燈明 法燈明)의 유훈이라 한다. 이렇게 최후의 가르침을 남긴 뒤에, 붓다는 북쪽으로 머리를 두고 서쪽을 향해 누워 고요히 입멸(入滅), 즉 '열반'하였다. 붓다가 열반에 들자 제자들과 신도들은 붓다의 유해를 화장했고 그 몸에서는 많은 사리(舍利)가 나왔다. 장례에 참석했던 각국의 많은 이들은 사리와 사리를 담았던 그릇과 유해를 태운 재를 얻어갔고 각자 자기 나라로 가지고 돌아가서 탑을 세워 모셨다. 이것이 불탑(佛塔)의 효시로서, 붓다가 열반에 든 다음 불교도들은 이 탑을 그들의 신앙 대상으로 삼았으며 자신들의 나라에서 붓다의 지혜와 자비의 가르침을 걸머지고 쉴 새 없이 설법전도의 삶을 이어갔다.

5. 불교 전래사: 지혜와 자비의 확산

인도의 국경지대 작은 왕국에서 탄생한 고타마 싯다르타의 깨달음은 찬란한 빛을 발하기 시작한다. 붓다의 찬란한 지혜와 자비의 빛은 이제 "아시아의 빛"으로 그의 제자들에 의해 전 세계를 비출 준비를 하게 되었으며, 불교의 깨달음은 지혜와 자비의 맑은 샘이 되어 온 땅을 적시며 인류의 마음을 풍요롭게 하기 시작했다.

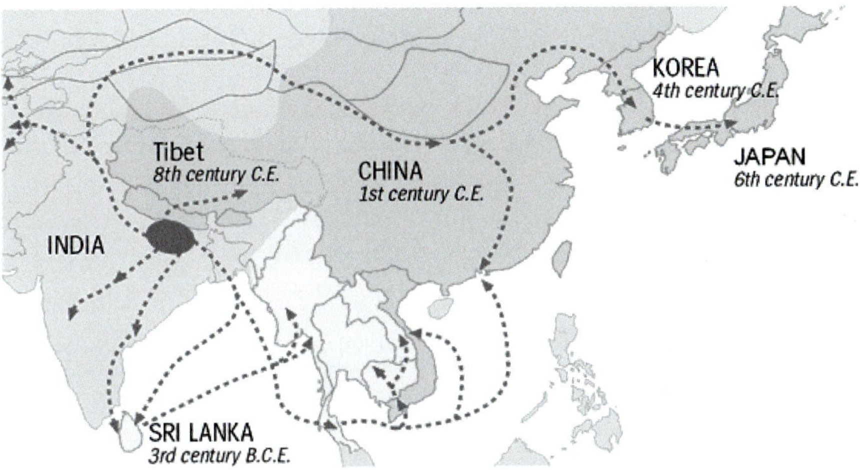

〈불교전래도, 출처: P. B. Clarke, The Atlas of the World's Religions - Marshall Pictorial Atlas, London: Marshall, 1998〉

(1) 인도

갠지스 강 유역과 네팔의 경계지역으로 꾸준히 전파되던 붓다의 가르침은 드디어 마우리아 왕조 (기원전 4세기 - 2세기)에 걸쳐 꽃을 피우게 된다. 마우리아 왕조 제3대 왕인 아소카왕 (기원전 268-232)에 이르러서 붓다의 가르침은 인도 전역으로 퍼져나갔고, 나아가 붓다의 가르침은 인도를 넘어서 멀리 국외로까지 전파될 기회를 가지게 되었다. 마우리아 왕조는 인도 최초의 통일왕조였다. 제1대 찬드라굽타 왕 시기, 영토는 이미 북쪽으로는 히말라야 산맥, 동쪽으로는 벵갈만, 서쪽으로는 힌두쿠시 산맥, 남쪽으로는 빈디야 산맥 남쪽까지 달했으며, 아소카 왕은 다시 칼링가와 그 밖의 지역을 정복하여 그 영토를 데칸고원까지 확장하였다.

아소카왕은 원래 성격이 난폭한 사람이었으나, 칼링가를 정복하며 자행된 살육의 참상을 목격한 후 마음을 돌려 역대의 왕 누구보다도 지혜와 자비의 가르침을 충실히 따르는 신봉자가 되었다. 그 후 그는 불자가 되어 수많은 불사를 이루고 불교 정신에 입각한 자신의 정치철학을 석주나 절벽에 새겨 넣어 불교의 가르침을 전파한다. 또한 인도 전역에 붓다의 가르침을 전파하는 동시에 인도를 넘어 전 세계에 지혜와 자비의 가르침을 전하는 사절을 보냈다. 인접한 스리랑카로 사절을 파견하기도 했으며 특히 사절들 가운데 멀리 시리아, 이집트, 마케도니아까지 파견된 자도 있었다. 그 시기에 불교가 서방세계에 전해졌다는 점은 특기할 만하다. 하지만 서양으로 전파된 불교는 서양세계가 가진 절대자의 초월성이 강조된 유일신 사상과 초월성은 약하지만 인간의 운명을 결정짓는 다양한 신의 존재를 믿고 숭배하는 다신교의 신앙, 그리고 타종교에 대한 강한 배척으로 불교는 제대로 전래될 수가 없었고, 독특한 불교 가르침과 문화에 대한 이해가 낮아 불교가 뿌리내리지 못했다. 그 결과 불교는 유럽과 서아시아를 제외한 아시아 쪽으로 전래가 되었다.

(2) 동남아시아: 남방불교

인도 대륙을 벗어난 불교가 맨 처음 해외로 전파된 것이 곳이 실론, 현재의 스리랑카 지역이다. 아소카 왕의 아들로 스리랑카로 파견된 마힌다 (Mahinda)는 그곳에 가르침을 전파하는데 성공하여 남방불교의 기점을 마련하였고 그 후 현재의 미얀마, 캄보디아, 태국, 라오스 등으로 전파되었다. 동남아시아의 불교를 남방불교라 하는데, 이는 불교가 전파된 언어의 차이에 기인한다. 원래 인도불교는 크게 두 가지 언어로 전파되었다. 붓다는 일반 대중에게 당시의 유력한 방언으로 설법을 하였다고 전해지는데, 이 전통에 따라 처음에 기록된 불교 경전은 팔리(Pali)어라는 방언으로 전수되었다. 그 후 인도철학의 발전과 사회적 추세에 맞추어 전통적 상층부 언어인 산스크리트어로 경전이 기록되고 전수되었다.

스리랑카를 위시한 동남아시아로 전파된 불교는 팔리어 경전으로 전수되었다. 따라서 남방 지역에 전파된 불교는 붓다가 사용한 팔리어를 유지함을 강조하며 스스로 정통성 주장하였다. 그들은 산스크리트어 경전에 의해 전파된 불교 그리고 다시 티베트어나 한자로 번역되어 전파된 경전은 번역 과정에서 지역의 문화나 사상이 개입되어 붓다의 가르침과 성격이 변형되었다고 주장하며 자신들의 정통성을 주장하였다. 이러한 정통 불교에 대한 자긍심은 민족적 자존심으로 승화되어 스리랑카의 가장 오래된 역사서인 **디파밤사** (Dipavamsa)에 의하면 붓다가 깨달음을 얻은 후 9개월, 5년, 8년째 총 세 차례 스리랑카를 직접 방문하여 설법하였다고 전한다. 이러한 진술은 역사적 사실과는 거리가 먼 신화적인 이야기지만 스리랑카 불교의 종교적 자부심을 엿볼 수 있는 것이라 할 수 있다.

남방불교의 본거지로 자리 잡은 스리랑카는 남방불교의 전통을 확립하였다. 4-5세기경 인도로부터 불교를 유입한 미안마는 스리랑카의 불교의 영향을 받아 11세기에 이르러 기존의 혼합불교를 누르고 공식적으로 남방불교를 미얀마의 공식불교로 채택하였고, 태국 왕조는 12세기에 이르러 남방불교를 채택하였으며 14세기에 이르러서는 스리랑카의 불교를 국가적 종교로 받아들였다. 14-5세기 태국왕조의 북방정책에 의해 캄보디아와 라오스가 남방불교를 수용하게 되었다. 이들 나라들은 붓다의 계율을 엄수하는 원시불교의 전통을 고수하고 있어 초기 불교 연구의 보고라 할 수 있다.

(3) 중앙아시아 (서역)

중국의 견지에서 서역으로 불린 중앙아시아는 중국이 불교를 접하게 된 관문이었다. 이 지역은 중국에서 시리아로 이어지는 실크로드 중 파미르 고원을 기점으로 한 동쪽의 주변지역을 가리키는데, 바로 이 지역에서 꽃피운 불교를 서역불교라 한다. 이 중 문화의 중심지로서 주요한 지역은 관문격인 돈황을 위시하여 북쪽의 투르판과 쿠차 그리고 남쪽의 코탄과 누란 등이었다. 서역이 불교사에 있어서 중요한 위치를 차지하는 이유는 중국에 불교가 전래된 통로였기 때문이다. 따라서 이 지역을 빼놓고 인도에서 중국을 거쳐 동아시아에 이르는 불교의 흐름을 설명할 수 없다.

서역의 실크로드가 중앙아시아의 사막 지역을 지나 동서양의 무역로로 개척된 것은 기원전 2세기 말 한(韓) 무제 (武帝) 시대였다. 그 즈음 한의 영토는 멀리 서방까지 미쳐 있었고 그와 국경을 접하고 있던 서방의 나라들 즉 대완, 강거, 안식과 같은 나라에서는 일찍이 알렉산더 대왕의 영향으로 상업 활동이 활발하였다. 이들 나라들과 중국을 잇는 길이 실크로드로 이곳을 통해 상업 활동뿐만 아니라 인도와 중국 간의 문화접촉도 이루어졌다. 따라서 실크로드는 무역로이자 또한 불교 전파의 길이었다.

서역에 언제부터 불교가 전해졌는지를 확인할 수 있는 확실한 역사적 자료는 없다. 인도에서 기록된 단편적인 불교문헌들을 통해 짐작할 수 있는 것은 기원전 3세기 아소카 왕 시대에 서북 인도에 처음으로 불교가 전래된 것으로 보아 그 이후임은 분명하며, 중국에 불교가 전래된 시기가 기원 전후임을 감안하면 그 이전부터 이 지역에 불교가 자리 잡았음을 짐작할 수 있다. 본격적으로 이 지역에서 불교가 성행한 것은 서기 1-2세기 무렵부터일 것으로 짐작된다. 그 시기에 간다라를 중심으로 한 서북인도에서 불상이 제작되어 급속하게 보급되었고, 불상과 보살상을 갖추게 된 불교는 이전에는 볼 수 없었던 강한 확장세를 보여주었다.

서역 불교는 종교적, 문화사적으로 중요한 의의를 가지는데, 가장 큰 의미로는 서역이 불교문화 전파의 매개지역으로 인도의 불교가 전혀 다른 사상과 문화적 토양을 가진 중국과 서아시아에 소개되기까지 불교 교리와 의례의 해석과 변모의 과정을 규명할 수 있다는 것이다. 또한 서역불교의 특성이 무엇인지 자세히 규정할 수는 없다 할지라도, 아시아 각 문화가 교류하던 통로인 서역에서 불교는 다양한 민족과 문화가 어우러져 다양한 신앙적 요구를 만족시켜 줄 수 있는 요소를 갖추고 강력한 생명력을 갖게 되는 신앙형태를 갖추는데 일조하였다 할 수 있다.

(4) 중국

중국의 불교 역사는 경전의 도입과 그 번역 사업에서 시작되었다고 할 수 있다. 정확히 언제 불교가 중국에 처음으로 도입되었는지에 대해서는 추정할 수 없지만, 서기 1세기경 후한 (後漢)의 명제 (明帝) 시대에 최초의 한역 경전인 **사십이장경**(四十二章經)이 번역되었다고 전하고 당시 낙양이나 장안 등지에

서역에서 온 승려들이 활발히 활동했다는 사실에서 이미 그 무렵에 불교가 중국에 전래되었음을 추정할 수 있다.

〈사진설명: 중국 시안에 있는 자은사(慈恩寺)의 대안탑 (大雁塔)과 현장의 동상, 대안탑은 현장이 인도와 서역에서 가져온 1335권의 경전을 보관하기 위해 세워졌다.
출처:blog.chosun.com/ynlee40/4440765〉

중국에 불교를 정착시키고 초기 경전을 가져와 번역을 수행한 이들은 대부분 서역에서 온 승려들이었다. 안식국 출신의 안세고(安世高), 3세기 강거 출신의 강승개 (康僧鎧), 5세기 초 구자 출신의 구마라습(鳩摩羅什) 등은 주로 산스크리트 원전을 한문으로 번역하는 일에 몰두하며 초기 불교 정착에 기여하였다. 그 무렵 중국의 승려들도 직접 인도로 건너가 범어를 배우고 직접 경전 수입과 번역 활동에 동참하였다. 그 가운데 당(唐) 왕조 말기 소설 **서유기**의 모델이

자 삼장법사로 알려진 현장(玄奘)은 인도에 직접 가서 경전을 가져와 번역작업에 몰두하였고 그의 노력으로 인해 경전번역과 중국 불교 발전에 큰 전기를 마련하게 되었다. 현장의 영향으로 서역 출신 승려들이 번역한 기존의 번역을 '구역'(舊譯)이라 부르고 현장 시대 이후의 새로운 번역을 '신역'(新譯)이라 부르는 것도 이러한 연유에서이다.

이렇게 방대한 양의 불교경전을 바탕으로 중국의 불교는 점차 사상적, 종교적으로 강하게 중국화 되었다. 서역의 승려들이 번역한 경전은 초기 경전에 대한 주해하는 수준이었으나, 중국 민족의 요구와 필요에 의해 차츰 전문화 되어 형이상학적 관심과 함께 현실을 중시하는 중국인들의 성향이 결합되어 고유한 불교 사상 체계가 형성하였다. 그 예로 중국 불교 고유의 천태종, 화엄종, 정토종, 선종 등의 종파가 성립되었으며 특별히 중국화 경향은 천태종에서 두드러지게 나타났다.

천태종은 우주의 통일적 진리를 설명한 **법화경**(法華經)을 중심으로 하여 조직된 불교사상 체계로서 중국에 들어온 다양한 불교의 가르침을 통합해서 통일적인 불교 체계를 수립하고자 하였다. 뿐만 아니라, 천태종은 유교나 노장 사상 같은 중국 고유의 사상까지도 포함하여 적극 수용하였다. 이렇듯, 중국 불교에는 중국인들의 본성에 깊이 뿌리내린 사상과 문화가 반영되었으며 그것은 바로 중국 불교가 중국 사상으로 재해석되고 윤색되었음을 뜻한다. 인도에서 발원한 붓다의 가르침의 흐름은 이처럼 새로운 물결과 함께 더욱 큰 빛이 되어 아시아인들의 정신을 풍요롭게 하였다.

(5) 한국

한국에 불교가 공식적으로 전래된 것은 삼국시대이다. 고구려 소수림왕 2년(372)에 진나라 왕 부견이 고구려에 불교승려 순도를 파견하면서 불상과 경문을 보내왔고, 2년 후 승려 아도가 파견되었다. 고구려왕은 이 두 승려들을 위해 성문사(省問寺)와 이불란사(伊佛蘭寺)를 세웠고 이것이 한국에서 최초로 세워진 사찰이다. 백제에는 그보다 12년 뒤인 침류왕 1년 384년 동진에서 온 인도 출신의 승려 마라난타에 의해 불교가 전해졌다. 성왕 (聖王) 재위 시절 (522-554)에는 겸익이 인도에서 인도승려와 함께 경전을 가지고 와서 불교의 발전에 큰 공을 세웠다. 한편, 외래 사상이나 문화에 다소 폐쇄적이던 신라에도 이들 두 나라 보다 늦게 불교를 받아들였다. 눌지왕 때에 고구려 승려 묵호자가 건너와서 불교를 전파하여 대중 속으로 퍼져 나갔지만 527년 이차돈이 순교한 뒤에야 국가 종교로서 공인을 받게 된다. 진흥왕은 미륵신앙에 근거한 청년귀족 집단인 화랑도를 창설하는 등 불교발전에 기여하였다. 삼국의 불교 수용은 높은 문화와 건전한 종교 사상으로 국가 발전에 공헌하려는 데 그 목적이 있었다. 따라서 불교는 처음부터 국가와 밀접하게 결합하며 국가적인 색채를 짙게 나타났다.

통일신라시대에는 자장, 원측, 원효, 의상과 같은 지혜와 덕을 갖춘 많은 학승들이 배출되었다. 원측과 의상은 당나라로 건너가 불교를 연구하였다. 원측은 현장에게 사사하여 유식학을 배워 법상종의 학파를 형성하였으며, 의상은 화엄학의 대성자라 불린 법장과 함께 지엄에게 사사하여 신라의 화엄종을 확립하였다. 그들의 활약은 신라불교가 중국불교와 밀접한 관계를 가지고 발전했음을 말해준다.

하지만, 한국 불교는 종파적 성격을 띠며 끊임없이 교리 논쟁을 일으켰던 중국 불교에 비해 사상적 대립과 쟁론을 화해시켜 융화된 교단을 형성한 특성을 가지고 있다. 이러한 한국 불교의 특성은 신라의 원효의 사상에 발견되는데, 그는 위대한 사상가이자 실천적 종교인으로 다양한 불교 교리와 논쟁적 철학 사상들을 '화쟁' (和諍) 사상이라는 회통적 이론을 바탕으로 차별적 가치들과 사상적 대립까지도 해결하였다. 또한 대각국사 의천 (大覺國師 義天)은 신라 말

헌덕왕 때 유입되어 고려 초 구산선문(九山禪門)을 형성한 선종(禪宗)이 종래의 불교와 대립을 하게 되자 대립 지양의 역량을 발휘하였다. 그는 해박한 불교학을 기반으로 선(禪) · 교(敎)의 대립을 융화할 천태학의 '교관겸수'(敎觀兼修) 사상을 높이 제창하여 불교 내 종교적 통합을 이루는데 성공했을 뿐만 아니라 고려 사회의 통합과 국민정신의 화합에도 큰 영향을 끼쳤다.

한국 불교는 이와 같이 원효와 의천으로 이어오면서 한결같이 대립을 지양하고 융화된 교단을 이루어 불교의 참된 정신을 구현해 왔다. 이는 붓다의 입멸 후 20여개의 부파로 나뉘어 논쟁을 벌였던 인도 불교와 종파의 철학과 의례에 기초하여 자신만의 종파 사상을 강조했던 종파 불교인 중국불교와는 성격이 전혀 다른 한국 불교의 전통이자 특성이라 할 수 있다.

(6) 일본

일본은 비교적 늦게 한반도의 고구려와 백제를 통해 불교를 수용하였다. 공식적인 불교전파는 일본의 역사서 **일본서기**(日本書紀)에 자세히 기록되어 있는데, 6세기 중엽 백제의 성왕은 적대관계에 있던 고구려와 신라에 대항하고자 흠명왕(欽明王) 조정에 동맹관계 구축을 위해 사신을 파견하고 함께 불상과 불경을 함께 보내었다고 한다. 하지만 그 이전부터 일본에 백제 도래인이 많았던 것으로 보아 일본 왕실에 불교가 소개되기 이전에도 민간에서는 이미 불교가 전파되어 있었을 것으로 추정된다.

불교가 유입되던 시기 일본에는 이미 토착 종교인 신도(神道)가 성행하였고, 유교도 도입되어 정치와 사회 규범으로 자리잡아가고 있었다. 그 가운데 불교를 소개받은 일본 왕실은 불교를 받아들인 것인지에 대해 두 파로 나뉘었다. 보수파들은 붓다라는 외국의 신을 숭배하면 국가가 섬기던 고유한 신이 노여움을 살 것이라 반대했고, 백제와의 외교관계를 고려한 진보파들은 적극적으로 찬성하였다.

우여곡절 끝에 반세기가 지나지 않아 불교는 왕실에 의해 공인되고 적극적으로 지지받는 종교로서 확고한 위치를 차지하게 되었다. 특별히 6세기 말 고구려의 승려 혜자 (惠慈)와 백제 승려 혜총 (惠聰)을 스승으로 삼은 일본의 쇼토쿠 태자 (聖德太子, 574~622)는 불교를 국가종교로 공인하였으며, 일본 최초로 불교문헌을 출간하는 등 일본 불교의 기틀을 마련하는데 공헌 하였다.

인도에서 발현한 불교를 일본은 1000년이 지나서야 도입하였지만, 정착 과정에서 일본은 그들만의 독특한 일본불교로 성장하게 된다. 그 특성으로 일본불교는 왕실로부터 도입되어 일반 대중에게 보급되었기에 통치자나 지도자에 대한 절대적 헌신과 결부되었다. 따라서 이후 형성된 다양한 종파의 설립자에 대한 존경이 강조되었고, 대다수의 종파는 중앙정부와 밀접한 관계를 유지하였다. 또한 일본불교는 토착종교를 완전히 압도하지 않고 토착종교와 신의 존재를 인정하였다. 그래서 일본의 전통적인 종교인 신도와 외래종교인 불교가 결합하여 다양성을 낳았다. 일례로 불교 도입 초기에는 토착신인 '가미 (神)'가 붓다의 화신이라 간주되었다가 14세기부터는 가미가 곧 붓다라고 믿게 되어, 결국 붓다가 가미의 화신이 되는 역전 현상도 일어났다. 또한 토착종교의 주술적인 성격과 결합된 일본불교는 왕실에 의해 질병을 예방하거나 치료하고, 평화를 보전하고, 비를 내려 풍작을 기원하는 등의 수단으로 이용되었다. 이러한 신앙은 후대에 불교가 국가를 보호한다는 '진호국가'(鎭護國家)라는 개념으로 발전되었다. 일면 한국의 호국불교와 유사성이 있으나, 일본불교의 국가주의적 양상은 일본 고유의 신도나 주술신앙까지 동원한다는 점에서 큰 차이가 있다. 아울러 일본불교는 불교사가 보여준 온갖 다양성을 극대화하였다는 점에서 또 다른 특수성을 발견할 수 있다. 일반적으로 일본불교를 종파불교라 하는데, 한국불교가 화쟁사상에 따라 다른 종파들을 하나로 통일하려고 끊임없이 노력했던 반면 일본의 경우는 개별 종파의 독립을 장려했을 뿐만 아니라 종파를 구축한 사람이 추앙받았다. 따라서 일본에서는 대승과 소승의 온갖 교의와 사상, 즉 불교의 모든 것이 보존되어 있어 현재 불교사 연구의 큰 보고로 여겨진다.

6. 다시 밝혀지는 인류문명의 빛

불교는 그 전파 과정에서 각 지역의 민족문화와 융합하여 공존공생 해왔으며 다양한 교리와 사상 법문을 이루었다. 불교를 받아들인 나라에서는 불교는 비록 외래문화이기는 했지만 그 전파과정에서 본토문화에 적극 적응하였으며 각 나라와 민족의 종교적 심성과 필요에 맞게 변모함으로써 강력한 생명력을 갖게 되었고 거듭하여 재생산 되었다. 이는 부단한 성찰과 세상과의 융합을 강조한 고타마 싯다르타의 가르침과 이에 기초한 불교의 교리와 제도적 기질 때문이다. 이러한 기질은 아시아적 전통문화의 중요한 구성 요소가 되었으며, 아시아 각국의 철학, 종교, 민속, 문화, 예술, 과학, 건축, 언어 등 문화요소 전반에 깊이 침투되어 그 영향 또한 심원하다.

이러한 불교의 특성은 근래에 들어 서구사회에서도 관심의 대상이 되었다. 서구사회는 그들의 오래된 이원론적 사고와 이를 기초한 물질적 세계관에 대한 한계성을 인식하고 그 대안으로 불교의 사상과 문화에 관심을 고조시키고 있다. 물론 아직은 서구인의 불교에 대한 이해가 초기단계에 머물러 있다 할지라도, 그 호기심이 인간성 상실 · 전쟁 · 환경파괴 · 인종 갈등 · 종교 갈등 같은 현대사회가 품고 있는 난제들에 대한 문제의식과 인류문명 종말의 위기의식에서 시작되었다는 점은 주목할 만하다. 다시 말해 서구인들이 가진 불교에 관한 호기심과 기대감이 불교의 다양하고 복잡한 종교적 교리와 의례에 대한 관심이 아닌, 전 인류의 실제적이며 실존적 질문에서 기인했다는 점은 불교 이해에 있어서 올바른 출발점이라 하겠다.

그 출발점을 오늘날 인류는 불교가 지닌 두 가지 큰 장점, 즉 신앙의 합리성과 평등과 평화의 이상구현 이라는 의의에서 발견한다. 먼저, 합리적 신앙이란 불교가 무엇보다도 독단을 배제하며, 특수한 교리로써 인간을 속박하지 않는다는 것이다. 특정 종교이나 철학만이 유일한 종교이자 사상이라는 고정관념을 깨뜨리며, 모든 인류가 스스로의 자각을 통해 인간 주체성을 회복할 수 있음을 의미한다. 특별히 서구인들이 관심을 가지는 선(禪) 사상은 '직지인심 견성성불'(直指人心 見性成佛), 즉 "자신의 마음을 곧바로 꿰뚫어 참된 성품을 발견함으로써 부처가 된다"고 주장하며 인간의 주체성에 대한 회복의 방법을 제시한다. 또한 "모든 중생이 불성을 갖추고 있다"는 '일체중생실유불성'(一切衆生悉有佛性)은 인간의 주체성 회복이 모든 인류에게 가능함을 천명하는 것이다. 이러한 사상은 절대자의 섭리를 강조한 서양종교와 이성을 절대시해온 서구의 합리주의와는 다른 불교만의 독특한 합리주의이다.

둘째, 불교는 평등과 평화의 종교라는 점이다. 고등 종교로서 무력을 사용하지 않고 세계로 전파된 유일한 종교가 불교이며, 그 어떤 다른 종교와도 폭력과 전쟁 없이 공존한 종교이다. 붓다는 모든 존재는 독자적으로 존재하는 것이 아니라 서로 의존하고 있다는 '연기법'(緣起法)을 제시하였으며 따라서 인간은 상호 의존적 관계임과 만유 평등의 진리를 설파하였다. 이러한 붓다의 가르침은 인간의 평등뿐만 아니라 모든 존재의 평등도 가르친다. '제행무상'(諸行無常), 즉 모든 것은 고정된 것이 없이 변한다는 점에서 모든 것이 평등하고 인간은 절대적으로 자유로운 존재로서 평등하다. 이와 같이 붓다의 평등사상에 기초한 불교의 관용적 태도는 다른 여러 종교와의 대립을 없애고, 세계 평화를 실현하기 위한 건전한 기초를 제공할 수 있다 하겠다.

7. 나가는 말

진리란 지역과 시대를 초월하여 가치를 지닌다. 인류는 이 진리를 끊임없이 찾아왔으며, 그 결과 수많은 종교와 사상이 시대와 지역에 따라 각기 진리로 받아들여져 왔다. 그러나 현대 사회는 교통과 통신의 발달로 지역적인 구별이 사라졌으며, 전 인류가 통일된 조화 속에서 각 개인에게 자유와 행복이 보장되는 이념과 체제와 과정이 실현되는 시대로 집약되어가는 추세이다. 또한 과학의 발달로 종래의 종교와 사상들이 그 진리성을 의심받고 있다. 오늘날의 세계는 확실히 변화의 시기에 당면해 있으며 분명히 새로운 이념과 사상과 좌표를 요구하고 있다. 이와 같은 시대에, 혼돈과 갈등, 대립과 투쟁을 해소하는 평화와 상생의 길을 제시하며 인류에게 잠재되어 있는 본성의 진면목을 발견하도록 하는 불교의 가르침은 인류사에 새로운 길을 제시할 수 있을 것이다.

생각나누기

1. 서양의 종교들과 불교의 차이점은 무엇인가?
2. 고타마 싯다르타의 '깨달음'은 무엇인가?
3. 불교 탄생의 문명사적 배경은 무엇인가?
4. 불교 전래사의 특징은 무엇인가?
5. 붓다의 가르침이 인류 정신사에 미친 영향은 무엇인가?
6. 인도, 중국, 한국, 일본 불교의 특징은 각각 무엇인가?
7. 오늘날 불교가 서구사회에 주목을 받는 이유는 무엇인가?

참고문헌

마성, **샤카무니 붓다: 초기 성전에 묘사된 역사적 붓다**, 대숲바람, 2010.

카렌 암스트롱, 정영목 역, **스스로 깨어난 자 붓다**, 푸른숲, 2003

프레드릭 르누아르, 양영란 역, **불교와 서양의 만남: 서양 문화사에 얽힌 만화경**, 세종서적, 2002

홍신문화사 편집부, **불교성전**, 홍신문화사, 2003

김한융, **불교의 사상과 역사**, 우리출판사, 1990

평천강, **인도불교의 역사**, 민족사, 1989

K.S.케네쓰첸, **중국불교**, 민족사, 1991

양훼이난, 원필성 역, **불교사상사**, 정우서적, 2010.

정의행, **한국불교통사**, 한마당, 1991

석전서마, **일본불교사**, 민족사, 1988

멀티미디어 자료

신 실크로드, KBS 미디어, 2009

세계는 신을 어떻게 생각하는가?, KBS 미디어, 2006

세계의 종교: 불교, 한스 큉 해설, 베네딕도미디어, 2004

붓다: 깨달음을 얻은 자, PBS, 2010

World
religions
and
civilizations

제7장

유교:
과거에서 미래를 보는 종교

정희원

World
religions
and
civilizations

1. 들어가는 말

몇 해 전, 미국종교학회 (American Academy of Religion) 연례 학술 대회 중 한국종교 소그룹 모임에서 한 미국인 교수가 현대한국사회의 유교적 가치에 대해 발표를 하였다. 발표가 끝나자 한 참석자는 발표자에게 "한국역사에서 일어난 가장 불행한 일은 유교의 도입"이며 한국사회의 병폐인 관료주의, 남녀차별, 형식주의, 보수주의 등은 유교 때문이라고 주장하였다. 발언이 끝나기가 무섭게 다른 참석자가 일어나 "한국사회의 부조리는 유교 때문이 아니라, 유교의 전통을 미신으로 치부하고 개인주의와 물신주의를 조장하는 서구 기독교 문화 때문"이라고 주장하였다. 그러자 첫 번째 발언자가 또 다시 폐쇄적인 보수성, 당파주의, 과거 지향적 복고주의, 형식주의, 권위주의 등의 수많은 예를 들어가며 유교를 전근대적이며 비합리적이라고 비판하였다. 그 이후에도 두 참석자 사이 논쟁이 계속되자, 발표자였던 미국인 교수는 다분히 감정적이며 비이성적인 지루한 논쟁에 휘말려 들지 않으려는 듯, 발언을 중단시키고 "그 어떤 좋은 사상이라도 제도화될 때에는 부패한다"라는 말로 자신의 발표를 마쳤다.

일화에서 소개된 유교에 대한 비판은 지극히 개인적인 단상이긴 하지만, 유교에 대한 한국사회의 부정적인 시각을 일면 대변하고 있는 것도 사실이다. 실제 유사한 비판은 일찍이 20세기 초 역사적 격변기를 거친 한국사회의 많은 지식인들과 일반 대중에 의해 지속적으로 제기되어온 문제이다. 일례로 한국 신문학의 개척자인 이광수는 1920년대 초 **민족개조론**과 **신생활론**에서 유교를 배척하지 않으면 근대화할 수 없음을 역설하고, 유교사상을 '형식주의,' '절대적 복종을 부추기는 효 사상,' '남존여비,' '소극주의,' '계급사상,' '요행을 믿는 운수사상,' '비과학성,' '체면 문화'라고 규정하고 강도 높게 비판하였다. 또한 독립 운동에 몸담았던 이인, 박은식, 신채호, 최현배 등도 조선이 일제로부터 침략을 받고 전근대적인 낙후성을 면하지 못한 원인이 유교 때문임을 비판하며 "국가와 민족을 멸망하게 한 도덕"이라고까지 극언하였다.

이 같은 비판은 산업화와 민주주의를 경험한 후에도 제기되었으며, 특히 90년대 이후 제기된 '신자유주의'와 '세계화'라는 국가적 담론과 IMF 사태로 대변되는 경제위기를 통해 유교문화는 한국사회의 발전과 진보를 가로막는 장애물로 비판받았다. 일례로 10여 년 전 한국사회에 큰 논란을 일으킨 **공자가 죽어야 나라가 산다**는 유교의 이데올로기적 기능에 대한 강하게 비판하며, 유교는 뛰어난 가르침에도 불구하고 역사적으로 '사농공상'(士農工商)으로 대표되는 신분사회, 여성차별, 혈연적 폐쇄성과 그로 인한 분열, 부패 등의 역기능을 초래하였으며, 한국사회 발전을 저해하는 정경유착, 연고주의, 권위주의를 초래하였다고 신랄하게 비판하였다. 물론 이 같은 비판이 논란의 여지가 없는 바도 아니고 또한 유교의 종교적 가치와 본질적 가르침에 관한 것이 아닐지라도, 현재 한국사회가 품고 있는 유교에 대한 부정적인 시각을 반영하고 있는 것만은 사실이다.

〈사진설명: '공자의 가면을 벗겨라'는 문구가 적힌 문화대혁명 당시 선전포스터.
출처: http://image.baidu.com 批林批孔 제233호〉

한국사회에서 제기된 유교에 대한 비판은 유교 문명권에 속하는 타 국가들, 중국, 일본, 베트남, 타이완, 싱가포르 등에서도 제기되었다. 20세기 초 아시아 각국은 유교문화 전제체제의 몰락과 함께 서구 자본주의의 유입으로 인해, 유교는 역사적 발전의 끝에 이르렀다는 자기인식이 자리 잡았다. 제국주의와 봉건주의를 반대하는 역사적 물결 속에서 봉건 정치체제의 핵심이념이었던 유교사상은 커다란 충격을 받았다.

일례로 유교의 본산인 중국에서는 19세기 중엽 사회 혁명을 꿈꾸며 태평천국의 난을 이끈 홍수전(洪秀全)은 황제 권력과 기득권을 옹호하는 공자의 사상을 타도의 대상으로 삼았다. 중국 근대사에 이르러서도 신해혁명 (1911년)과 5.4운동 (1919년)을 거쳐 문화대혁명에 이르기까지 유교문화는 철저히 배척을 받았고 2000 여년에 이른 그 우위를 완전히 상실하게 되었다. 신해혁명과 5 · 4운동의 경우 주요 구호 중 하나가 "공자를 타도하자"(打倒孔家店)이었으며, 문화대혁명 시기 마오쩌뚱(毛澤東)과 홍위병들은 공자를 역사의 진보를 가로막은 장애물로 낙인찍고 공자를 비하하는 '공비(孔卑)운동'을 전개하였으며 산둥성 취푸(曲阜)에 있는 공자묘를 비롯해 전국 각지의 공자 유적을 처참하게 파괴하였다.

이처럼 아시아적 가치와 문명의 요체로 여겨졌던 유교가 낡은 봉건사회의 잔재에 불과하며 시급히 청산해야 할 대상으로 여겨졌던 것이 유교 문명권의 큰 흐름이었다. 일본의 경우는 다소 예외적이라 하더라도, 서구 열강의 침략을 받은 유교 문화권에서는 아시아가 문화의 발상이나 지속적인 발전에 있어서 서구에 비해 훨씬 앞섰으면서도 근세에 들어와서 서구열강에 훨씬 뒤떨어지게 된 것은 유교의 전통문화 속에 내재하고 있던 정체성, 비합리성, 전제주의, 폐쇄성, 신분 고정적인 가치관과 사회조직, 산업의 천시 등에 기인했다는 인식이 지배적이었다.

그러나 최근 들어 유교에 대한 자기 비판적 이해도 점차 유교 문화권내에서 변화하고 있다. 근대화 혹은 서구화를 경험한 유교 문명권, 특히 한국, 중국, 일본, 타이완 등 동아시아 지역의 정치 · 경제적 성장과 '문화상대주의'(cultural relativism) 사조의 확산은 서구문명에 대한 상대적 열등감의 탈피와 함께 잃어버린 문화적 정체성을 확립하기 위해 유교의 부활을 시도하고 있다. 한국의 경우, 대학들과 사설기관들은 유교 정신을 가르치는 교양강좌를 개설하고 전국 각지의 향교와 서원들은 유교문화 체험 프로그램을 활발히 운영하는 등 유교의 새로운 부흥의 기회를 맞이하고 있다. 특히 중국의 경우는 전통문화의 복원의 차원을 넘어 마치 유교국가로의 복귀를 선언하려는 듯 중앙정부의 주도하에 대대적인 유교 부활의 운동을 전개하고 있다. 후진타오 국가주석은 2005년 유교의 핵심가치인 '인의'(仁義)를 통치이념으로 선포하였고 공자를 기리는

'석전대제'(釋奠大祭)를 국가 주관 하에 성대하게 치르고 있다. 또한 중국정부는 2004년 서울을 시작으로 현재 81개국에 3142개소의 '공자 학원'(Confucius Institute)은 설립하여 유교문화 전파에 앞장서고 있다. 이 같은 시대적 흐름과 함께 유교문명권은 급격한 자본주의와 서구 문화의 도입에 따른 부작용, 즉 개인주의의 만연, 인간성과 공동체 윤리의 파괴, 환경문제 등을 경험하면서 자기 성찰과 타인에 대한 배려를 중시하는 전통적 유교의 정신에서 문제 해결의 방안을 찾고 있다.

서구인들도 비민주적이고 봉건적이라 치부해온 유교를 새롭게 바라보고 있다. 서구 지성계는 인류 문명사의 대전환을 예측하며 유교문명권이 서구문명의 중대한 도전자가 될 것을 시사하며 유교를 적극적 재평가하고 있다. 1996년 출간돼 전 세계 큰 반향을 일으킨 **문명의 충돌**에서 사무엘 헌팅턴 (Samuel Huntington)은 종교를 근간으로 한 문명권 사이의 유혈 대립이 앞으로 올 역사의 법칙이며 그 대립 전선에는 서구 문명, 이슬람 문명과 함께 유교문명이 한 축이 될 것임을 주장하였다. 또한 하버드 대학의 정치학과 역사학 교수인 로데릭 맥파쿼 (Roderick MacFarquhar)는 중국포럼(참조, http://athome.harvard.edu/programs/macfarquhar/index.html)에서 "산업 혁명 이후 과거 200년 동안 서양은 전 세계를 지배하여 왔다. 그러나 이제 그 세력은 위협을 받고 있다. 그 위협은 어디에서 오는가? 러시아도 아니고 아랍 세계도 아니다. 경제 · 정치 · 군사 등 모든 면에서 도전해 오는 유교의 후계자인 아시아인들로부터 위협이 온다"라고 주장하였다. 물론 헌팅턴과 맥파쿼가 유교를 주목하는 배후에는 유교문명권의 정치 · 경제 · 군사적 팽창에 대한 서구 문명권의 위기감과 대응 모색의 차원이긴 하지만, 전근대적이라 비판해온 유교문명이 재부상하는 원인을 전통적 유교문화에서 발견하고 그 현대적 의미를 긍정적으로 평가하고 있는 것만은 주지의 사실이다. 또한 유교를 보다 본질적이고 체계적으로 연구하는 많은 서구인들은 개인주의적 서구 사회에 내재하는 한계와 모순에 대한 반성,

전통 서양 철학의 주류 사조와 종교가 안고 있는 획일성과 독단성에 대한 비판과 함께 유교의 독특한 인본주의와 도덕주의에서 서구의 종교적 · 사상적 대안을 모색하고 있다. 뿐만 아니라 공동체성 회복이라는 인류문명의 시대적 과제를 유교의 가르침을 통해 해결하고자 시도하고 있다.

〈사진설명: 미국 장로교대학의 '공자학원' 개설기념으로 교내에 세워진 공자상,
출처, http://www.presby.edu〉

그렇다면 뿌리 깊은 유교에 대한 부정적인 시각에도 불구하고, 근세기 들어 유교 문명권에서 유교의 부활을 주장하며 재발견하고자 하는 유교적 담론은 무엇인가? 세계인들이 관심을 가지고 주목하는 유교의 본질은 무엇이며, 인

류 문명의 보편적 가치로서 유교란 무엇인가? 이러한 질문에 명확하고 분명한 답을 제시하기에는 유교의 역사가 유구할 뿐만 아니라, 그 가운데 산출된 수많은 학파와 상이한 사상과 이론들이 너무나 방대하다. 하지만 유교 전통의 비조(鼻祖)인 공자(孔子)는 '술이부작'(述而不作), 즉 "나는 옛것을 전할 뿐이지 새로 짓지 않았다"(**논어** 술이[述而]편 1장)고 말했기에, 유교의 본질과 보편적 가치를 파악하기 위해서는 공자가 말한 "옛것"에 대한 이해, 즉 공자의 사상사적 배경, 이를 바탕으로 한 공자와 그를 계승한 문인(門人)에 의해 정립된 원시유교(原始儒教)의 종교적 가치, 그리고 인류사의 미친 문명사적 영향을 탐색하는 것이 보다 이롭다 하겠다.

2. 공자: 군자(君子)가 된 범부(凡夫)

사마천의 **사기** '공자세가'(孔子世家)편에 의하면 공자는 기원전 551년 노(魯)나라 창평향 추읍(昌平鄕 諏邑), 지금의 산둥성(山東省)의 취푸(曲阜)에서 태어났다고 전한다. 본명은 구(丘), 자는 중니(仲尼)인 공자의 조상은 원래 송나라 왕실의 귀족계급이었으나 몰락하여 공자가 태어날 당시 그의 가문은 평민에 지나지 않았다. 공자는 3세 때 일찍 아버지를 여의고 가난한 가정에 홀어머니 밑에서 교육을 받으며 자랐다. 그러나 어려운 가정환경에도 불타는 향학열로 배움에 정진하였으며 종교의례 · 제도 · 관습을 습득하였다고 전한다.

공자는 17세 되던 해 어머니를 여의고, 같은 해 창고를 관리하고 나라의 가축을 돌보는 지방의 말단관리로 공직을 시작하게 된다. 그 가운데서도 향학열을 이어가며 대학에서 **시경**(詩經)과 **서경**(書經)을 공부하였다고 전한다. 특히 고대 중국의 전설적 왕들의 업적과 가르침을 다룬 **서경**에 감명을 받은 공자는 태평성대를 이룬 주공(周公)을 마음의 사부(師父)로 삼고, 주공의 시대를 그가 꿈꾸는 이상적인 사회의 본으로 삼았다. 따라서 주공의 통치제도와 규율 그리고 그가 다스리던 시대는 '경천애인'(敬天愛人)과 '인의예지'(仁義禮智)를 바탕으로 한 '대동사회'(大同社會) 건설이라는 공자 사상의 초석이 되었다.

공자가 꿈꾼 이상적 사회에 대해서 **예기**(禮記)의 '예운'(禮運)편에서 다음과 같이 소개하고 있다.

> 큰 도(道)가 시행되는 시대에는 천하를 만인의 공유물로 생각하고, 덕과 재능이 있는 자를 선출하여 정치를 맡겨 신의를 강구하고 협동을 다진다. 사람들은 자기 자식만을 사랑하지 아니하며 노인들도 편안히 여생을 마칠 수 있게 하고, 젊은이들은 충분히 자기의 능력을 발휘할 수 있게 하고, 어린이는 좋은 환경에서 자랄 수 있게 하며, 홀아비 · 과부 · 고아 · 자식 없는 외로운 늙은이 · 병에 걸린 사람들이 모두 부양될 수 있도록 한다. 남자는 각각 일정한 직분이 있고, 여자는 모두 시집가서 가정을 꾸린다. 재화는 그것이 땅바닥에 함부로 버려지는 것을 방치하지 않으나 그렇다고 한사람의 사유물로 간직하려 하지 않으며, 노력은 그것이 내 몸에서 나오지 않는 것을 싫어하지만, 그렇다고 반드시 나 한사람만을 위하자는 것은 아니다. 그러므로 음모는 닫혀서 일어나지 않고, 절도와 난적은 생겨나지 않는다. 그래서 대문을 닫아걸지 않고 안심하고 생활하니, 이것을 대동(大同)의 세계라 한다.

30세때 고위관직에 오르게 된 공자는 자신의 이상사회에 대한 이해와 학문적 진보를 이루어 세상의 사표(師表)로 존경받기 시작했다. 그의 가르침은 나라와 백성을 법률보다는 덕으로 다스려야 한다는 것과 무슨 일이든 사람이 중심이어야 한다는 것이었다. 공자는 학습과 자기수양을 통해 덕을 이룰 수 있다고 믿었다. 동시에 그는 배움의 목적은 자기발전과 자기실현이라고 역설하는 한편,

공직(公職)을 통해 배움을 실천하여야 한다고 주장하였다. 공자 역시 배움의 실천을 위해 정치에 몸담았고 자신의 덕의 철학과 인본주의 이상세계 실현을 위해 노력하였다.

〈공자 표준상의 기초가 된 당나라 오도자 (鳴道子, 685~758)가 그린 공자 초상, 출처: http://blog.chosun.com/kyoungbin/4579244〉

36세 때 노나라에 난이 일어나자 공자는 기원전 517년 제나라로 망명의 길을 떠났다. 그곳에서 왕과 신하들에게도 그의 사상을 전했으며, 제나라 왕의 정치 고문으로 발탁되어 그의 정치철학을 시행할 기회를 맞이하게 된다. 그러나 공자는 반대파에 의해 자신의 정치적 이상이 비현실적이라고 비판을 받게 되자,

이에 실망한 공자는 2년 만에 귀국하여 제자들을 가르치는 일에 몰두하였다. 높은 학식으로 인망을 받던 공자는 46세 때 지방 고을의 장관으로 다시 발탁되었고 이어 52세에는 노나라의 최고 재판관으로 임명되었다. 또한 노나라와 제나라와의 평화조약 체결을 성사시키는 등 뛰어난 외교관으로서의 역할도 수행하였다.

공자가 왕에게 충성을 바치고 점차 신임을 받게 되자 당시 세도가는 그를 견제를 하며 그의 도덕적 엄격함까지도 비난하였다. 그는 왕실의 권위를 회복하고 국정을 쇄신하기 위해 권력을 남용하던 정치 세력을 몰아내기 위한 계획을 수립하지만 성사 단계에서 실패하게 된다. 이상사회 건설이라는 큰 뜻을 더 이상 노나라에서 이루지 못할 것으로 판단한 공자는 기원전 496년 그의 나이 56세에 관직에서 물러난다. 정치적 망명을 선택한 공자는 다시금 이상을 펼치기 위해 자신을 등용해 줄 나라와 왕을 찾아 제자들과 함께 여러 나라로 기나긴 여행의 길에 오른다. 온갖 고초를 무릅쓰며 감행한 기나긴 12년의 여정에도 불구하고 공자는 자신을 받아주는 나라를 찾지 못한다. 더 이상 자신의 이상실현이 불가능하는 사실을 깨닫고, 나이 67세에 고향으로 돌아가 여생을 제자들을 가르치며 저술과 고서 편집에 몰두하면서 고전의 전통을 보존하는 일에 열중하였다.

공자는 말년에 거듭된 불행으로 슬픔과 괴로움 속에 살다 생을 마감했다. **사기** '공자세가'(孔子世家)편은 아주 자세하게 공자의 마지막 생애를 기록하고 있는데, 공자는 사랑하는 아들의 죽음과 생사고락을 함께한 제자들인 안연(顔淵)과 자로(子老)의 연이은 죽음에 괴로워했다고 전하며, 아들이 죽었을 때는 관을 넣을 곽(槨)을 살 돈조차 없을 정도로 가난했다고 한다. 특히 공자는 자신의 꿈과 이상을 실현하지 못한 현실을 안타까워했는데, 그의 가르침을 엮어 집필한 **춘추**(春秋)를 제자들에게 전해주며 "사람들이 **춘추**로써 나를 알 것이며, **춘추**로써 나를 비난할 것이다"라고 했다는 말에서 꿈과 이상을 실현하지 못한 영욕의 삶에 대한 회한과 실현되기 어려운 이상이지만 포기하지 않고 후대에 전하려는 한 인간의 열정과 고뇌를 발견하게 된다. 그의 선견지명처럼 2500여년이 지난 지금까지 공자가 시비(是非)의 대상이 되고 있다는 사실은 그가 경험한 좌절과 회한 그리고 인간적인 고뇌의 깊이를 가늠할 수 있을 듯하다.

공자의 고민과 아픔은 제자들의 죽음으로 더해갔는데, 제자인 안연의 죽음에 '천상여 천상여'(天喪予 天喪予), "하늘이 나를 버리구나!"(**논어** 선진[先進]편 8장)라고 곡을 하며 슬픔을 토로하였으며, 자로의 죽음에는 "천하에 도가 없어진지 오래되었다. 이제 아무도 나의 주장을 믿어 줄 이가 없다"고 탄식하며 제자들의 죽음과 자신의 사상이 받아들여지지 않는 현실에 괴로워했다. 그의 슬픔이 더해져, 공자는 기원전 479년 자로가 죽은 뒤 7일 후 73세의 나이로 생을 마감하였다. 공자가 세상을 떠난 후 제자들은 스승이 남긴 어록을 모아서 **논어**를 편집하였으며, 그의 언행은 오랜 세월에 걸쳐 중국과 아시아 각국에 전해져 정치, 윤리, 도덕의 규범이 되었다.

공자의 삶과 죽음, 특별히 그의 말년의 모습은 평범한 범부(凡夫)의 삶이요 죽임이었다. 그의 죽음은 예수의 부활도 붓다의 열반도 아니었다. 보통 사람으로 왔다가 보통 사람으로, 영욕으로 점철된 삶에 슬퍼하고 괴로워하며 생을 마감하였다. 그러나 공자 생애의 평범함은 바로 그의 위대함이자 유교사상의 기저(基底)이다. 공자는 가난한 가문에서 태어나 고아로 성장하였지만, 뜻을 세우고 배움의 길에 정진하여 사리사욕을 누르고 예의범절을 준수하는 것이 인간의 참된 도리임을 깨달았으며, 그 도리를 실천하는 지식인의 삶을 이어갔고 부단한 현실의 부조리에 좌절하였지만 신념을 지키고 꾸준히 자신이 할 수 있는 것은 모두 실행하려고 한 '군자대로행'(君子大路行)을 이어간 행동하는 양심이었다. 공자의 위대함은 뛰어난 영감이나 계시, 초자연의 신적 능력, 생사를 초월한 의연함에서 발로(發露)한 것이 아니라, 평범한 사람 누구나 부단한 자기

수양과 학습 그리고 사회의 구성원으로 제 역할을 다하는 개인적 · 사회적 노력을 통해 위대한 스승이 될 수 있음을 만인들에게 증명한 것이다.

3. 유교 탄생의 사상사적 배경

유가(儒家)라 불리는 유교 전통은 지금으로부터 43000여 년 전 중국의 고대 전설 속의 성군(聖君)들인 요순(堯舜)의 시대까지 거슬러 올라간다. 중국 역사상 최초의 왕조는 은(殷 : 기원전 18~12세기)이지만 공자는 그보다 훨씬 이전의 시대를 유교전통의 기원으로 삼았다. 그 이유는 공자가 살던 시대는 춘추시대 말기, 저마다 사리사욕을 위해 부단히 다투던 시대였으며, 이에 따라 신분과 사회체제의 급격한 붕괴가 일어나던 시대였다. 공자는 그 시대를 혼란의 시대로 판단하였고, 세상의 혼돈을 바로잡고 사회질서의 붕괴에 따른 개인적 · 사회적 탈선을 막기 위한 정통성을 복원해야 할 필요성을 느꼈다. 그리하여 공자는 전설속의 성군인 요(堯)와 순(舜)이 도덕정치를 구현했던 시대를 하나의 이상적 통치의 시대로 규정하고 그를 모범으로 하는 안정적 통치 질서의 틀을 제시하고자 했다. 따라서 공자는 그의 사상을 '술이부작'(述而不作)이라 하여 스스로 오랜 전통의 일부로 여겼고 "옛 것을 살려 새로운 것을 알게 하는"(溫故而知新) 전수자로 그의 사상적 전통을 요순시대의 정치적 이상세계에 두었다.

공자의 사상에 가장 많은 영향을 준 또 다른 인물은 주공(周公 : ?~ 기원전 1094)으로 그는 의례(儀禮)제도를 완성시킨 인물로 **주례**(周禮)를 저술했다고 알려진다. 주공이 기틀을 형성한 의례제도는 혈연과 결혼으로 맺어진 인척관계와 사회 구성원들 간의 계약관계를 바탕으로 한 상호 의존적 '대동사회'(大同社會)를 규범화하는 사회 제도로서 이를 국가 통치의 근본으로 삼았다. 다시 말해 주공은 사회제도를 혈연과 계약관계를 기준으로 등급을 분류하여 각자 맡은 바 직분에 충실하면 국가와 사회는 안정적으로 유지된다고 주장하였다. 또한 주공은 구성원 사이의 예의범절을 중요하게 생각했는데 임금과 신하, 아버지와 아들, 형과 동생, 남편과 아내 및 친구 사이의 윤리는 물론이고 의식주를 행함에 이르기까지 모두 예의범절을 마련하여 규정하였다. 따라서 주공에 의하면 이상적 사회란 '천명'(天命), 즉 신(神)의 뜻에 의해 윤리적 · 종교적 권한을 갖춘 보편적 왕권의 확립과 의례제도를 통한 예의범절에 의해서 사회적 유대를 이루어내는 것을 의미하였다. 주공의 정치철학에 영향을 받은 공자는 태평성대를 이룬 고대의 성현들의 정치적 이상을 실현시키고자 하였다.

요순과 주공으로부터 영향을 받은 공자의 도덕정치 사상에서 주목해야 할 점은, 그의 사상적 기틀이 역사적으로 중국의 전통적 세계관과 신관(神觀)에서 비롯되었다는 것이다. 전통적 세계관은 우주의 원리와 세상을 다스릴 왕권은 오로지 '하늘의 신', 즉 '상제'(上帝)의 뜻에 달려있다고 이해되었다. 따라서 요와 순을 포함한 주(周)나라 시대 이전의 왕들은 자신들이 상제의 후예라고 받아들였고 그들의 왕권은 신으로부터 부여받은 신성한 것으로 믿었다. 따라서 왕은 외국을 정벌할 때나 새로운 도시를 건설할 때에는 항상 상제의 뜻을 물어 승인을 얻어야만 하는 등 항상 상제의 뜻을 알아야 하는 것이 그들의 의무와 책임이었다. 그 후 주나라 시대에 이르러서는 '상제'의 개념은 '천'(天)의 개념으로 발전되었고 보다 의인화된 신으로 이해하였다. 주 시대의 왕들은 '천명'(天命)이란 항시 변화무상하여 왕권은 오로지 하늘의 뜻에 달려 있다고 믿었다. 뿐만 아니라 천명은 지상의 일반백성의 의지로 표출된다는 "민심이 천심"(民心則天心)이라는 사상을 가지고, 의례에 따른 사회질서 유지와 '천명'을 받드는 '천제의례'(天際儀禮)를 왕의 의무이자 권리로 여겼다.

이렇듯, 공자는 요순시대부터 주 시대까지 형성된 전통적 신관에 주목하여, '천명'에 순응하는 도덕정치의 사상을 발전시켰고 천명에 따른 정치안정과 사회질서의 유지를 위해 의례제도, 즉 가정 · 학교 · 향리 · 제후국 · 종주국 관계의 활성화를 추진하였다. 공자는 또한 '천명사상'(天命思想)을 바탕으로 개인의 존엄성, 사회연대, 정치질서를 회복하기 위해서 개인의 인품과 지도자적 자질의 밑바탕이 되는 도덕심을 강조하였다. 이처럼 공자의 사상에는 뿌리 깊은 중국의 전통적 신관에 그 바탕을 두고 있다.

4. 유교의 종교적 가치

유교가 유일 교리, 초월적 내세관, 성직제도와 같은 종교의 형식적 기준에서 보자면 종교로 한정되지 않는다 하더라도, 살펴본 와 같이 장구한 역사를 거치며 신과 인간과의 관계성의 정립을 통해 형성된 유교를 단순한 정치사상이나 도덕윤리로 제한할 수 없다. 또한 공자가 죄, 구원, 영생과 같은 종교적 질문에 궁극적인 관심을 둔 것은 아니지만, 종교의 본질적 역할이라는 측면에서 보면 인간사회의 질서, 통합, 화합이라는 이상사회를 추구함으로 인간 삶의 궁극적인 의미를 발견하려한 공자의 가르침은 종교적이라 할 수 있다. 따라서 종교적 보편가치를 담지하고 있는 유교는 종교성(宗教性)과 지성(知性)의 합일체이며, 그 가치는 공자와 그 후학들의 사상적 전통에 뿌리내린 신과 인간에 대한 이해로 유교를 이해하는 근간이라 할 수 있다.

살펴보았듯이, 공자 이전 은주시대(殷周時代)에 나타난 중요한 종교적 관점은 '상제'(上帝)이다. '상제'라 불린 초월적 존재는 당시 사람들의 숭배의 대상으로 모든 문제는 '상제'에 달려있다고 이해되었다. 따라서 '상제'의 뜻을 헤아리는 일이 무엇보다 중요하였다. 주 시대 이후 발전된 '천'(天) 개념은 유교전통에서 '상제'를 일컫는 일반적 명칭으로서 '상제'가 머무는 자리 또는 '상제'의 이름이라고 할 수 있다. '천'은 만물과 인간을 초월하여 존재하면서 우주의 운행법칙부터 계절의 변화, 만물의 생사, 인간의 운명에 이르기까지 모든 세계를 다스리는 신으로 여겨졌다. 즉 '천'은 시간과 공간에 제한을 받지 않는 보편적 실체이자 우주의 원리였다.

공자의 시대에 이르러서는 '천'을 보다 인격적인 모습을 지닌 도덕적 존재로 파악하였다. 공자는 '천'이 인간세계에 통치자의 권위를 부여하고 모든 인간에게 도덕성을 부여하는 존재로 여겼다. 하지만 인간을 구속하거나 인간의 삶에 내재하여 지배하는 존재로는 이해하지 않았다. 이러한 점은 **논어**에서 공자가 '천생덕어여'(天生德於予), 즉 "하늘이 나에게 덕을 주었다"(술이[述而]편 22장)라는 진술에서 잘 드러난다. 따라서 공자의 '천' 사상은 절대적인 '천'의 개념과 함께 인간에 덕(德)을 부여하는 인격적이고 도덕적인 '천'의 개념을 제시하였다.

이러한 '천'의 개념은 공자가 이해한 '덕'의 개념과 인간이해로 한층 발전되는데, 그는 천으로부터 주어진 덕(德)을 일정하고 천편일률의 인간성으로 규정하지 않고, 인간에게서 기대되는 개개의 훌륭한 자질이라고 생각하였다. 따라서 훌륭한 자질인 '덕'은 전통과 관습 그리고 예의범절에 기초한 사회적 규범인 예(禮)의 지속적이고 주체적인 학습과 실천을 통해 달성되며, 예를 끊임없이 실천하려는 인간의 주체성을 '인'(仁)이라 하였다. 여기에서 인간의 주체성이라는 '인'의 의미는 '극기복례위인'(克己復禮爲仁)이라는 가르침 (**논어** 안연[顔淵]편 1장)에서 나오듯, '덕'이란 타인이나 절대적 존재에 의해서 이루어지는 것이 아니라 철저한 자기반성의 노력과 예의 끊임없는 수행으로 이루어진다는 인본주의(人本主義)적 개념이다. 이러한 인의 개념을 공자는 '학이시습지'(學而時習之), 즉 "배우고 때때로 실천하라" (**논어** 학이[學而]편 1장)는 가르침을 통해 구체화하고, 끊임없이 배우고 배운 것을 실천하는 것이 사람됨의 당연한 도리, '인자인야'(仁者人也)라고 전한다 (**중용**(中庸) 20장).

이렇게 공자는 '인'을 인간의 주체적 행위로 규정하는 동시에, 또한 행위의 과제와 기능을 통해서도 '인'을 정의 내린다. 공자가 말한 배우고 실천해야 하는 인의 내용과 기능적 정의는 다양한 의미를 내포하고 있지만, 공자는 기본적으로

'인'을 '애인'(愛人), 즉 "사람을 사랑하는 것"으로 정의했다(**논어** 안연[顔淵]편 22장). 따라서 사람(人)과 둘(二)의 결합으로 형성된 '인'(仁)이라는 글자의 구조처럼 공자는 사람에 대한 마음의 관계, 즉 사람을 사랑하는 어진 마음씨, 부드러움, 신중함, 너그러움, 미더움, 예의바름 등을 '인'이라 설명하였다. 이러한 '인'의 마음의 관계는 전형적으로 부자(父子), 군신(君臣), 부부(夫婦), 장유(長幼), 그리고 붕우(朋友)의 다섯 가지이다. 이 다섯 가지 사람 사이의 관계의 사랑, 즉 친(親), 의(義), 별(別), 서(序), 신(信)이 곧 오륜(五倫)인 것이다.

이를 바탕으로 '인'의 기능적인 면은 크게 두 가지로 나눠지는데, 하나는 인간의 본성을 이루고 있는 사랑의 성품을 통한 개인의 도덕적 완성인데, 이것은 '효제'(孝悌), 즉 부모와 연장자를 사랑하고 공손하게 모시는 것으로 시작된다. 또 하나는 사회적 존재로서 사랑의 성품으로 완전한 도덕적 사회를 이룩하는 것이다. 공자에 있어서 인간이란 누구나 남을 사랑할 수 있는 착한 본성이 있기 때문에 도덕적인 사회를 이룩할 수 있는 존재로 여겼다. 따라서 공자는 '인애'(仁愛)의 개인적 사회적 수행과 실천을 통해 인이요 사람됨을 의미하였다. 그래서 공자는 '유인자 능호인 능오인'(唯仁者 能好人 能惡人), 즉 "참으로 어진 사람만이 남을 좋아할 수도 있고 남을 미워할 수도 있다"고 하였다 (**논어** 이인[里仁]편 3장).

〈사진설명: 중국 항주 동방문화원 내 사당에 있는 공자와 제자상. 오른쪽부터 공자(先聖), 증자(宗聖), 맹자 (亞聖) 출처: http://seossine.egloos.com/2307982 〉

결론적으로 공자는 '천'이 부여한 '덕'의 주체적 자기실현의 길이자 인간다움의 끊임없는 노력이 '인'이며, 바로 이러한 '인'의 노정(路程)이 곧 인간의 존재적 의미이자 실존적 문제라고 이해하였다. 이러한 '인'을 통한 인간 실존의 이해는 공자의 자전적 고백에서 잘 나타나 있다: "덕(德)이 닦아지지 아니하는 것과 학문이 익혀지지 아니하는 것과 정의임을 알고도 그곳으로 옮겨가지 못하는 것과 선하지 않은 것을 고치지 못하는 것이 내 근심이다"(**논어** 술이[述而]편 3장). 이러한 실존적 고민에도 불구하고 공자는 인간의 주체적 자기완성의 가능성을 주장하였고 유교의 긍정적 인간관을 자신의 삶의 여정을 통해 소개하고 있다: "나는 15세가 되어서 학문에 뜻을 두었고, 30세가 되어서 학문의 기초를 확립했고, 40세가 되어서는 판단에 혼돈을 일으키지 않았고, 50세가 되어서는 천명을 알았고, 60세가 되어서 귀로 들으면 그 뜻을 알았고, 70세가 되어서는 마음이 하고자 하는 것대로 하여도 법도에 벗어나지 않았다."(**논어** 위정편

[爲政篇] 4장). 따라서 공자는 인간을 되어가는 존재로 이해하였다. 인간은 삶을 적극적으로 추구하여 본능을 초월한 인간적인 삶을 영위하여야 하되 그것은 생사(生死)에 관한 관념적인 사색을 통해서가 아니라 실제적 삶의 현실 토대 위에서 실현된다는 것이다.

공자의 도덕적 존재로서의 '천'의 개념과 인간이해는 맹자(孟子, 기원전 372년~289년)에게서 더욱 발전되는데, 맹자는 '천'이란 우주 만물의 근원적인 존재로서 우주 자연의 운행질서를 총괄하는 것으로, 인간의 본성은 이러한 '천'으로부터 나왔다고 이해하였다. 즉 인간과 인간 존재의 근원인 '천'이 '성'(性)을 매개로 통한다는 '천인합일'(天人相關)을 주장하였다. 맹자는 이렇게 '천'과의 관계로 인간 본연의 모습을 이해하였다. 인간에게는 '천'의 법칙성이 내재하고 있으며, 그 법칙은 인간의 삶 가운데 마땅히 실천해야 할 기준으로 바로 '도'(道)라는 것이다. 따라서 '천'이 정한 법칙의 달성이 인간의 목적이라는 것이 맹자의 기본적 인간관이다. 또한 맹자는 공자의 '도덕적 천 사상'을 계승하여 '천'은 도덕적이기에 '순선무악'(純善無惡)한 존재라고 이해하였다. 따라서 맹자는 '천'으로부터 부여받은 본성의 도덕적 아름다움을 그대로 따르게 된다면 인간의 '성' 역시 착할 수밖에 없다는 '성선설(性善說)'을 제기하였고, 인간의 도덕적 본성은 네 가지 도덕적 선함, 즉 "불쌍히 여기는 마음"인 '측은지심'(惻隱之心), "부끄러워 하는 마음"인 '수오지심'(羞惡之心), "겸손한 마음"인 '사양지심'(辭讓之心). "옳고 그름을 아는 마음"인 '시비지심'(是非之心)으로 나타난다고 보았다. (**맹자** 공손추[公孫丑]편).

유교가 공식 국교로 승인된 전한(前漢) 시대 (기원전 206-서기9년)에 들어서 공자와 맹자의 도덕적 '천'의 개념은 새롭게 변모하였다. 이 시기의 '천'의 개념은 자연주의 철학사조에 영향을 받아 도덕적 '천' 사상은 일대 전환기를 맞이한다. 한대의 전제 왕권의 절대화에 기여한 동중서(董仲舒, 기원전 176년~104)는 **춘추번로**(春秋繁露)란 책을 통해 전통적인 도덕적 천 개념에 삼라만상이 음(陰)과 양(陽)의 두 기운이 확장하고 소멸함에 따라 결정된다는 '음양오행'(陰陽五行)의 원리를 적용하여 '천인감응설'(天人感應設)과 '재이설'(災異設)을 주장하였다. '천인감응설'이란 인간은 천의 자식이므로 천의 변화원리는 인간과 만물에게 똑같이 적용이 되며 천과 인간은 상호 영향을 준다는 것이다. '재이'는 천재지변(天災地變)이라는 뜻으로 천은 풍요한 수확을 주는 동시에 대홍수와 기근 등의 재해와 자연 이변을 가져다주는 존재로 인간과 국가의 운명을 좌우한다는 것이다. '천인감응설'과 '재이설'은 고대 중국 천(天)의 개념과 맹자의 '천인합일'(天人合一)의 믿음을 계승하고는 있지만, 동중서의 '천인감응설'은 '천'을 중심으로 생각했던 원시유교의 천과 인간의 관계와는 사뭇 다르게 천과 인간을 음양의 조화라는 관점에서 동등한 위치에 두고 인간의 변화에 천도 변화한다고 주장하였다. 따라서 인간의 삶에 희로애락이 있듯이 천도 마찬가지라 생각하였다. 따라서 동중서 이후의 유교는 원시유교의 종교적 가치에 다른 이질적인 요소를 흡수하여 '천인상관'(天人相關)을 주장하며 새로운 유교 전통을 수립하게 된다.

4. 유학(儒學)의 발전과 문명사적 영향

춘추전국(春秋戰國) 시대 공자와 그의 제자들에 의해 정립한 원시유교(原始儒教)는 진(秦) 시대 분서갱유(焚書坑儒)를 거치며 일시적인 탄압을 받지만, 한(漢) 시대(기원전 202~220)에 이르러 국교로 공인받고 국가통치 이념이 되었다. 유교의 의례(儀禮)는 통치 수단과 법률적 판단의 기준이 되었고, 교육기관인 태학(太學)을 통해 유교를 학습한 이들이 관리로 등용되기 시작하였다. 이 시기에 관료체제와 법률체계로서의 발전을 이룬 유교는 점차 원시유교에서 보이는 종교적 요소는 희석되고, 학문적 요소가 더욱 강해진 학(學)으로서의 유교, 즉 유학(儒學)으로 변모하게 된다.

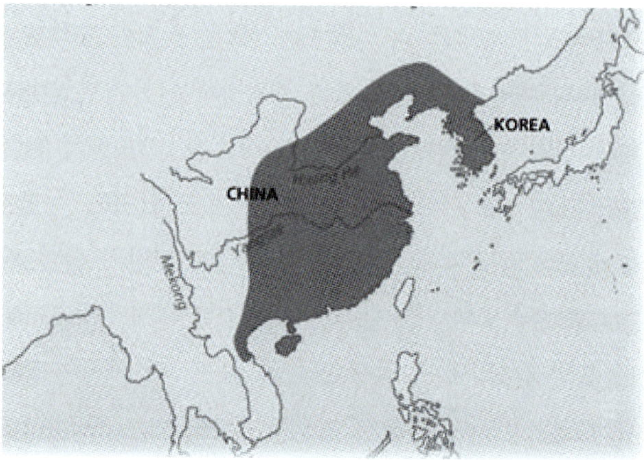

〈200년대 유교의 전파지역, 출처: P. B. Clarke, The Atlas of the World's Religions - Marshall Pictorial Atlas, London: Marshall, 1998〉

위(魏) · 촉(蜀) · 오(吳)의 삼국시대 (220년-280년)를 거쳐 위진(魏晉)과 남북조(南北朝) 시대(265년-589년), 유학은 다양한 사조와 종교에 영향을 받게 된다. 특히 후한시대부터 유입된 불교와 신선사상과 민간신앙이 결합하여 자생적으로 발전된 도교(道敎)의 영향력이 중국사회의 전반에 영향을 미치게 되자 유학 역시 이들의 영향을 받게 되었다. 당시 지식계층과 일반 대중 사이에 도교와 불교가 우세하여져 유학은 상대적으로 쇠퇴하였지만, 그럼에도 정치제도와 사회체제로서 계속 활용되었다. 당시 유학은 도교의 영향을 받아 '예법제도'(禮法制度)를 재정리하고 상세히 설명하기 시작하였으며, 당시 불교계의 주요 관심사였던 경전번역에 영향을 받아 유교경전의 해석학적 작업이 진행되어 학문적 성과를 이어갔다. 또한 남북조 시대에 국가적 종교로 성장한 도교와 토착화를 이룬 불교의 종교적 영향력과 도전에 유교는 창조적으로 극복해야 했기에, 도교와 불교의 우주관과 인간관에 영향을 받아 형이상학의 철학적 사상체계를 발전시켜 나갔다.

그렇다고 유교가 일방적으로 도교와 불교 그리고 당시 사조에 영향을 받은 것만은 아니었다. 유교 역시 도교와 불교에 지대한 영향을 미쳤는데, 특히 유교의 철학적 사유체계는 중국 불교의 토착화의 기반이 되었을 뿐만 아니라 다양한 교리체계를 형성하게 하였다. 그 결과 천태종, 화엄종, 정토종, 선종 등과 같은 중국 불교의 종파 형성에 이바지하였다.

수당(隋唐) 시대(581년-907)에는 불교와 도교의 영향력이 더욱 확대되어 중국 사상계를 포함해 사회 전반을 주도하였다. 그러나 이미 정치 철학으로 자리잡았던 유학은 사회제도와 규범으로서의 굳건한 입지를 더욱 다지게 된다. 특히 당 시대에는 국가에 의하여 5경이 간행되었고, 모든 정부관행의 유교의 예법화가 이루어졌다. 유교경전에 입각한 과거제도의 시행은 지식계층과 사회전반에 큰 영향을 준 획기적인 일이었다.

송(宋)의 시대(960년-1290년)는 유학의 새로운 전기를 맞이하게 된다. 당의 몰락과 함께 귀족지배 체제가 무너지고 과거제도의 전면시행으로 유학을 통해 형성된 사대부라는 새로운 사회계급을 출현시켰다. 그들은 높은 학문적 소양과 사회의식, 정치적 참여의식을 가지고 있었으며, 유학에 대한 학문적 자부심도 높았다. 이들은 오랫동안 사상계를 주도했던 불교와 도교를 극복하고, 유학의 시조인 공자와 맹자의 사상의 부활을 모색하고자 원시유교에 대한 새로운 이해를 시도하였다. 그들은 유교의 경전인 **논어**, **맹자**, **대학**, **중용** 등 사서오경(四書五經)을 새롭게 해석하기 시작하였다. 따라서 이 시대의 유교전통을 '신유학'(新儒學)이라고도 하는데, 이 새로운 유학전통은 철학적 사조가 더욱 강해져 우주의 원리를 규명하는 철학으로 자리 잡게 된다.

신유학의 대표적 학자로 성리학(性理學)을 집대성한 주희(朱熹, 1130~1200)는 새롭게 해석한 공맹(孔孟)의 인간관과 세계관에 도교와 불교의 사상을 가미하여 이론적으로 심화된 철학적인 체계를 수립하였다. 주희는 원시유교의 세계관을 바탕으로 '음양이론'(陰陽理論)에서 발전된 '태극사상'(太極)을 적용하여 우주의 실체를 설명하였다. 그는 우주만물이 형이상학적인 이(理)와 형이하학적인 기(氣)로서 구성되어있고, '이'와 '기'로 이뤄진 우주와 만물이 생성하고 조화를 이루는 중심축은 '태극'으로 보았으며, 이를 통해 '천'의 사상도 새롭게 정립하였다. 주희는 궁극적으로 태극은 형이상의 이(理)로서 존재의 근거이며, 형이하의 현실 세계의 모든 운동과 현상은 기의 움직임으로 설명하였다. 이것이 바로 이기론(理氣論)이며 이러한 이론을 인간이해에 적용시킨 것이 심성론(心性論)이다. 주희의 이기심성론에 따르면 우주만물을 생성시키는 이가 모든 인간에게 보편적으로 관통되어 흐르기 때문에 사람이 사람다울 수 있다고 한다. 이렇게 주희는 이를 강조하여 성품이 곧 이치라고 말하며, 이 이치가 모든 사물 속에도 존재한다고 주장한다.

주희가 집대성한 성리학은 원시유학과의 이질성으로 인해 당대에는 '위학'(僞學), 즉 이단이라 하여 박해를 받았으나 송나라 멸망 후 원(元)나라 시대에 이르러 관학(官學), 국가의 공인철학으로 채택되고 과거(科擧)의 교재로 사용되면서 크게 번성하였다. 청(淸)나라 시대에서는 학문의 실용성을 주장하며 실제 정치와 사회 문제에 기여할 수 있는 이른바 경세치용(經世致用)의 학문에 관심을 가지는 '고증학'(考證學:實學)이 대두되면서 성리학은 실속 없는 공론(空論)에 불과한 것으로 배척되었다. 그럼에도 성리학은 청을 마지막으로 한 중국의 봉건적 왕조제도의 멸망까지 중국 사상사의 주류 철학적 사조로 학문적 관심의 중심이었다.

살펴본바와 같이 유학은 중국의 정치체제 및 사상사적 전통으로 자리 잡아 중국의 역사발전의 중심이 되었다. 이렇게 학문적 발전을 이룬 유학은 또한 주변국가들 그리고 타종교와의 교류의 매개로 아시아의 정치문화발전에 크게 기여하였다. 특별히 유학이 한국과 일본의 역사 발전과 문화 형성에 끼친 영향은 지대하다. 뿐만 아니라, 수천 년간 서로 다른 나름대로의 가치체계와 세계를 이루며 살아온 동양과 서양은 유학을 통해 종교적 · 사상적 교류를 이루게 되고 서양 사상계와 역사발전에 크게 이바지하였다.

(2) 한국

유교의 도입 시기가 언제인지 확실히 알 수 없지만, 유교가 한국 역사에서 실질적으로 기능한 것은 삼국시대(4세기-7세기)로서 초기 국가형성의 기틀이 되었다. 고구려는 국립대학인 태학(太學)을 세워 유교경전을 가르쳤으며, 유교의 수용이 고구려보다 빨랐던 백제는 **주례**(周禮)의 예법에 따라 군현 제도를 모방하여 국가 질서를 수립하였으며 경학을 일본에 전파하여 일본 유교문화를 발전시키는 데 결정적인 역할을 하였다. 유교의 전래가 가장 늦었던 신라 역시 유교를 사회 질서와 왕도정치에 적절하게 적용하였고, 통일 신라 시대에는 이를 유교 정치 이념으로 계승 · 발전시켜 나갔다. 또한 국학(國學)을 세워 교육 제도를 완비하고 **논어**를 포함한 유교경전을 교육하여 사회 가치관 형성과 문화 창달에 결정적으로 이바지하였다. 따라서 초기 한국유교는 통치이념과 사회제도로서의 기능을 수행하였다.

고려왕조(918년~1392년)에 들어서도 유교는 건국 초기의 국가 기틀을 세우는데 이용되었다. 건국 이래 불교를 숭상하였음에도 고려왕조는 유학의 학문적 의의와 국가 사회적 기능에 관해서는 매우 긍정적이었다. 중앙 교육 기관으로 국자감(國子監)을 설치하고 각 지방에는 향교를 세우고 경학박사를 배치하여 유교에 바탕을 둔 교육과 학문 활동을 장려하였다. 따라서 유교는 치국의 원리와 윤리 도덕의 규범을 제공해 주는 기능을 하며, 학문의 과제와 생활의 이념으로 수용되었다. 고려 중기에 이르러서는 유교를 더욱 학문적으로 이해하고, 그 철학적 기반까지도 탐구하는 단계에 이르게 되었으며, 고려 말 중국 송대(宋代) 집대성된 신유학인 성리학의 도입은 안향(安珦)과 정몽주(鄭夢周) 등을 통해 학문적으로 더욱 심화 발전되어 정착하게 되었다. 이 후 성리학은 통치이념으로 받아들여지면서 조선의 건국이념으로 적극적으로 수용되었다.

조선(1392년~1910년)은 성리학이 통치이념으로 지배되었던 시대였다. 태조 이성계를 도와 조선건국을 주도했던 정도전(鄭道傳, 1342-1398)은 '배불숭유'(排佛崇儒)의 정책을 펼치며 유교적 가치체계에 의한 이상국가 실현을 목표로 전국가적 유교화 작업을 추진하였다. 이에 따라 유교 윤리와 배치되는 민간신앙이나 종교는 배척을 받았으며, 유교의 덕치주의와 가부장제를 중심으로 유일한 국가 지도이념으로 자리하게 되었다. 따라서 유교사회로 전환된 조선시대에는 유교의 이론적, 철학적 탐구가 본격적으로 이루어졌다. 성리학으로 대표되는 한국유교의 철학적 연구는 이황(李滉,1501-1570)과 기대승(奇大升,1527-1572) 사이 벌어진 '사단칠정'(四端七情) 논쟁에서 절정에 달했다. 자연의 법칙과 인간의 본성의 문제를 두고 벌어진 '이'(理)와 '기'(氣)에 관한 논쟁은 훗날 이이(李珥, 1536-1584)에 의해 다시 정리되어 조선사회전반에 철학적 사유의 뿌리를 내리는 사상사적 전환을 이루었다.

이이는 기대승의 입장에 서서 두 사람의 주장을 체계화 하였다. 즉 인간의 선한 본성은 '이'에서 나온다는 이황의 주장을 철저히 부정하고 인간 본성은 오직 '기'의 작용일 뿐이라고 하였다. 이이의 체계화 이후에도 논쟁은 이어져 조선왕조의 몰락에 이르기까지 거의 모든 성리학자들이 이 문제를 다루었을 정도로 한국 유교의 전개 과정에 절대적 영향을 미쳤다. '이'를 중심으로 성리학을 체계화 시켜 나간 '주리파'(主理派)와 '기'를 중심으로 한 입장을 펴나간 '주기파'(主氣派)로 나뉘어 한국사회 정치문화사상계를 주도하였다. 그 후 '주리파'는 영남지방의 이황을 중심으로 '영남(嶺南)학파'로 발전하였으며, 이이가 중심이

된 '주기파'는 경기도와 호남지방의 학자들과 함께 '기호(畿湖)학파'를 형성하였다. 이 두 학파는 지속적으로 조선 성리학을 이끌어 나가면서 대립된 양상을 보이다가, 후대에 이르러 이기적 정치 집단으로 변질되어 영남학파는 동인으로, 기호학파는 서인으로 갈라져 당쟁의 실마리가 되기도 했다.

성리학으로 대표되는 한국유학은 수백 년의 기간을 거쳐 조선 시대 통치 이념과 철학적 사유 체계로 뿌리를 내렸지만, 양반 지배계급의 권력 이데올로기로 변질되어 정치와 사회분열의 계기를 제공하였을 뿐만 아니라, 정권 쟁탈을 위한 수단, 즉 당파를 구분하는 역할에 그치면서 순수한 학문성마저 잃어버렸으며 사회의 실용적 가치로서의 기능도 상실하게 되었다. 이로 인해 조선 후기 성리학을 비판하는 실학사상이 등장하였다. 실학사상은 성리학의 형이상학적 현실 인식과 관념적 이상주의를 비판하고 인간 사회의 실용적 요구와 현실 문제를 학문의 근본대상으로 삼아 실험하고 반성하여 경험적이고 구체적인 현실을 파악하려고 하였다. 그 결과 실학사상은 조선 후기 사회 변혁을 위해 적극적으로 서양문물을 수용하여 근대 지향적 사회발전에 일조하였으며, 그 후 19세기 한국사회의 개화사상으로 이어졌다.

(3) 일본

4세기 말 백제의 왕인(王仁)이 일본왕실에 **논어**를 소개한 것으로 시작된 일본 유교의 역사는 쇼토쿠 태자(聖德太子, 574~622)에 의해 큰 발전을 하였다. 당시 새로운 종교와 학문에 관심이 많았던 그는 유교의 정치제도를 도입하여 관료체제와 법률체계를 세우고 **논어**를 바탕으로 **17조 헌법**을 반포하는 등 유교적 국가체제를 수립하였다. 이렇게 소개된 유교는 급속히 뿌리를 내렸고, 8세기에 들어 당나라의 유교적 정치사회 규범인 율령(律令)을 기반으로 일본식 율령이 편찬되어 천황을 정치적 · 종교적 중심으로 하는 중앙집권의 율령국가(律令國家)로 발전하는데 일조하였다.

헤이안(平安) 시대 (794년-1185년)를 거치면서 중앙집권 체제가 몰락하고 새로운 막부(幕府)시대 (1192년~1868년)가 시작되면서 유교는 일본에 새로운 영향을 끼치게 된다. 막부시대에 도입된 독특한 유교적 교육제도는 무사 계급의 형성과 일본의 정신이라 불리는 특유의 '사무라이'정신, 즉 무사도(武士道)를 함양하는 역할을 수행하였다. '사무라이' 교육제도는 유교와 여러 기타 종교적 요소를 종합한 것으로 무예 숭상 정신과 유교 사상을 독특하게 결합시켰다. 유교의 윤리 덕목인 충(忠) · 용(勇) · 신(信) · 예(禮) · 의(義) · 염(廉) · 치(恥)가 무사도 형성에 이론적 근거로 사용되었고, 이에 따라 무사들은 "주군에게 충성을 다하고, 죽음을 돌아보지 말고, 무예를 숭상하여 용감하고, 욕심을 적게 하여 염치를 알고, 규율을 엄수할 것"이 요구되었다. 특히 무사들 간의 충성심을 고취시키기 위해 적용된 '충'의 개념은 절대화되어 계급적 사회구조를 엄격히 하고 사회적인 주종관계를 굳건히 하는데 사용되었다.

무사도와 함께 막부시대에는 유교 교육의 일반화가 진행되어 일본 각지에 학교가 설립되었다. 특히 에도(江戶) 시대 (1603년~1867년)에는 유교 경전이 대량으로 간행되었으며, 학교의 교과 과정으로 사서오경 등 유교 경전만을 가르치도록 하였다. 이처럼 당시 사회의 주도세력이었던 무사계급이 유교를 연구하고 장려한 덕분에 유교의 지위는 높아지고 전성기에 달하였다. 그러나 19세기 중엽 서구열강의 압력에 따른 문호개방(門戶開放)과 함께 막부시대가 막을 내리자 일본의 유교도 새로운 전환기를 맞이하였다.

천황(天皇)체제로 복귀한 일본은 서구 열강의 군사력에 실추된 국가적 자존심의 회복과 근대화된 국가건설을 시도하였다. 이를 위해 천황 중심의 강력한 중앙집권체제와 새로운 사회질서 구축의 필요를 인식하고 유교에 주목하였다. 그 결과 '메이지유신'(明治維新)을 통해 강력한 중앙정부를 구축하고 유교의 덕목인 '충효'(忠孝)'를 국가이념으로 삼아 천황과 국가에 대한 절대적 충성을 강조하였다. 또한 천황은 사회질서 유지를 위해 유교의 덕목인 '삼강오륜'(三綱五倫)을 근간으로 전 국민적 교화 작업을 추진하였다. 그 일환으로 발표된 '교육칙어'(教育勅語)에는 유교적 가치를 전면에 내세웠다: "나의 신민들은 마땅히 충효를 다해야 하고 모든 사람이 한 마음으로 대대로 아름다움을 이루어야 한다.… 부모에 효하고, 형제간에 우애하며, 부부가 화목하고, 친구는 서로 믿으며, 공검하게 자신을 지키고, 이웃을 박애하며, 학문을 닦고 기예를 배우며, 지능을 계발하고, 덕을 이루고, 공익을 넓히며, 국헌을 존중하고, 국법을 준수하여야 한다.…" (참조, 국가기록원 [http://contents.archives.go.kr], '교육칙어').

이와 같이 유교의 '인의충효'(仁義忠孝) 사상은 일본이 표방한 근대화된 유교적 국가 건설이라는 목표의 핵심가치로 작용하였다. 하지만 유교적 가치는 명목상의 국가 이념이었을 뿐, 실질적으로 전체주의 국가의 형성, 군국주의의 강화, 일본제국주의의 정당화를 위한 선전도구였다. 일례로 일제 강점기 한국사회에 강요된 '교육칙어'는 유교적 덕목을 통해 식민통치에 순응하고, 천황에 절대복종하는 신민(臣民)을 만들기 위해 이용되었다. 따라서 일본이 표방한 '삼강오륜'(三綱五倫)의 도덕교육과 '충효'(忠孝)의 국가 이념은 공자가 꿈꾼 인류공영의 '대동사회'(大同社會) 건설을 위한 것도 인애(仁愛)와 평화를 실현하기 위해서도 아니었다. 유교의 정신은 신성불가침의 천황 절대주의와 국가주의 그리고 일본제국주의의 태동과 형성에 철저히 악용되었을 뿐이다.

(4) 유럽

14세기부터 실크로드를 통해 단편적으로 유교문화를 접하던 유럽사회는 17세기에 이르러 예수회 선교사들을 통해 본격적으로 유교를 소개받았다. 효과적인 중국 선교를 위해 유교를 연구한 마테오리치(Matteo Ricci, 1551-1610)는 원시유교의 '천' 개념과 기독교의 하나님 개념의 유사성을 발견하였을 뿐만 아니라, 공자의 도덕적 가르침과 예수의 가르침이 상통하다고 피력하였다. 이러한 그의 원시유교에 대한 생각을 담은 선교 보고서인 **중국일지**(China Journal)가 프랑스인 예수회 선교사 트리고(Nicholas Trigault, 1577–1628)에 의해 1615년 **중국에서의 기독교 선교**(De Christiana expeditione apud Sinas)라는 제목으로 출판되어 유럽 전역에 소개되었다. 이 책에서 마테오리치는 공자와 유교에 대해서 설명하며, 공자가 중국에서 가장 존경받는 철학자이며 그리스의 철학자들에 뒤지지 않는다고 주장하였다. 이 책은 유럽의 지식인들에게 큰 반향을 일으켰다.

마테오리치에게 영향을 받은 대표적인 이는 프랑스 루이 14의 가정교사였던 바예(François de La Mothe Le Vayer, 1588-1672)였다. 그는 공자의 가르침과 유교의 윤리성을 칭송하면서 공자를 중국의 소크라테스라 예찬하였다. 더 나아가 그는 **이교도의 덕에 관하여**(De la vertu des Païens)라는 책에서 공자가 비록 기독교에 대해 알지는 못했지만 그의 뛰어난 덕과 가르침은 하나님의 특별한 은총을 받기에 충분함으로 구원을 받았을 것이라 주장하고 기독교 외에 다른 종교에도 진리가 있음을 피력하였다. 이 같은 바예의 주장은 당시 배타적이고 독단적인 기독교에 반감을 가지고 있던 많은 유럽의 지성인들에게 공감을 얻었고 유교를 통해 사상적 연대의식을 가지는 계기가 되었다.

유교에 대한 관심의 증대는 유교경전의 번역과 다양한 비평들의 출판으로 이어졌다. 대표적인 책은 쿠플레(Philippe Couplet, 1624-1692)와 인토체타(Prospero Intorcetta, 1626–1696)가 1687년에 편찬한 **중국의 철학자 공자**(Confucius Sinarum Philosophus)로, 마테오리치를 위시해 예수회 선교사들이 단편적으로 번역해 놓은 **논어**, **대학**, **중용**에 '공자의 삶: 중국철학자들의 황태자'와 '중국경서개론'이라는 비평을 첨부해 놓은 것으로 당시 유교관련 서적을 집대성해놓은 책이다. 쿠플레는 책의 서문에 공자사상의 뛰어남을 소개하며, "이 철학자의 윤리사상체계는 무한히 숭고하다 할 만하다"며 칭송하였다. 이처럼 당시 출판된 서적들은 대체적으로 유교에 대해 우호적인 내용을 담고 있었는데, 그 이유는 마테오리치의 경우처럼 원시유교의 종교성과 기독교의 유사점을 소개하거나 공자의 윤리적 가르침에 관한 내용들이 대부분이었기 때문이었다.

반면에 유교에 대한 비판서도 출판되었는데, 예수회 선교사들의 활동당시 중국의 유학 사조였던 성리학에 관한 것들이었다. 롱고바르디(Nicholas Longobardi, 1565-1655)는 **중국인의 종교**(Traité sur quelques points de la religion des Chinois)에서 우주만물의 근원이 '이'(理)라고 설명하며 비인격적 '천'의 개념을 주장한 성리학을 무신론적이라 비판하였다. 하지만 의외로 성리학의 '이기론'은 당시 유럽 지성인들의 큰 관심을 끌게 되었다. 당시 유럽 사회에서 제기되어온 '이신론'(理神論), 즉 기독교가 가르쳐 온 인격적인 초월의 신을 부정하고 이성을 신적 존재로 주장한 계몽주의자들은 성리학에서 사상적 연대감을 발견하게 되었다. 따라서 성리학의 사상체계는 당시 유럽사회에서 전개되고 있던 '이성'에 의한 자연법칙을 탐구하던 계몽주의 사상가들에게 큰 영향을 주었다.

〈사진설명: 쿠플레와 인토체타가 펴낸 **중국의 철학자 공자**의 서문비평 "공자의 삶: 중국철학자들의 황태자"의 첫 페이지. 출처:http://en.wikipedia.org/wiki/Philippe_Couplet〉

성리학적 유교사상에 가장 큰 영향을 받은 학자는 계몽주의 사상가 볼테르(Voltaire: 1694-1778)였다. 초월적 신의 존재가 아니라 이성을 통해 우주의 질서를 탐구하려한 볼테르는 성리학을 이성에 기초를 둔 자연법적 도덕철학이라 생각하고, 성리학의 '이기론'에서 그의 사상적 대안을 발견하였다. 기독교가 '신본주의'(神本主義) 세계관을 바탕으로 절대 권력을 행사하며 인간을 영적인 노예상태에 묶어 두고 있다고 생각했던 볼테르는 성리학의 무신론적인 세계관에 큰 감명을 받게 되었다. 그는 또한 당시 '신권주의'(神權主義)를 주장하며 절대 권력을 행사하던 프랑스의 절대왕정과 세습적 귀족제도의 폐단을 비판하며, '덕'을 숭상하는 유교적 군주야 말로 진정한 이상적인 왕이라 주장하였다. 또한 유교의 본질은 이성을 공경하고 정의를 실천하는 가르침임을 이해하고 공자가 제시한 '대동사회'를 이상적 세계로 보았다. 이처럼 성리학은 볼테르의 사상에 큰 영향을 주었고, 18세기 유럽의 사회적 병폐를 치유하고 인간중심의 평등세계를 추구한 계몽주의 철학 형성에 이바지 하였다.

5. 유교의 반성과 현대적 의미

유교 전통은 2500년간 아시아 지역의 생활규범, 정치이념, 혹은 철학사상으로 자리 잡아 왔으며, 아시아인들은 도덕적 인격과 공동체 화합의 가치를 고귀한 전통으로 뿌리내렸다. 뿐만 아니라 유럽 소개된 유교의 문화 · 종교 · 사상적 가치는 근대유럽의 문화와 사상계에 큰 영향을 미쳤다. 그 기나긴 역사 속에서 유교전통은 특별히 동아시아 국가들의 통치이념으로 숭상되어, 신분사회를 지배하는 강력한 수단이 되기도 했다. 이 과정 속에 유교 본래의 정신은 망각되고 본질보다 형식을 강조하였으며, 그로부터 파생된 행동강령과 규범은 역사 속에서 백성들을 구속하였다. 예(禮)의 본질은 사라지고 형식적 질서만을 강조한 획일성은 인간의 자율성과 활발한 비판정신을 속박하였다.

하지만 살펴본 와 같이 유교전통의 본질은 봉건적이지도 형식적 '예'도 아니며 획일적이지도 않다. 공자의 가르침의 본질은 형식에 있지 않았으며, '예'의 본래 정신은 '인'(仁)을 실천하는 것이며 '대동'(大同)의 평화를 이루는 것이었다. 유교전통이 비판받는 이유는 유교 자체의 문제가 아니라 유교를 이용한 위정자들의 잘못임을 역사가 증명하고 있다. 따라서 유교전통이 인류 역사의 부침 속에서 유지되고 발전된 것은 제도이기 때문이 아니라, '인'이 제시하는 개개인의 도덕적 완성, 인간에 대한 사랑과 사회적 책임, 끊임없는 자기반성과 진리에 대한 열정과 실천이라는 가치가 시대와 지역을 초월하는 진리를 내포하고 있기 때문이다.

공자의 삶은 바로 이러한 유교의 보편적 가치와 위대성을 보여주고 있다. 인간에 대한 사랑과 인류 평화와 공존의 사명은 그의 삶이자 운명이었다. 공자는 세상이 불행 · 부조리 · 전쟁 · 위협을 벗어나, 행복 · 선 · 평화 · 번영의 시대가 올 것이라는 신념을 가지고 살았다. 그는 단순이 그런 세상이 있을 것이라 공상치 않고, 그런 세상이 실현되도록 꿈꾸고 끊임없이 노력하였다. 부조리한 현실에 좌절하지 않고 인간 사랑과 인류 평화의 전도자의 길을 걸어간 위대한 스승이었다. 이러한 공자가 보여준 인간본성과 도덕적 사회에 대한 강한 신념 그리고 '천인합일'의 평화적 세계관은 소외된 인간을 회복하는 규범이자, 혼란과 대립의 사회를 소통하는 철학으로, 그리고 전쟁과 폭력으로 물든 세상에 평화를 제시하는 이념으로서 시대와 공간, 제도와 종교를 초월한 인류의 보편가치이다.

6. 나가는 말

오늘날 세계인들은 인류가 직면하고 있는 민족분쟁 、종교분쟁 、기근 、환경파괴 등의 문제들을 해결하기 위해 다양한 정치적, 사상적, 종교적 대안들을 연구하며 논의하고 있다. 하지만 무수한 논의와 토론 그리고 다양한 대안들이 제시되고 있음에도 문제해결의 기미는 보이지 않고 있다. 그 이유는 이 시대가 문제 해결의 당위의 과정인 논의와 토론에만 집중할 뿐이지 실천적 의지의 부족에 있기 때문이다. 이 시대에 필요한 것은 '정론'(正論)보다 '정행(正行)이며 실천지향성이다. 따라서 공자가 보여준 '정론'(正論)과 '정행'(正行)의 조화로운 삶이야말로 이 시대가 인류에게 요구하는 삶의 자세이며, 당면한 문제를 해결할 수 있는 길이다.

생각나누기

1. 유교와 타종교와의 차이점은 무엇인가?
2, 공자의 삶이 보여주는 위대함은 무엇이라 생각하는가?
3. 공자의 이상세계인 '대동사회'의 본질은 무엇인가?
4. 유교의 종교적 가치는 무엇인가?
5. 원시유교와 신유학의 차이점은 무엇인가?
6. 유교가 동아시아 문명에 미친 영향은 무엇인가?
7. 유학이 서구 사상사에 미친 영향은 무엇인가?

참고문헌

H. G. 크릴, 이성규 역, **공자-인간과 신화**, 서울: 지식산업사, 1983.

공자/주희, 최영갑 역, **논어 1,2**, 서울: 펭귄클레식코리아, 2009,

뚜웨이밍, 김태성 역, **문명들의 대화**, 서울: 휴먼인문, 2006.

이승환, **유교 담론의 지형학**, 서울: 푸른숲, 2004.

서울대학교 종교문제연구소 편, **유교와 종교학**, 서울, 서울대학교출판부, 2009

논어 · 중용, 한상갑 역, 서울: 삼성출판사, 1990

논어, 김학주 역, 서울: 서울대학교 출판부, 1995

〈멀티미디어 자료〉

유교, 2500년의 여행, KBS미디어, 2007

공자: 춘추전국시대, 호메이 감독, 2009

결론

종교는 문명의 핵심이며 삶의 현장에서 삶을 이끌어 가는 힘을 발휘하고 있다. 그리고 종교는 정지하고 있는 것이 아니라 끊임없이 변천하면서 그 생명력을 잃지 않고 있다. 이러한 속성 때문에 종교는 박물관에 박제가 되어 보관되지 않고 삶의 현장에서 그 위력을 발휘하고 있는 것이다.

세계 종교를 살펴보면서 우리는 종교 마다 이상적인 사회를 희구하고 있다는 사실을 발견할 수 있었다. 동시에 고단한 삶의 무게를 이겨낼 수 있는 힘을 간절히 바라고 있다는 사실을 눈여겨 볼 수 있었다. 또한 마음 깊숙이 자리잡고 있는 진정한 소원을 보여 주면서 우리 모두가 이러한 소원에는 한 마음임을 발견하기도 하였다.

특정 종교의 배타성과 독특한 교리로 인해 마음 편히 종교 간의 대화를 지속하기는 쉽지 않지만 적어도 대화의 가능성을 엿볼 수 있었다. 여러 면에서 종교 간의 공통점과 유사점을 발견할 수 있었으며 서로의 대화를 통해 특정 종교의 신앙심도 더욱 돈독해 질 수 있다는 희망을 가질 수 있었다.

기독교와 유대교에서 효(孝)를 강조하면서 십계명 돌판에 새겨져 있다는 사실을 강조한다. 또한 신(神)에게 주로 사용하는 '경외'라는 단어를 사용하면서 '너희는 어머니와 아버지를 경외하라'(레위기 19:3)고 강조한다. 그런데 불교에서는 효경을 통해 절절이 피부에 와 닿는 어머니의 사랑을 묘사하고 있다. 말할 것도 없이 유교는 효를 바탕으로 모든 논리를 전개하고 있다. 이처럼 종교는 다르지만 부모의 사랑과 부모에게 효도해야 한다는 생각은 비슷하다는 점을 발견할 수 있다.

국경의 의미가 엷어지면서 세계는 급속도로 한 마을이 되어가고 있다. 교통과 통신의 발달로 인해 이웃집 다니듯이 서로 왕래하고 있다. 이러한 상황에서 서로를 이어주고 아름다운 공동체를 이루어 나갈 수 있는 방안은 무엇일까? 그 해답을 여러 방향으로 찾아 보아야 하겠지만 종교에서 그 해답을 찾는 것도 현명한 모색이 될 수 있을 것이다.

본 저서는 세계 종교와 문명의 관계를 소개할 뿐이다. 그 다음 단계는 순전히 독자의 몫이며 우리가 할 일이다. 종교가 나에게 힘이 될 수 있도록 그리고 이웃의 삶을 도울 수 있도록 하는 것은 우리의 노력에 달려 있다. 종교 이해를 통해 사회가 화합하고 세계가 서로 평화롭게 마음을 주고 받으며 살 수 있기를 간절히 바란다.

참고문헌

간디, 함석헌 역, **간디 자서전**. 서울: 삼성출판사, 1993.

공자/주희, 최영갑 역, **논어 1,2**. 서울: 펭귄클레식코리아, 2009,

김대옥, **이슬람의 성경변질론**. 서울: 기독교문서선교회, 2009.

김영자 편저, **조선왕국 이야기**. 경기: 서문당, 1997

김영진 외, **구약성서개론**. 서울: 대한기독교서회, 2004.

김창선, **쿰란문서와 유대교**. 서울: 한국성서학연구소, 2002.

김학주 역, **논어**. 서울: 서울대학교 출판부, 1995

김학주 역, **논어**. 서울: 서울대학교 출판부, 1995

김한융, **불교의 사상과 역사**. 우리출판사, 1990

뚜웨이밍, 김태성 역, **문명들의 대화**. 서울: 휴먼인문, 2006.

마성, **샤카무니 붓다: 초기 성전에 묘사된 역사적 붓다**. 대숲바람, 2010.

마크 A. 가브리엘, 김명신 역, **끝나지 않은 2000년의 전쟁: 기독교 vs 이슬람**. 서울: 퉁크, 2006.

박규태 외, **종교 읽기의 자유**. 파주: 청년사, 1999

서울대학교 종교문제연구소 편, **유교와 종교학**. 서울: 서울대학교출판부, 2009

석전서마, **일본불교사**. 민족사, 1988.

쇼캣 모우캐리, 한국이슬람연구소 역, **기독교와 이슬람의 대화**. 서울: 예영커뮤니케이션, 2003

압둘 마시흐, 이동주 역, **무슬림과의 대화**. 서울: 기독교문서선교회, 2001

양훼이난, 원필성 역, **불교사상사**. 정우서적, 2010.

오강남, **세계 종교 둘러보기**. 서울: 현암사, 2003.

오강남, **세계종교 둘러보기**. 서울: 현암사, 2003.

요시미즈 쯔네오, 오근영 역, **로마문화의 왕국, 신라**. 서울: 씨앗을 뿌리는 사람, 2002.

요하힘 그닐카, 오희천 역, **성경과 코란: 무엇이 같으며 무엇이 다른가**. 서울: 중심, 2005.

이승환, **유교 담론의 지형학**. 서울: 푸른숲, 2004.

이은봉, **종교입문/ 종교세계의 초대**. 서울: 지학사, 1985.

정수일, **소걸음으로 천리를 가다**. 서울: 창작과비평, 2004

정수일, **이슬람 문명**. 서울: 창작과 비평, 2002.

정수일, **한국 속의 세계**. 서울: 창작과비평, 2005.

정양모, "유대교와 기독교," **종교신학연구** 7(1994. 12) 143-178.

정의행, **한국불교통사**. 한마당, 1991

정중호, **구약성경해설 - 시가서**. 서울: 한국장로교출판사, 2004.

정중호 · 오우성, **성서해설**. 대구: 계명대학교출판부, 1998.

조철수, **선조들의 어록: 초기 유대교 현자들의 금언집**. 서울: 성서와 함께, 1998.

조철수, **유대교와 예수**. 서울: 길, 2002.

죠쉬 맥도웰, 돈 스튜어트, 순출판사 편집부 역, **기독교변증 I**. 서울:순출판사, 1993.

최영길 역, **성 꾸란: 의미의 한국어 번역.** 파하드 국왕 꾸란 출판청, 1996.

최준식, **한국의 종교. 문화로 읽는다(1, 2)**. 파주: 사계절, 1998

카렌 암스트롱, 정영목 역, **스스로 깨어난 자 붓다**. 푸른숲, 2003

케네쓰첸, K. S. **중국불교**. 민족사, 1991

평천강, **인도불교의 역사**. 민족사, 1989

프레드릭 르누아르, 양영란 역, **불교와 서양의 만남: 서양 문화사에 얽힌 만화경**. 세종서적, 2002

한국종교연구회 편, **종교 다시 읽기** 파주: 청년사, 1999

한상갑 역, **논어 · 중용**. 서울: 삼성출판사, 1990

한상갑 역, **논어 · 중용**. 서울: 삼성출판사, 1990

한스큉, "국제관계의 새로운 패러다임," **기독교사상** 535 (2003, 7) 300-311

한스큉, "세계종교들-세계평화-세계윤리: 21세기를 향한 현실적 비전," 2000. 9. 22 서울 YWCA회관 강연 http://sgti.kehc.org 2010. 5. 28 검색

헤르만 라우텐자흐, 김종규 외 역, **코레아 1. 답사와 문헌에 기초한 1930년대의 한국 지리, 지지, 지형**. 서울: 민음사, 1998.

홍신문화사 편집부, **불교성전**. 홍신문화사, 2003

Bullock, A. and O. Stallybras eds. *The Fontana Dictionary of Modern Thought*. London: Fontana. 1981.

Cohen, Shaye J. D. 황승일 역, **고대 유대교 역사**. 서울: 도서출판 은성, 1994.

Coward, Harold G. 오강남 역, **종교다원주의와 세계종교**. 서울: 대한기독교서회, 1993.

Ehrlich, Carl S. 최창모 역, **유대교-유랑민족의 지팡이**. 서울: 유토피아, 2008.

Fallding, Harold. *The Sociology of Religion*. New York: McGraw Hill, 1974.

Küng, Hans. *Global Responsibility in Search of a New World Ethic*. New York: Crossroad, 1991.

Park, Chris. *Sacred World: An Introduction to Geography and Religion*. London: Routledge, 1994

Solomon, N. 최창모 역, **유대교란 무엇인가.** 서울: 동문선, 1999.

Sopher, D. E. *Geography of Religion*. New York: Prentice-Hall, 1967.

세계 종교와 문명

2010년 8월 25일 | 초판1쇄 인쇄
2010년 8월 31일 | 초판1쇄 발행

지은이 | 정중호, 황재범, 박민수, 정희원

펴낸이 | 신일희
펴낸곳 | 계명대학교출판부
704-701 대구광역시 달서구 달구벌대로 2800
전화 053-580-6233 팩스 053-583-5213
등록 | 1970. 9. 1. (신고번호 제347-1998-1호)

ISBN 978-89-7585-514-6 93200

값 16,000원